Scheld

Das Interne Rechnungswesen im Industrieunternehmen
Band 4: Moderne Systeme der Kosten- und Leistungsrechnung

# Das Interne Rechnungswesen

# im Industrieunternehmen

## Band 4: Moderne Systeme der Kosten- und Leistungsrechnung

mit Fragen, Aufgaben, Antworten und Lösungen

**Dr. Guido A. Scheld**

Professor für Betriebswirtschaftslehre
insbesondere Rechnungswesen
an der Fachhochschule Jena

**Fachbibliothek Verlag • Büren**

Die Deutsche Bibliothek - CIP-Einheitsaufnahme

**Scheld, Guido A.**:
Das interne Rechnungswesen im Industrieunternehmen :
mit Fragen, Aufgaben, Antworten und Lösungen /
Guido A. Scheld. – Büren : Fachbibliothek-Verl.
   (Betriebswirtschaftliche Fachbibliothek)
Bd. 4. Moderne Systeme der Kosten- und Leistungsrechnung.
– 2000
   ISBN 3-932647-05-X


ISBN 3-932647-05-X

© Gertrud Scheld Fachbibliothek Verlag
Silbeker Weg 33
D-33142 Büren
Tel.: 02951/93048
Fax: 02951/93047
E-Mail: verlag@fachbibliothek.de
www.fachbibliothek.de

Druck und Buchbinderei:
Janus Druck
Rudolf-Diesel-Straße 12
D-33178 Borchen

Diese Publikation wurde mit äußerster Sorgfalt bearbeitet, Verfasser und Verlag können für den Inhalt jedoch keine Gewähr übernehmen.

Dieses Werk einschließlich aller seiner Teile ist urheberrechtlich geschützt. Jede Vervielfältigung, Übersetzung, Mikroverfilmung und Einspeicherung in elektronische Systeme des gesamten Werkes oder Teilen daraus bedarf - auch für Unterrichtszwecke - der vorherigen Zustimmung des Verlages.

Printed in Germany

## Vorwort zur Schriftenreihe

Die Thematik „Das Interne Rechnungswesen im Industrieunternehmen" umfasst insgesamt vier Bände mit folgenden Titeln:

Band 1: Istkostenrechnung
Band 2: Teilkostenrechnung
Band 3: Plankostenrechnung
Band 4: Moderne Systeme der Kosten- und Leistungsrechnung

Alle Bände sind einheitlich gestaltet und bestehen stets aus einem Textteil und einem Übungsteil. Sie bauen zwar begrifflich und systematisch aufeinander auf, sind jedoch auch unabhängig voneinander zu verwenden.

Das Schwergewicht dieser Schriftenreihe liegt primär in dem Bemühen, das umfangreiche Gebiet des Internen Rechnungswesens im Industriebetrieb verständlich und möglichst einfach darzustellen. Sie will dem Leser den Zugang zu den Methoden und Techniken der Kosten- und Leistungsrechnung sowie zu den Problemen dieser Instrumente ermöglichen. Neben dieser eher rein praktischen Handhabung wollen die Lehr- und Übungsbücher aber auch über die Entwicklungsrichtungen und neueren wissenschaftlichen Erkenntnisse informieren und den Leser anregen, sich mit dem Thema weiter auseinander zu setzen.

Eine Vielzahl von Fragen und Aufgaben unterschiedlichen Typs ermöglicht eine optimale Lernerfolgssicherung und -kontrolle. Die Schriftenreihe arbeitet durchgehend mit praktischen Fällen, erstens, weil die schriftlichen Prüfungen meist aus Fällen bestehen, zweitens, weil man erfahrungsgemäß nur das vollkommen verinnerlicht und auf Dauer behält, was man sich anhand praktischer Übungen selbst erarbeitet hat. Das Einprägen und Verstehen des Lernstoffes wird unter anderem durch viele Grafiken, Schaubilder, Tabellen und Zusammenfassungen sowie Merksätze gefördert.

Mit dem primären Ziel der Praxisorientierung wendet sich die Schriftenreihe daher vor allem an Studierende der Fachhochschulen, Universitäten und Akademien sowie an Teilnehmer von Fort- und Weiterbildungsveranstaltungen, denen eine systematische Einführung in das Interne Rechnungswesen in Industrieunternehmen vermittelt werden soll. Aber auch Praktiker können dieses mehrbändige Werk nutzen, um das früher einmal Gelernte wieder aufzufrischen bzw. sich über neuere Entwicklungen in diesem Bereich zu informieren.

Jena, im Herbst 2000         Guido A. Scheld

# Vorwort

Die traditionelle Kosten- und Leistungsrechnung wurde in den letzten Jahren um neue Aspekte wie das Kostenmanagement, die Prozesskostenrechnung, das Target Costing und die Umweltkostenrechnung erweitert und bereichert. Diese neuen Instrumente und Methoden ersetzen jedoch nicht die bewährten kostenrechnerischen Elemente, sondern ergänzen diese um bisher vernachlässigte und unzureichend gelöste Problemfelder. Zu nennen sind hier der Leistungs- und Prozessbezug, die Gemeinkostenschlüsselung, die Produktentwicklung, die Kunden- und Marktorientierung sowie die Umwelt- und Lebenszyklusbetrachtung. Alle diese Untersuchungsfelder gewinnen im Zuge des scharfen Wettbewerbs in allen Bereichen der Wirtschaft zunehmend an Bedeutung. Deshalb ist es nicht verwunderlich, dass die modernen Systeme der Kosten- und Leistungsrechnung, die speziell auf diese Problembereiche ausgerichtet sind, immer mehr Beachtung finden und nicht nur bei Großunternehmen, sondern auch bei mittleren und kleinen Unternehmen auf Interesse stoßen und als Ergänzung der bisherigen Kostenrechnungssysteme eingeführt werden.

Der vorliegende vierte Band „Moderne Systeme der Kosten- und Leistungsrechnung" behandelt folgerichtig die Grundfragen des Kostenmanagements, die Vorgehensweise der Prozesskostenrechnung und die Grundzüge des Target Costing (Zielkostenrechnung). Abgerundet wird dieser Band durch eine Vorstellung der Umweltkostenrechnung als weiterer Ansatzpunkt zur Ausgestaltung eines zeitgemäßen Kostenmanagements.

Zu den wesentlichen Problembereichen der behandelten modernen Methoden und Instrumenten werden zudem Übungsaufgaben und Fragen entwickelt, die vom Studierenden eigenständig gelöst werden sollen. Um jedoch den Leser bei der Bearbeitung der Aufgaben bzw. Beantwortung der Fragen zu unterstützen sowie eine Kontrolle der eigenen Lösungen zu ermöglichen, sind zu jeder Übung richtige Antworten und Musterlösungen angefügt.

In allen Ausführungen wird durchgängig auf die Erfordernisse der Praxis abgestellt, denn das Lehr- und Übungsbuch will nicht so sehr die theoretische Diskussion der modernen Systeme der Kosten- und Leistungsrechnung in den Vordergrund stellen, sondern in der erster Linie ihre praktische Realisierbarkeit und Umsetzung. Ferner soll die didaktische Aufbereitung des Stoffes dazu beitragen, sowohl Studenten und Studentinnen der Betriebswirtschaftslehre und verwandter Studienbereiche als auch praktisch orientierte Kostenrechner und Controller im Selbststudium auszubilden.

Zahlreiche Abbildungen, Tabellen und Beispiele sollen zur anschaulichen Darstellung des Stoffes beitragen. Die im Text gelegentlich auftauchenden Literatur- und Quellenangaben sollen dem interessierten Leser die Möglichkeit geben, die jeweiligen Problembereiche zu vertiefen und die Basisliteratur in einem weiteren Studium kennen zu lernen.

Im Buch schlagen sich die in langjähriger Lehr- und Projekttätigkeit gesammelten Erfahrungen nieder.

Mein Dank gilt meinen studentischen Hilfskräften namentlich Jana Diefenbacher und Doreen Egerer, die mir bei der Anfertigung dieses Bandes eine wertvolle Hilfe waren. Bedanken möchte ich mich auch bei allen Studenten und Studentinnen, die bei mir eine Seminar- oder Diplomarbeit über diese Themengebiete geschrieben oder an einem Praxisprojekt teilgenommen haben.

Wir freuen uns über jeden kritischen Hinweis und über jeden Verbesserungsvorschlag.

Jena, im Herbst 2000                                                             Guido A. Scheld

# Inhaltsverzeichnis

|  | Seite |
|---|---|
| Vorworte | V |
| Abkürzungsverzeichnis | XV |

| 1 Einführung | 1 |
|---|---|
| 1.1 Veränderte Wettbewerbssituation | 1 |
| 1.2 Kritik an den traditionellen Kostenrechnungssystemen | 5 |
| 1.3 Veränderte Anforderungen an Kostenrechnungssysteme | 7 |
| 1.4 Entwicklungslinien der Kostenrechnungssysteme | 10 |
| Kontrollfragen zu Kapitel 1 | 16 |

| 2 Modernes Kostenmanagement | 17 |
|---|---|
| 2.1 Begriffsbestimmung und Aufgaben des Kostenmanagements | 17 |
| 2.2 Instrumente eines modernen Kostenmanagements | 20 |
| Kontrollfragen zu Kapitel 2 | 22 |

| 3 Prozesskostenrechnung | 25 |
|---|---|
| 3.1 Einführung in die Prozesskostenrechnung | 25 |
| 3.2 Die Prozesskostenrechnung als Instrument zur Produktkalkulation | 33 |
| 3.2.1 Festlegung der in die Prozesskostenrechnung einzubeziehenden Bereiche | 34 |
| 3.2.1.1 Grundlagen und Prinzipien | 34 |
| 3.2.1.2 Kriterien für den Einsatz der Prozesskostenrechnung | 36 |
| 3.2.1.3 Beispiel: Modellunternehmung | 39 |

Seite

3.2.2 Bestimmung der in den relevanten Kostenstellen ablaufenden Aktivitäten     53
3.2.3 Identifizierung und Auswahl der Bezugsgrößen     59
    3.2.3.1 Grundlegende Darstellung     59
    3.2.3.2 Beispiel: Modellunternehmung     65
3.2.4 Planung der Prozessmengen und -kosten     73
3.2.5 Ermittlung der Prozesskostensätze     77
3.2.6 Verdichtung der Teilprozesse zu Hauptprozessen     83
    3.2.6.1 Zweck, Definitionen und Vorgehensweise     83
    3.2.6.2 Methoden der Hauptprozessverdichtung     89
    3.2.6.3 Ermittlung der Hauptprozesskostensätze     92
3.2.7 Kostenträgerkalkulation mit Prozesskosten     101
    3.2.7.1 Methodik der prozessorientierten Kalkulation     101
    3.2.7.2 Wirkungen der Prozesskostenrechnung     109
3.3 Die Prozesskostenrechnung als Instrument des Gemeinkostenmanagements     111
    3.3.1 Bildung und Auswertung prozessorientierter Kennzahlen     112
    3.3.2 Prozessorientierte Kostenkontrolle     116
    3.3.3 Nutzung von Prozesskostenrechnungsinformationen zur Verbesserung der Abläufe und Entscheidungsfindung     124
        3.3.3.1 Optimierung der Prozesse     124
        3.3.3.2 Bildung interner Verrechnungspreise     127
        3.3.3.3 Budgetierung mit Kaizen Costing     129
        3.3.3.4 Unterstützung der Preis- und Sortimentspolitik     129
        3.3.3.5 Identifizierung interner Erfolgspotenziale     132
3.4 Beurteilung und kritische Betrachtung der Prozesskostenrechnung     137
3.5 Einbindung der Prozesskostenrechnung in vorhandene Kostenrechnungssysteme     146

Kontrollfragen zu Kapitel 3     149

Seite

# 4 Target Costing 163

4.1 Einführung 163
4.2 Anwendungsbereiche des Target Costing 166
4.3 Grundprinzipien und Vorgehensweise beim Target Costing 169
    4.3.1 Unternehmensplanung 170
    4.3.2 Ermittlung des Zielpreises und Festlegung der Zielkosten 171
    4.3.3 Zieldekomposition (Zielkostenspaltung) 178
        4.3.3.1 Komponentenmethode 179
        4.3.3.2 Funktionsmethode 180
            4.3.3.2.1 Grundzüge der Funktionsmethode 180
            4.3.3.2.2 Vorgehensweise der Funktionsmethode 182
                (1) Bestimmung der Funktionsstruktur des Produktes 182
                (2) Gewichtung der Produktfunktionen 184
                (3) Entwicklung eines Grobentwurfs des Produktes (Prototyp) 185
                (4) Kostenschätzung für die Produktkomponenten 185
                (5) Gewichtung der Produktkomponenten 186
                (6) Bestimmung des Zielkostenindex der Produktkomponenten 190
        4.3.3.3 Beurteilung der Funktionsmethode 191
    4.3.4 Suchen eines Optimums bezüglich Funktionalität und Kosten 192
    4.3.5 Realisierung der Zielkosten 195
4.4 Beurteilung und kritische Betrachtung des Target Costing 196

Kontrollfragen zu Kapitel 4      198

Seite

# 5 Umweltkostenrechnung 201

5.1 Einführung 201

5.2 Grundzüge und Systematisierungsansatz der Umweltkostenrechnung 202

    5.2.1 Grundlagen, Grundbegriffe und Aufgaben der Umweltkostenrechnung 202

    5.2.2 Systematisierungsansatz der Umweltkostenrechnung 204

        5.2.2.1 Varianten der Umweltkostenrechnung 204

            (1) Umweltschutzorientierte Kostenrechnung 205

            (2) Ökologieorientierte Kostenrechnung 206

            (3) Umweltschutzorientierte Kosten-Nutzen-Rechnung 206

        5.2.2.2 Umweltschutzbezogene Kostenrechnungssysteme 207

5.3 Umweltschutzorientierte Istkostenrechnung auf Vollkostenbasis 209

    5.3.1 Charakteristika 209

    5.3.2 Kostenartenrechnung 210

    5.3.3 Kostenstellenrechnung 215

        5.3.3.1 Grundlagen, Probleme und Methoden zur Abgrenzung 215

        5.3.3.2 Verteilung primärer Umweltschutzgemeinkosten 218

        5.3.3.3 Verteilung sekundärer Umweltschutzgemeinkosten 221

        5.3.3.4 Ermittlung der Kalkulationssätze 224

    5.3.4 Kostenträgerrechnung 230

        5.3.4.1 Zweck und Einteilung der Kostenträgerrechnung 230

        5.3.4.2 Kostenträgerstückrechnung 231

            5.3.4.2.1 Einführung in die Kostenträgerstückrechnung 231

            5.3.4.2.2 Divisionskalkulation 231

            5.3.4.2.3 Äquivalenzziffernkalkulation 232

            5.3.4.2.4 Zuschlagskalkulation 233

        5.3.4.3 Kostenträgerzeitrechnung 240

5.4 Beurteilung der Umweltkostenrechnung 241

Kontrollfragen zu Kapitel 5 243

|  | Seite |
|---|---:|
| Antworten und Lösungen | 245 |
| Literaturverzeichnis | 285 |
| Stichwortverzeichnis | 297 |

## Abkürzungsverzeichnis

| | |
|---|---|
| A | Anfangsbelastungsmenge |
| AG | Aktiengesellschaft |
| Abschr. | Abschreibung |
| Abw. | Abweichung |
| AM | abgebaute Belastungsmenge |
| | |
| b | Gesamtzahl der Typen von Belastungsgütern |
| BAB | Betriebsabrechnungsbogen |
| Bd. | Band |
| BDI | Bundesverband der Deutschen Industrie |
| BE | Bruttoemissionsmenge |
| Bestell. | Bestellung |
| Betr.-stoffe | Betriebsstoffe |
| Bsp. | Beispiel |
| bspw. | beispielsweise |
| bzw. | beziehungsweise |
| | |
| ca. | circa |
| CD | Cost Driver |
| chem. | chemisch |
| CIM | Computer Integrated Manufacturing |
| Comp. | Company |
| | |
| DB | Deckungsbeitrag |
| d.h. | das heißt |
| DM | Deutsche Mark |
| DV | Datenverarbeitung |
| | |
| € | Euro |
| EDV | Elektronische Datenverarbeitung |
| Eign. | Eignung |
| Einh. | Einheiten |
| EM | Entsorgungsmenge |
| Erz. | Erzeugnisse |

| | |
|---|---|
| etc. | et cetera |
| evtl. | eventuell |
| | |
| f. bzw. ff. | folgende, fortfolgende |
| FEK | Fertigungseinzelkosten |
| fert. | fertige |
| Fert. | Fertigung |
| FGK | Fertigungsgemeinkosten |
| FiBu | Finanzbuchhaltung |
| fkt.-bedingt | funktionsbedingt |
| F&E | Forschung und Entwicklung |
| | |
| gem. | gemäß |
| ggf. | gegebenenfalls |
| GK | Gemeinkosten |
| GmbH | Gesellschaft mit beschränkter Haftung |
| GuV | Gewinn- und Verlustrechnung |
| | |
| h | Stunde(-n) |
| HK | Herstellkosten |
| Hrsg. | Herausgeber |
| | |
| i.d.R. | in der Regel |
| ISO | International Organization for Standardization |
| | |
| Ka. | Kapitel |
| Kfz | Kraftfahrzeug |
| kg | Kilogramm |
| Ko. | Kosten |
| Kontr. | Kontrolle |
| KoSt | Kostenstelle |
| KVP | Kontinuierlicher Verbesserungsprozess |
| kWh | Kilowattstunden |
| | |
| Lf. | Lieferung |
| Lkw | Lastkraftwagen |
| lmi | leistungsmengeninduziert |

| | |
|---|---|
| lmn | leistungsmengenneutral |
| | |
| Mat. | Material |
| Mat.lief. | Materiallieferung |
| MEK | Materialeinzelkosten |
| MGK | Materialgemeinkosten |
| | |
| Nr. | Nummer |
| | |
| o | obere Begrenzung |
| o.Ä. | oder Ähnliches |
| | |
| p.a. | pro anno |
| Pal. | Palette |
| PC | Personal Computer |
| PKR | Prozesskostenrechnung |
| Pkw | Personenkraftwagen |
| Pos. | Position |
| PR | Public Relations |
| prim. | primär |
| Prod. | Produktion |
| prod.-vol.abh. | produktionsvolumenabhängig |
| | |
| q | Abweichungstoleranzparameter |
| qm | Quadratmeter |
| | |
| Rechn. | Rechnung |
| Rep. | Reparatur |
| | |
| S | Standardkostenanteil |
| S. | Seite |
| SK | Selbstkosten |
| s.o. | siehe oben |
| sog. | sogenannt(-e, -er, -en) |
| spez. | spezifisch |
| St. | Stoffe |

| | |
|---|---|
| t | Jahr(-e), Tonne(-n) |
| T€ | Tausend Euro |
| techn. | technisch |
| | |
| u | untere Begrenzung |
| U | Umweltbelastungsmenge |
| u.a. | unter anderem, und andere |
| u.Ä. | und Ähnliches |
| U-Beauft. | Umweltschutzbeauftragter |
| umw.-bedingt | umweltschutzbedingt |
| USA | United States of America |
| u.U. | unter Umständen |
| | |
| var.-zahlabh. | variantenzahlabhängig |
| Versich. | Versicherung(-en) |
| Vertr. | Vertrieb |
| Verw. | Verwaltung |
| vgl. | vergleiche |
| VM | Verwertungsmenge |
| vol.-abh. | volumenabhängig |
| | |
| Z | Zielkostenanteil |
| z.B. | zum Beispiel |

# 1 Einführung

## 1.1 Veränderte Wettbewerbssituation

Für eine Vielzahl von Unternehmen lässt sich heute eine tiefgreifende Veränderung der Wettbewerbsbedingungen feststellen. Die aktuelle und künftige Wettbewerbssituation, mit der sich Unternehmen auseinandersetzen müssen, ist durch folgende Merkmale gekennzeichnet (vgl. Christmann, A.: Alternativen zur traditionellen Gemeinkostenschlüsselung, S.154 und Füser, K.: Modernes Management, S.5 f.):

☞ Die **Weltmärkte rücken zusammen**: Seit Mitte der 60er Jahre ist ein stetiger Anstieg der internationalen Beziehungen und Verflechtungen der Volkswirtschaften zu verzeichnen. Die steigende *Internationalisierung* der Märkte bzw. *Globalisierung* der Wirtschaftsräume führen dazu, dass Einflüsse aus anderen Wirtschaftsregionen auf die heimischen Unternehmen zunehmen (vgl. Abbildung 1/1). Für die Unternehmen bedeutet das einerseits ein verstärktes Auftreten der ausländischen Konkurrenten, andererseits aber auch die Chance der Erschließung neuer Märkte.

Übersicht 1/1: Internationalisierung und Globalisierung

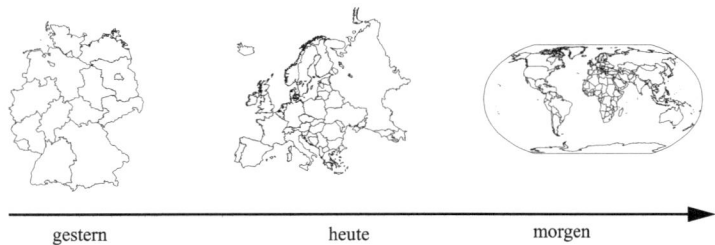

☞ **Geringes Wirtschaftswachstum bzw. Stagnation**: In vielen Bereichen ist die Sättigungsgrenze bereits erreicht. Das bedeutet für eine Reihe von Unternehmen Volumenrückgänge, die bis zur Insolvenz führen können.

☞ **Starker Preiswettbewerb**: Parallel zum Absatzrückgang tritt ein signifikanter und für das Unternehmensergebnis bedeutender Preisverfall in fast allen Märkten auf. Internationale Wettbewerber haben hier zumeist Kostenvorteile.

☞ **Veränderte Produktlebenszyklen**: Die Erhöhung der Wettbewerbsintensität führt zu einem immensen Druck zur Entwicklung neuer Produkte. Durch die hohe Produktinnovation, die auch dadurch erzeugt wird, dass ein Wettbewerbsvorteil durch eine Innovation meist nur für kurze Zeit besteht, kommt es zu kontinuierlich kürzer werdenden Produktlebenszyklen (vgl. Grafik 1/2).

Übersicht 1/2: Änderungen des Produktlebenszyklus

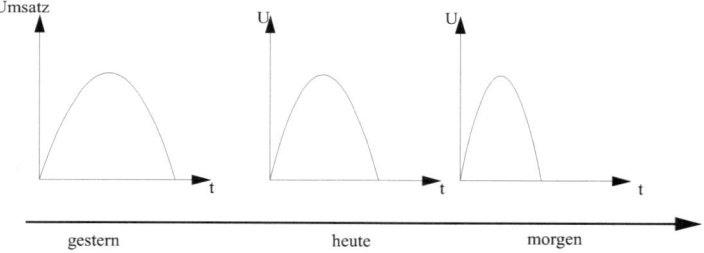

☞ **Geringere Gewinnspannen** durch erhöhte Innovationsdynamik, verkürzte Innovationszeiten und Produktlebenszyklen (vgl. Abbildung 1/3).

Übersicht 1/3: Verringerung der Gewinnspanne

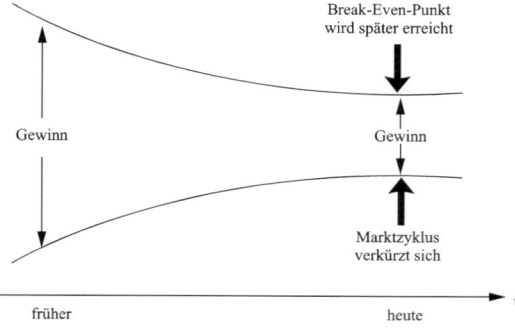

Während sich der Produktlebenszyklus und damit die Zeit, in der Gewinne erwirtschaftet werden können, verkürzt hat, dauert das Erreichen der Gewinnschwelle aufgrund hoher Investitionen länger als früher.

☞ **Steigerung der Gemeinkosten**: Durch Mechanisierung, Automatisierung und Flexibilisierung wächst der Bedarf an vorbereitenden, planenden, überwachenden, steuernden und koordinierenden Tätigkeiten. Es vollzieht sich eine Bedeutungsverlagerung aus der Produktion in die vor- und nachgelagerten sowie begleitenden und übergeordneten Bereiche wie Forschung & Entwicklung, Beschaffung, Logistik, Arbeitsvorbereitung, Produktionsplanung und -steuerung, Qualitätssicherung sowie Auftragsabwicklung und Marketing, während gleichzeitig die Zahl der in einer „produktiven" Kostenstelle arbeitenden Menschen permanent abnimmt. Dieses führt dazu, dass der Anteil der sogenannten Gemeinkostenbereiche zunimmt (vgl. Übersicht 1/4).

Übersicht 1/4: Direkte und indirekte Unternehmensbereiche

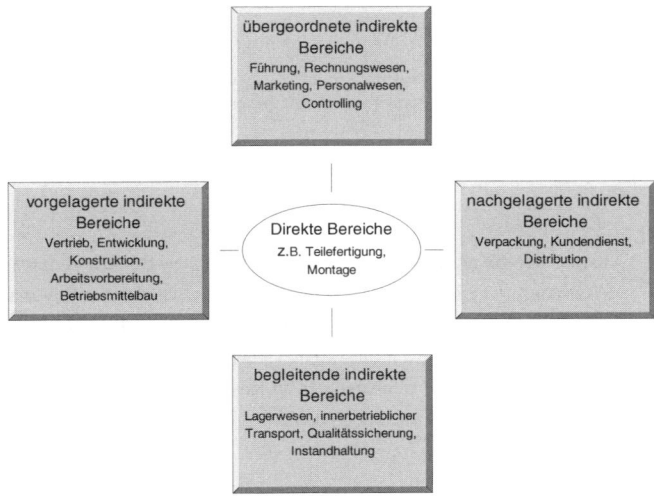

Quelle: Müller, A.: Gemeinkostenmanagement, S.4

Moderne Fertigungstechnologien und High-tech-Produktionslinien haben ferner den Nachteil, dass ein Stillstand nicht nur sehr teuer, sondern auch existenzbedrohend sein kann.

- **Wandel von Verkäufer- zu Käufermärkten**: Käufermärkte verlangen von den Unternehmen primär Kundenorientierung, Schnelligkeit und Flexibilität.
- **Gestiegene und schnell wechselnde Kundenanforderungen** sind ein bedeutender Einflussfaktor für die Entwicklung neuer Güter. Dies gilt zum einen für die Konsumgüterindustrie, aber auch für Investitionsgüter, die wiederum von den Entwicklungen auf dem Konsumgütermarkt abhängen.
- **Gestiegenes Qualitätsbewusstsein** bei den Kunden: Das Markenzeichen „Made in Germany" ist im Zuge der Globalisierung mittlerweile kaum noch von Bedeutung. Traditionsunternehmen wie *Siemens*, *Bosch* und *Miele* entwickeln und fertigen heute weltweit.
- **Verstärkte Forderung nach komplexen Systemlösungen**: Kundendienst und Service müssen dabei als integraler Bestandteil des Produktes angesehen werden.
- Kontinuierliche **Zunahme der Datenmengen und Komplexität**:

---

Das Vaterunser hat 60 Worte.

Mit 277 Worten haben sich die Amerikaner unabhängig gemacht.

Die EU-Verordnung über Caramel bringt es auf 620.911 Worte.

---

- **Anstieg der Komplexitätskosten** in den indirekten Bereichen durch Variantenvielfalt (vgl. Übersicht 1/5): Die Forderung der Kunden nach Variantenvielfalt führt zu geringeren Stückzahlen je Produktvariante und damit zu höheren Gemeinkostenanteilen für administrative Tätigkeiten. Es entsteht eine in der Kalkulation kaum noch beherrschbare Zahl an Kostenträgern, wobei neben dem eigentlichen Produktgeschäft auch noch das Service- und Ersatzteilgeschäft zu beachten ist.

Einführung 5

Übersicht 1/5: Zunehmende Variantenvielfalt

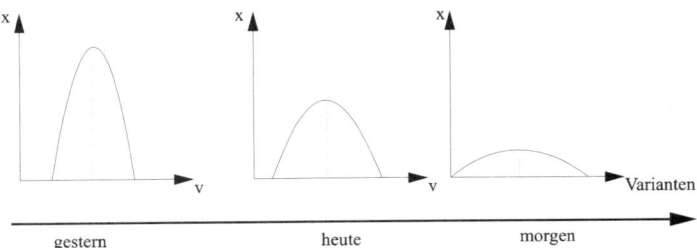

☞   Das Wirtschaftswachstum führt in den westlichen Industrieländern kaum noch zu einer höheren **Beschäftigung**, d.h., der in der Rezession aufgebaute Berg von Arbeitslosen wird in der Phase des Aufschwungs nicht mehr abgebaut. Dieses ist auch den nationalen Gesetzgebern bekannt, die sich mit ihrer Politik mehr und mehr der internationalen Entwicklung unterordnen müssen. Selbst die Länder, die es bisher exzellent verstanden haben, ihre Bevölkerung vor Außeneinflüssen abzuschotten, geraten immer mehr in die **Abhängigkeit internationaler Kapitalmärkte**. Der Nationalstaat ist somit Vergangenheit.

Aus diesen genannten Gründen heraus wird ersichtlich, dass es den Unternehmen zunehmend schwerer fallen wird, sich dieser Situation erfolgreich zu stellen. Insbesondere gewinnen die Faktoren **Preis, Kosten, Zeit und Qualität** immer mehr an Bedeutung, will man am Markt auch weiterhin bestehen bleiben.

## 1.2  Kritik an den traditionellen Kostenrechnungssystemen

Die **Hauptaufgaben traditioneller Kostenrechnungssysteme** bestehen in der Bewertung von unfertigen und fertigen Erzeugnissen, der Vorkalkulation mit der Ermittlung von Preisober- und Preisuntergrenzen, der Nachkalkulation und der daran unmittelbar anschließenden Kontrolle inklusive Abweichungsanalyse. Der Verkaufspreis wird nicht durch Angebot und Nachfrage ermittelt, sondern ist das Ergebnis komplizierter Kalkulationen mit Hilfe von Herstell- und Selbstkosten, Gemeinkostenzuschlagssätzen und Gewinnaufschlägen.

Hinzu kommt, dass die traditionellen Kostenrechnungsverfahren für Unternehmen entwickelt wurden, deren Schwerpunkt der Kosten in der Produktion liegt. Geringe Gemeinkostenanteile werden über pauschale Zuschlagssätze auf große Einzelkostenanteile umgelegt. Der dabei zwangsläufig entstehende Fehler war für die Produktkalkulation von nur untergeordneter Bedeutung und damit tolerierbar.

Eine solche Vorgehensweise weist vor dem Hintergrund heutiger und künftiger Wettbewerbsbedingungen, die – wie oben dargelegt – durch ständig veränderte Marktanforderungen, erhöhte Dynamik der Wirtschaft und der Notwendigkeit zur strategischen Ausrichtung gekennzeichnet sind, erhebliche Mängel auf, die kurz skizziert werden sollen:

- **nicht verursachungsgerechte Zurechnung von Gemeinkosten**, insbesondere durch die Bildung pauschaler Gemeinkostenzuschlagssätze, die zu gefährlichen Kostenverzerrungen führen können, mit der Folge, dass sich die Unternehmung aus dem Markt kalkuliert oder nur scheinbar wettbewerbsfähige Produkte herstellt;
- **unbekannte Kosteneinflussgrößen**: Das Problem besteht darin, dass es zwar für die Fertigungsprozesse ein Mengengerüst durch Stücklisten und Arbeitspläne gibt, die Kosteneinflussfaktoren für die Gemeinkostenbereiche jedoch weitgehend unerforscht sind;
- **vernachlässigte Leistungskomponente**, d.h., die Kostenrechnung steht im Mittelpunkt der Betrachtung, die Erlösrechnung wird vernachlässigt;
- **fehlende Marktorientierung**, denn die einzigen Kosten, die für ein Unternehmen relevant sind, sind die Kosten, die der Markt bestimmt, und nicht jene, die aufgrund vorhandener Technologien und Strukturen vorgegeben sind;
- **buchhaltungsorientiert**: Das traditionelle Rechnungswesen ist buchhaltungsorientiert, statt zweck- oder zielorientiert. Formale Genauigkeit wird über Zweckeignung und Zielbezug der Daten gestellt. Es liefert nur wenige bedarfsgerechte Informationen und dient mehr der nachträglichen Rechtfertigung als der Entscheidungsunterstützung;

- **mangelnder Strategiebezug**, d.h., die traditionelle Kostenrechnung kann keine Aussagen über die langfristige Rentabilität von Produkten machen und nur bedingt veränderte Umweltbedingungen berücksichtigen;
- **zu später Einsatzzeitpunkt**, d.h., die traditionelle Kostenrechnung setzt erst ein, wenn die Konstruktion abgeschlossen und in den meisten Fällen bereits ein Modell oder Prototyp angefertigt wurde;
- **unzureichende Dynamik**, d.h., Kostenkontrolle und Kostenmanagement zielen vorwiegend auf die Optimierung vorhandener Produkt- und Prozessstrukturen ab.

## 1.3 Veränderte Anforderungen an Kostenrechnungssysteme

Aus der Kritik an den traditionellen Kostenrechnungssystemen heraus ergeben sich die Anforderungen an moderne Rechnungssysteme.

Neue Systeme der Kostenrechnung haben die primäre Aufgabe, **entscheidungsrelevante Informationen** in Bezug auf alle kosten- und leistungswirksamen Aktivitäten bei der Herstellung marktgerechter Produkte bereitzustellen. Gerade die bisher sträflich vernachlässigten Leistungsrechnungen müssen dokumentieren, wofür und in welchem Umfang verfügbare Kapazitäten periodenbezogen definitiv genutzt wurden.

Moderne Systeme der Kosten- und Leistungsrechnung sollten **verhaltensorientiert** sein. Ziel ist es, die Mitarbeiter zum richtigen Denken und Handeln zu motivieren respektive Instrumente und Informationen bereitzustellen, die Mitarbeiter in die Lage versetzen, richtig zu denken und sich richtig zu verhalten. Verhaltensorientierte Informationen müssen den Kriterien *Individualität* und *Gerechtigkeit* genügen (vgl. Weber, J.: „Schlanke Controller?", S.1789). Eine weitere Anforderung an eine verhaltensorientierte Kostenrechnung besteht in der *Transparentmachung* ihrer Strukturen und Wirkungszusammenhänge, die für alle Beteiligten zur Erreichung der vorgegebenen Kostenziele unbedingt notwendig ist. Zusammengefasst bedeutet Verhaltensorientierung, dass sich das Rechnungswesen künftig mehr an den Nutzer der Information wendet und nicht umgekehrt. Ferner führt dies zur Forderung nach komparativ einfacheren Informationsstrukturen und somit auch zu einer **einfacheren Kostenrechnung** (vgl. Weber, J.: „Schlanke Controller?", S.1789).

Kosten- und Leistungsrechnungen müssen verständlicher, durchschaubarer, nachprüfbarer und last not least vollständiger werden. So sollten auch **nicht finanzielle Größen** wie beispielsweise Maschinenausfall- und Stillstandszeiten, Fehlerquoten, Reparatur- und Nacharbeitsstunden, Reklamationshäufigkeiten und Servicezeiten aufgrund von Qualitätsmängeln zur Messung der Zielerreichung herangezogen werden. Dieses Grundverständnis folgt der Auffassung des *Performance Managements*, das ein umfassendes Bild über das Leistungsniveau eines Unternehmens gewinnen will.

Ein modernes Kostenrechnungssystem soll in der Lage sein, sich den **strategischen Entscheidungen** der Geschäftsführung und den **veränderten Technologien** im Betrieb **anzupassen**.

Moderne Kostenrechnungssysteme sollen ihren Ursprung in den Bedürfnissen der Kunden haben und Kostenstruktur sowie Preisgestaltung konsequent **an den Markterfordernissen ausrichten**.

Ein modernes Rechnungswesen muss Informationen liefern, die die Erzielung von langfristigen **Wettbewerbsvorteilen ermöglichen**. Es muss eine strategische und frühwarnende Rolle einnehmen. Für Strategien wie *Differenzierung* oder *Kostenführerschaft* müssen unterschiedliche Kosteninformationen bereitgestellt werden.

Die Forderung nach **Lebenszyklusorientierung** macht eine Vollkostensicht der Kostenrechnungssysteme unverzichtbar, weil man davon ausgeht, dass jedes Erzeugnis während seiner Lebensdauer alle verursachten Kosten decken und einen angemessenen Gewinn erwirtschaften muss. Eine moderne Kostenrechnung muss demzufolge in der Lage sein, Aussagen über die langfristige **Gesamtrentabilität von Produkten** und über deren **Kostensituation in den einzelnen Phasen** machen zu können. Eine ganzheitliche und funktionsübergreifende Sichtweise über den gesamten Produktlebenszyklus hinweg ist besonders wichtig. Die Tatsache, dass Vorleistungskosten wie F&E-Kosten, Marktforschungs- und Konstruktionskosten einerseits und Nachleistungskosten wie Garantie- und Servicekosten sowie Entsorgung andererseits immer mehr zunehmen, macht einen solchen Ansatz notwendig.

Die Kostenrechnung muss sich zu einem **Kostenmanagement** entwickeln, bei dem weniger die genaue Kostenerfassung als vielmehr die Möglichkeit der Kostenbeeinflussung in den Vordergrund rückt. Der Schwerpunkt des Kostenmanagements sollte in den **frühen Phasen der Produktgestaltung** liegen, da hier die größten Möglichkeiten zur

Kostenbeeinflussung gegeben sind. Ein bekanntes Zitat von *Seidenschwarz* fasst dieses Anliegen in prägnanter Form zusammen: „Lieber mit 70-80 %iger Sicherheit möglichst früh die richtigen Dinge beeinflussen, als später mit 100 %iger Sicherheit die falschen Dinge kontrollieren." (Seidenschwarz, W.: Target Costing, S.201). Analysen haben gezeigt, dass 70 - 80 % der gesamten Produktkosten bereits durch die Entwicklungs- und Konstruktionsphase, also noch vor der eigentlichen Markteinführung vorgegeben werden und später nicht mehr beeinflussbar sind (vgl. hierzu auch Übersicht 1/6). Für die frühe Einbindung der Kostenrechnung sprechen ebenfalls Untersuchungen, die belegen, dass nachträgliche Konstruktionsänderungen etwa das Zehnfache der Kosten von Konstruktionsänderungen während der Entwurfs- und Planungsphase mit sich bringen. Kosten für Rückrufaktionen aufgrund von Qualitätsmängeln können sogar zehntausendfache Kostensteigerungen gegenüber frühzeitigen Konstruktionsänderungen ausmachen. Die Forderung nach einer durchgängigen entwicklungs- und konstruktionsbegleitenden Kalkulation der Produkte findet damit durchaus ihre Rechtfertigung.

<u>Übersicht 1/6:</u> Kostenmanagement

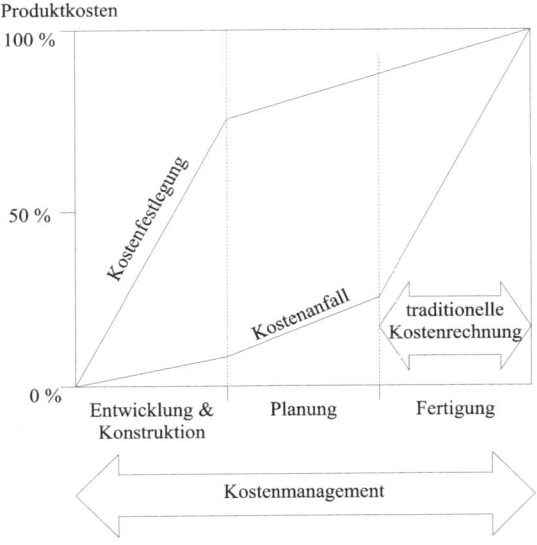

Quelle: In Anlehnung an Fiedler, R.: Überlebt der Controller?, S.I-11

Ein zweckdienliches Kostenmanagement fordert zudem die **Dezentralisierung der Funktion des internen Rechnungswesens**. Die Datensammlung sollte beispielsweise von der Produktion vorgenommen werden, wenn die Informationen dort entstehen und genutzt werden, z.b. Informationen über Stillstandszeiten oder Fehlerquoten.

Bis zur Erfüllung aller dieser Anforderungen ist es sicherlich noch ein weiter Weg, jedoch ist das Problem erkannt und es wird ständig an neuen und verbesserten Systemen der Kosten- und Leistungsrechnung gearbeitet. Schließlich ist die Kostenlehre keine von anderen Wissenschaftsgebieten unabhängiges, theoretisches Gedankengebäude, sondern entwickelt sich als Konsequenz ihres engen Zusammenhangs mit den Veränderungen der betrieblichen Wirklichkeit ständig dynamisch weiter (vgl. Müller, H.: Moderne Kostenrechnungssysteme zur Unterstützung des Kosten- und Erfolgs-Controlling, S.188).

## 1.4 Entwicklungslinien der Kostenrechnungssysteme

<u>Bedeutsame Entwicklungslinien der Kosten- und Leistungsrechnung</u>

Im Verlauf der letzten Jahrzehnte hat sich ein deutlicher Wandel in den Zielsetzungen der Kostenrechnung abgezeichnet. Beschränkte sich die Kostenrechnung früher im wesentlichen auf die Erfassung und Auswertung der Kostenarten, so wird sie heute immer mehr zum Instrument der Planung, Kontrolle und Steuerung.

Die modernen Kostenrechnungssysteme entwickelten sich aus der Kritik an den traditionellen Kostenrechnungsverfahren und -instrumenten. Die älteste Form der Kostenrechnung ist die **Istkostenrechnung auf Vollkostenbasis**. Da jede Istkostenrechnung nur vergangenheitsbezogene Daten enthält, kann sie weder alle für Plan-Ist-Vergleiche erforderliche Informationen liefern, noch die für das Treffen unternehmerischer Entscheidungen relevanten, zukunftsbezogenen Daten bereitstellen. Sie vermag allenfalls Anhaltspunkte für die Prognose zukunftsbezogener Kosten und Leistungen zu liefern. Auch die **Normalkostenrechnung** ist noch stark an den Istwerten orientiert und somit für die Aufgabe der Kostenkontrolle nur bedingt geeignet. Zukunftsorientiert sind die **starre und die flexible Plankostenrechnung auf Vollkostenbasis**. Allerdings weisen sie, wie alle Vollkostensysteme, Schwächen hinsichtlich der Entscheidungsunterstützung des Managements auf. Die modernste Form ist die **Plankostenrechnung auf Teilkostenbasis**, die unter dem Begriff *Grenzplankostenrechnung* geläufiger ist.

Eine ähnliche Entwicklung vollzog sich im Zuge der Kostenumlage und Kostenträgerstückrechnung. Eine in der Praxis weit verbreitete Methode der Kalkulation war und ist auch heute noch die **Zuschlagskalkulation**. Diese wurde im Laufe der Zeit um die **Maschinenstundensatzrechnung** ergänzt und bis zur **Bezugsgrößenkalkulation** ausgebaut. Jedoch hat sich der Prozess der betrieblichen Leistungserstellung in den letzten Jahrzehnten grundlegend geändert. Das heutige Unternehmen ist, bedingt durch die beschleunigte technologische Entwicklung, durch einen hohen Automatisierungs- und Mechanisierungsgrad gekennzeichnet. Dadurch bedingt hat sich auch ein Wandel im Prozess der betrieblichen Leistungserstellung und den damit in Zusammenhang stehenden betrieblichen Kostenstrukturen ergeben. Eine Antwort darauf ist die **Prozesskostenrechnung**, die, wie der Name schon zum Ausdruck bringt, auf Prozesse aufbaut. Auch die speziell für den Dienstleistungssektor entwickelte **Vorgangskalkulation** stellt auf Prozesse ab. Sie ist eine ausdrücklich leistungsorientierte Kalkulation, die von den objektspezifisch zu erbringenden Leistungen vornehmlich personeller Ressourcen ausgeht (vgl. Männel, W.: Prozeßkostenrechnung, S.6).

Für unternehmerische Entscheidungen besonders geeignet sind die **Teilkostenrechnungssysteme**. Auch hier ist eine kontinuierliche Entwicklung und Verbesserung festzustellen. Die modernsten kostenrechnerischen Werkzeuge sind die **Fixkostendeckungsrechnung**, auch *mehrstufige Deckungsbeitragsrechnung* genannt, und die **Relative Einzelkostenrechnung**.

Alle bisher vorgestellten Kostenrechnungssysteme sind stark intern bezogen. Was fehlt, ist die Verbindung zum Markt und Wettbewerb d.h. zur Unternehmensumwelt. Um diesen Mangel auszugleichen wurden das **Target Costing** und das **Benchmark Costing** entwickelt.

Bedeutende Entwicklungsrichtungen der Kosten- und Leistungsrechnung sind in der nachstehenden Übersicht 1/7 zusammengestellt.

Übersicht 1/7: Entwicklungslinien der Kosten- und Leistungsrechnung

Quelle: In Anlehnung an Männel, W.: Deckungsbeitragsrechnung in der Holz- und Möbelindustrie, S.1

Wie im vorhergehenden Kapitel bereits angedeutet wurde, ist vom Management eine moderne Kosten- und Leistungsrechnung gefordert, die operative und strategische Planung, Kontrolle und Steuerung in nahezu allen Bereichen des Unternehmens – wie Beschaffung, Produktion, Logistik, Vertrieb und Verwaltung – unterstützt und unternehmenspolitische Entscheidungen zahlenmäßig vorbereitet. Diesen Anforderungen wird nur ein modernes zukunftsbezogenes Teilkostenrechnungssystem gerecht, dass zielgerichtet, markt- und wettbewerbsorientiert sowie ressourcen-, prozess- und leistungsbezogen ist. Da es nicht ein Rechnungssystem geben kann, das alle Anforderungen gleichermaßen erfüllt, ist die Praxis durch eine Kombination traditioneller und moderner Kostenrechnungssysteme gekennzeichnet. Je nach Anforderung und Zwecksetzung werden unterschiedliche Module zusammengefügt.

Moderne Kostenrechnungssysteme

Vorgestellt werden in diesem Buch die in den vergangenen Jahren wohl am intensivsten diskutierten Innovationen und neueren Ansätze im Rahmen der Kosten- und Leistungsrechnung. Dazu zählen:

1. der Ausbau der traditionellen Kosten- und Leistungsrechnung zu einem **modernen Kostenmanagement**,
2. die **Prozesskostenrechnung**,
3. die **Zielkostenrechnung** (eher bekannt unter der Bezeichnung *Target Costing*) und
4. die **Umweltkostenrechnung** als Ansatzpunkt zur weiteren Ausgestaltung eines zeitgemäßen Kostenmanagements.

Weitere Neuentwicklungen bzw. noch in der Diskussion stehende innovative Ansätze sind:

1. die **Produktlebenszyklus-Kostenrechnung** (Product Life Cycle Costing) als periodenübergreifende Rechnung;
2. die **Anlagenkostenrechnung** als Instrument zur Beherrschung des hohen Fixkostenblocks in den Fertigungsbereichen aufgrund der steigenden Automatisierung;
3. die **Projektkostenrechnung**;
4. die **Auftragskostenrechnung**;

5. die **Integrierte Kosten- und Investitionsrechnung** als Zusammenfassung der Kostenplanung und -kontrolle mit den Investitionen;

6. die **Dienstleistungskostenrechnung**;

7. die **Strategische Differenzrechnung** als Versuch, langfristige Unterschiede in Zahlungsreihen von strategischen Handlungsalternativen eines Unternehmens zu quantifizieren;

8. die **Fixkostenmanagementorientierte Plankostenrechnung**;

9. die **Aufwandsorientierte nominale Kostenrechnung**;

10. die **Finanzplanorientierte Methode** zur Ergänzung der Kostenrechnung und

11. die **Konzernkostenrechnung** als einheitliche Kosten- und Leistungsrechnung für den Konzern.

Diese werden aber im Folgenden nicht näher vorgestellt.

Zusammenfassend ist festzustellen, dass sich die Kosten- und Leistungsrechnung im Umbruch befindet. Sowohl die **Leistungskomponente** als auch der **Prozessaspekt**, die beide in den traditionellen Kostenrechnungssystemen sträflich vernachlässigt wurden, erlangen gegenwärtig eine erheblich größere Bedeutung. Aber Achtung: Aus der Einführung neuer Begriffe in die Kostenrechnung darf nicht gleichsam „automatisch" auch auf Richtungsänderungen in der Kostenlehre geschlossen werden; meistens handelt es sich bei den neuen Ideen – wie *Müller* richtig feststellt – um eine **Weiterentwicklung der Nutzanwendungen** der Kosten- und Leistungsrechnung (vgl. Müller, H.: Moderne Kostenrechnungssysteme zur Unterstützung des Kosten- und Erfolgs-Controlling, S.197).

Kostenrechnung der Zukunft

Ständige Veränderungen in der Unternehmensumwelt erfordern laufende Anpassungen der installierten Systeme der Kosten- und Leistungsrechnung. In der betrieblichen Praxis wird auf die dynamische Umwelt nicht selten mit einer weiteren Verfeinerung und Detaillierung der Rechnungssysteme reagiert. Dies zieht aber wiederum einen immer höheren Änderungsaufwand der Systeme nach sich, der wirtschaftlich in Frage zu stellen ist.

Nach Meinung von *Weber* wird sich die Kostenrechnung der Zukunft zusammensetzen aus einer relativ wenig differenzierten **Basisrechnung**, welche ausreicht, die handelsrechtlichen Anforderungen zu erfüllen, die Ergebnisentwicklung des Unternehmens und der wichtigsten Unternehmensbereiche abzubilden und zugleich das Gerüst für die Sicherstellung von Kostenbewusstsein zu bilden (vgl. Weber, J.: „Schlanke Controller?", S.1789). Die Basisrechnung wird vermutlich mit einer etwas erweiterten Finanzbuchhaltung vergleichbar sein, was in Konsequenz dazu führen könnte, die in Deutschland traditionelle, in Amerika bis heute unübliche Trennung von Finanz- und Betriebsbuchhaltung aufzugeben.

Ein Teil von laufend bzw. zumindest eine bestimmte Zeit hinweg unverändert auftretenden Informationsbedarfen wird durch mehrere parallele, unabhängig voneinander geführte **Nebenkostenrechnungen** abgedeckt, die nur einen losen Verbund zur Basisrechnung aufweisen (vgl. Weber, J.: „Schlanke Controller?", S.1789). Durch ihre Unabhängigkeit sind diese Nebenrechnungen in der Lage, sich genau auf den jeweiligen Zweck auszurichten. Treten oft dieselben Interaktionen zwischen einzelnen dieser Nebenrechnungen auf, kann es auch zur Verringerung von Erfassungs- und Auswertungskosten zu einer partiellen Vernetzung kommen (vgl. Weber, J.: „Schlanke Controller?", S.1789).

„Der verbleibende Teil der Rechnungszwecke – und hierzu werden viele Entscheidungsaufgaben zählen – wird das Objekt **fallweiser Kostenanalysen und -allokationen** sein, wobei von der Methodik der Datenverarbeitung sowohl übliche Kostenrechnungs- als auch Investitionsrechnungsverfahren zum Einsatz kommen." (vgl. Weber, J.: „Schlanke Controller?", S.1789)

Zusammenfassend ist festzuhalten, dass der Anspruch der Lückenlosigkeit zugunsten einer aktuellen, selektiven und multidimensionalen Kosten- und Leistungsrechnung aufgegeben wird (vgl. auch Müller, J.: Return On Value System (ROV), S.114).

## Kontrollfragen zu Kapitel 1

1/1. Durch welche Merkmale ist die aktuelle bzw. künftige Wettbewerbssituation gekennzeichnet?

1/2. Was versteht man unter Internationalisierung und Globalisierung?

1/3. Beschreiben Sie den Produktlebenszyklus!

1/4. Was ist ein Käufer- und was ein Verkäufermarkt?

1/5. Was sind Komplexitätskosten?

1/6. Beschreiben Sie kurz die Zuschlagskalkulation!

1/7. Nennen Sie die Gründe, die zur Entwicklung der neueren Kostenrechnungssysteme geführt haben!

1/8. Welche Aufgaben hat die Kostenrechnung heutzutage in modernen Industrieunternehmen zu erfüllen?

1/9. Interpretieren Sie den Satz: „Lieber mit 70 %iger Sicherheit möglichst früh die richtigen Dinge beeinflussen, als später mit 100 %iger Sicherheit die falschen Dinge kontrollieren."!

1/10. Skizzieren Sie die Entwicklungslinien der Kostenrechnungssysteme!

1/11. Was ist das Besondere am Benchmark Costing?

1/12. Welche Innovationen und neueren Ansätze im Rahmen der Kosten- und Leistungsrechnung kennen Sie?

1/13. Womit beschäftigt sich die Konzernkostenrechnung?

1/14. Wie könnte die Kostenrechnung der Zukunft aussehen?

## 2 Modernes Kostenmanagement

### 2.1 Begriffsbestimmung und Aufgaben des Kostenmanagements

Grundsätzliche Überlegungen

Überlegungen zur Implementierung des Kostenmanagements im Unternehmen sind eng mit der Frage nach dem übergeordneten Strategiekonzept verbunden. Ein wesentlicher Baustein eines erfolgreichen Strategiekonzeptes ist die konsequente Markt- und Kundenorientierung. Derartige Strategien umfassen auf der einen Seite marktbezogene Entscheidungen, beispielsweise hinsichtlich des Produktportfolios, der Marktpositionierung und der Auswahl der Vertriebswege, und auf der anderen Seite kostenbezogene Fragestellungen, beispielsweise hinsichtlich eines bedarfsgerechten Produktangebots (Target Costing) und einer prozessorientierten Unternehmenssichtweise (Prozesskostenrechnung). Ein so konzipiertes strategisches Kostenmanagement ist als **integraler Bestandteil eines markt- und kundenorientierten Managements** zu verstehen (vgl. Verband der Chemischen Industrie e.V.: Einsatzmöglichkeiten der Prozeßkostenrechnung in der Chemischen Industrie, S.124).

Begriffsabgrenzung

Eine einheitliche Definition des Begriffs „Kostenmanagement" gibt es im betriebswirtschaftlichen Schrifttum leider noch nicht. Fest steht, dass das Kostenmanagement nicht nur eine **operative** sondern auch eine **strategische** Komponente umfasst und sowohl das Management der **Einzelkosten** als auch der **Gemeinkosten** beinhaltet. Dabei stehen nicht nur die Aspekte der Ermittlung und verursachungsgerechten Verrechnung der Kosten im Mittelpunkt des Interesses, sondern mindestens ebenso wichtig sind die Kostenbeeinflussungs- und -steuerungsmöglichkeiten. Kostenmanagement ist somit ein wichtiger Aufgabenbereich der Unternehmensführung bzw., sofern vorhanden, des Controllings und befasst sich mit der systematischen und zielorientierten **Ermittlung**, **Verrechnung** und last not least **Gestaltung** der Kosten. Je nachdem, auf welche Untersuchungsobjekte sich die Aktivitäten beziehen, kann zwischen der Kosten**transparenz**, dem Kosten**verhalten**, der Kosten**struktur** und dem Kosten**niveau** unterschieden werden.

Obwohl eindeutig die **Kostenseite** im Vordergrund steht, darf die **Leistungskomponente** nicht vernachlässigt werden. So sind aus Sicht des Unternehmens auch Kostenerhöhungen in Kauf zu nehmen, sofern sie zu einer überproportionalen Leistungssteigerung führen. Kostenmanagement ist somit immer auch mit einem *Leistungsmanagement* verbunden.

Tabelle 2/1 fasst die wichtigsten Aspekte und Eigenschaften des Kostenmanagements noch einmal zusammen.

Übersicht 2/1: Eigenschaften des Kostenmanagements

| Eigenschaften | Ausprägungen | | | |
|---|---|---|---|---|
| Zeitbezug | operativ | | strategisch | |
| Kostenumfang | Einzelkosten | | Gemeinkosten | |
| Tätigkeit | Ermittlung | Verrechnung | | Beeinflussung |
| Untersuchungsobjekt | Transparenz | Verhalten | Struktur | Niveau |
| Komponente | Kosten | | Leistungen | |

Bevor auf die Bedeutung und die Aufgaben des Kostenmanagements näher eingegangen wird, soll zunächst der Versuch einer Definition unternommen werden.

> **Kostenmanagement** bedeutet Kostenerfassung und möglichst verursachungsgerechte Verrechnung sowie systematische und zielorientierte Beeinflussung von Kostentransparenz, Kostenverhalten, Kostenstruktur und Kostenniveau mit dem Ziel der Optimierung der Kosten-/Nutzen-Relation im Unternehmen.

Bedeutung und Aufgaben des Kostenmanagements

Ohne ein modernes Kostenmanagement ist heute eine optimale Unternehmensführung nicht mehr möglich. Es liefert die Daten für viele relevanten Unternehmensentscheidungen und bezieht sich auf alle Funktionsbereiche der Unternehmung. Es gilt mit Hilfe von relevanten Kosteninformationen, richtige Entscheidungen zu verbessern und falsche Entscheidungen zu revidieren. Kostenmanagement umfasst also wesentlich **mehr als Kostenrechnung** und muss im Gesamtunternehmen – und nicht nur im Rechnungswesen – eingeführt und begriffen werden.

Wie in der Begriffsabgrenzung bereits herausgestellt, zielt das Kostenmanagement in erster Linie auf eine umfassende und frühzeitige Gestaltung der Kostentransparenz, des Kostenverhaltens, der Kostenstrukturen und des Kostenniveaus. Daraus können die in der folgenden Übersicht dargestellten **Aufgabenfelder** abgeleitet werden.

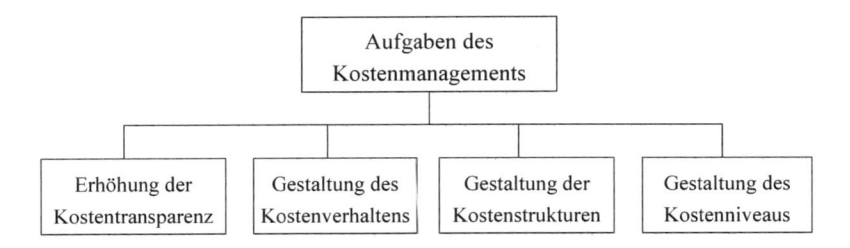

```
                    ┌─────────────────────┐
                    │    Aufgaben des     │
                    │  Kostenmanagements  │
                    └──────────┬──────────┘
        ┌──────────────┬───────┴───────┬──────────────┐
┌───────┴──────┐┌──────┴───────┐┌──────┴───────┐┌─────┴────────┐
│  Erhöhung der ││ Gestaltung des││ Gestaltung der││Gestaltung des│
│Kostentransparenz││Kostenverhaltens││Kostenstrukturen││ Kostenniveaus│
└──────────────┘└──────────────┘└──────────────┘└──────────────┘
```

Das erste Aufgabenfeld des Kostenmanagements ist die **Erhöhung der Kostentransparenz**. Die konkrete Aufgabenstellung besteht darin, die Planung, die Kontrolle und die Steuerung in den Gemeinkostenbereichen zu verbessern und die Verrechnung der Gemeinkosten verursachungsgerechter zu gestalten. Die Aufgabe der Kostentransparenz führt dann zwangsläufig zum Ziel der Kostenreduzierung.

Das auf die **Optimierung des Kostenverhaltens** ausgerichtete Kostenmanagement beinhaltet die zielgerichtete Gestaltung des Kostenverlaufs in Abhängigkeit von der Beschäftigung. Das Kostenmanagement analysiert den Kostenverlauf, der beispielsweise degressiv, linear oder progressiv sein kann, und beeinflusst diesen in Richtung sinkender Stückkosten.

Im Rahmen des **Kostenstruktur-Managements** sollen die verschiedenen Kostenstrukturen beeinflusst werden, die aus den unterschiedlichen Systematisierungskriterien der Kosten resultieren. Die beiden wichtigsten Systematisierungsmöglichkeiten sind einmal nach der Zurechenbarkeit der Kosten auf die Kostenträger und zum anderen nach dem Verhalten bei Beschäftigungsschwankungen. Nach dem Aspekt der Zurechenbarkeit der Kosten auf die Kostenträger können *Einzel- und Gemeinkosten* unterschieden werden. Daneben können die Kosten nach dem Verhalten bei Beschäftigungsschwankungen in *fixe und variable Kosten* differenziert werden. Das Ziel ist es, die Relationen von Einzel- und Gemeinkosten respektive fixen und variablen Kosten zu optimieren, um eine Steigerung der Flexibilität des Unternehmens zu bewirken.

Beim **Management des Kostenniveaus** steht die zielorientierte Beeinflussung der Kostenhöhe im Vordergrund. Durch die Nutzung geeigneter Controllinginstrumente kann das gesamte Kostenniveau des Unternehmens oder einzelner Bereiche und Abteilungen reduziert werden ohne die Leistung negativ zu beeinflussen.

## 2.2 Instrumente eines modernen Kostenmanagements

Ein effektives Kostenmanagement ist nur dann realisierbar, wenn die Kosten- und Leistungsrechnung den zur gewünschten Kostenbeeinflussung erforderlichen Informationsbedarf decken kann. Unter Berücksichtigung der Führungs- und Controllingaufgaben muss ein geschlossenes kosten- und leistungsrechnerisches Gesamtkonzept im Unternehmen etabliert werden, welches auf die speziellen Bedarfe des Kostenmanagements auszurichten ist.

Für die systematische und zielorientierte Erfassung und Abbildung sowie Beeinflussung der Kosten im Sinne einer Optimierung der Kosten-/Nutzen-Verhältnisse im Unternehmen sind eine Vielzahl von Instrumenten, Methoden und Techniken entwickelt worden, die im Folgenden in zwei große Gruppen eingeteilt werden sollen (siehe auch Übersicht 2/2):

- die **traditionellen Instrumente** und
- die **modernen Instrumente**

des Kostenmanagements. Dabei ist nicht zu leugnen, dass eine solche Einteilung sicherlich subjektiv gefärbt ist. Das Gleiche gilt für die weitere Zuordnung in:

- **kostenrechnungsorientierte Instrumente** und
- **controllingorientierte Instrumente**.

Übersicht 2/2: Instrumente des Kostenmanagements

**Instrumente des Kostenmanagements**

**Traditionelle Instrumente des Kostenmanagements**

*Kostenrechnungsorientierte Instrumente:*

- traditionelle Kosten- und Leistungsrechnung auf Istkostenbasis
- Normalkostenrechnung
- Deckungsbeitragsrechnung inkl. Fixkostendeckungsrechnung
- Vollplankostenrechnungen und Grenzplankostenrechnung
- Zero-Base-Budgeting

*Controllingorientierte Instrumente:*

- Wertanalyse (Value Management)
- Gemeinkostenwertanalyse (Overhead Value Analysis)
- Erfahrungskurvenkonzept

**Moderne Instrumente des Kostenmanagements**

*Kostenrechnungsorientierte Instrumente:*

- Prozesskostenrechnung
- Target Costing
- Umweltkostenrechnung
- Produktlebenszyklus-Kostenrechnung

*Controllingorientierte Instrumente:*

- Kaizen/KVP
- Business Reengineering
- Simultaneous Engineering
- Benchmarking
- Outsourcing

Quelle: In Anlehnung an Hardt, R.: Kostenmanagement, S.17

Nach wie vor spielt die traditionelle **Kosten- und Leistungsrechnung** eine besondere Rolle im Rahmen des Kostenmanagements. Sie kann auch durch andere und neuere Instrumente und Methoden nicht ersetzt werden. Jedoch empfiehlt es sich, die traditionelle Kosten- und Leistungsrechnung durch moderne Ansätze zu erweitern und zu verfeinern. Dieses kann je nach Rechnungsziele und -zwecke anders aussehen.

## Kontrollfragen zu Kapitel 2

2/1. Definieren Sie „Kostenmanagement"!

2/2. Kann man Kostenrechnung und Kostenmanagement gleichsetzen? Mit Begründung!

2/3. Welche vier Aufgabenfelder des Kostenmanagements lassen sich voneinander abgrenzen?

2/4. Nehmen Sie ausführlich zu der Aussage Stellung: „Mit der Erhöhung des Fixkostenanteils an den Gesamtkosten steigt die Bedeutung eines effektiven Kostenmanagements."! (Frage entnommen aus Hardt, R.: Kostenmanagement, S.16)

2/5. Welche traditionellen und welche modernen Verfahren der Kostenrechnung kennen Sie?

2/6. Welche traditionellen und welche modernen Methoden und Instrumente des Kostenmanagements kennen Sie?

2/7. Was bedeutet Zero-Base-Budgeting?

2/8. Was macht die Wertanalyse?

2/9. Welche Gemeinsamkeiten bestehen zwischen der Wertanalyse und der Gemeinkostenwertanalyse?

2/10. Was besagt das Erfahrungskurvenkonzept?

2/11. Was untersucht die Umweltkostenrechnung?

2/12. Welchen Untersuchungsgegenstand hat die Produktlebenszyklus-Kostenrechnung?

2/13. Was meint man, wenn man von Kaizen spricht?

2/14. Nennen Sie die Unterschiede und Gemeinsamkeiten von Target Costing und Kaizen!

2/15. Beschreiben Sie die Grundidee von Business Reengineering!

2/16. Welchen Zweck verfolgt Simultaneous Engineering?

2/17. Definieren Sie Benchmarking!

2/18. Charakterisieren Sie Outsourcing!

# 3 Prozesskostenrechnung

Kaum ein anderer Ansatz im betrieblichen Rechnungswesen hat in den 90er Jahren soviel Aufmerksamkeit erfahren wie die Prozesskostenrechnung. Sie soll daher im Folgenden als erstes vorgestellt werden.

## 3.1 Einführung in die Prozesskostenrechnung

Auslöser der Prozesskostenrechnung

Die Ursachen für die Entwicklung der Prozesskostenrechnung sind vielschichtig. Zum einen hat sich der Prozess der betrieblichen Leistungserstellung in den letzten Jahrzehnten grundlegend geändert. Das heutige Unternehmen ist, bedingt durch den beschleunigten **technologischen Fortschritt**, durch einen hohen Automatisierungs-, Mechanisierungs- und Robotisierungsgrad der Fertigung (CIM-Konzepte) sowie durch eine **Humanisierung der Arbeitsplätze und -inhalte** gekennzeichnet. Die Wertschöpfung hat sich dahingehend verändert, dass die Bereiche **Forschung und Entwicklung, Beschaffung, Logistik und Vertrieb an Bedeutung gewonnen** haben. Zum anderen haben sich auch die Anforderungen der Kunden verändert. Sie verlangen zunehmend maßgeschneiderte Produkte und Dienstleistungen von **hoher Qualität und in zahlreichen Varianten**. Großvolumige Massenfertigungen werden mehr und mehr durch kleinere Serienfertigungen verdrängt.

Aufgrund der veränderten Rahmenbedingungen hat sich ein Wandel in den betrieblichen **Kostenstrukturen** ergeben. So ist in den USA der Anteil der Material- und Fertigungseinzelkosten (Materialeinsatz und Fertigungslöhne) an den Gesamtkosten von 85 % im Jahre 1930 auf 40 % im Jahre 1990 gesunken. Parallel dazu stieg der Anteil der Gemeinkosten von 15 % auf 60 % (vgl. Grafik 3/1).

Für den Gemeinkostenbereich liegen keine Stücklisten oder Arbeitspläne vor. Deshalb lässt dieser sich nicht wie der Fertigungsprozess planen. Der Grad an **Kostentransparenz** ist im Vergleich zum Einzelkostenbereich gering.

Übersicht 3/1: Entwicklung der Kostenstruktur von 1930 bis 1990

| Gemeinkosten 15 % | Gemeinkosten 60 % |
|---|---|
| Löhne 35 % | |
| Material 50 % | Löhne 20 % |
| | Material 20 % |
| 1930 | 1990 |

Quelle: Fischer, J.: Kosten- und Leistungsrechnung – Plankostenrechnung, S.28

Die klassische Kostenrechnung in Form der Lohnzuschlagskalkulation wird diesen Veränderungen mit ihren überwiegend wertabhängigen Bezugsgrößen nicht mehr gerecht. Die traditionellen Zuschlagsbasen Material- und Fertigungseinzelkosten stehen kaum noch in einem kausalen Zusammenhang mit der Entstehung und Verursachung der Gemeinkosten. So **steigen die Gemeinkostenzuschlagssätze** in hoch technologisierten Betrieben nicht selten auf ein Niveau von mehreren tausend Prozent (vgl. Reichmann, Th.: Controlling mit Kennzahlen und Managementberichten, S.408 f.). Bereits kleine Änderungen der Zuschlagsbasis, etwa als Konsequenz von Lohnerhöhungen, können dann enorme Auswirkungen auf die Produktkalkulation haben.

Der ständig steigende Anteil der Gemeinkosten im Vergleich zu den Einzelkosten und das damit zusammenhängende steigende Risiko strategischer Fehlentscheidungen in der Preis- und Sortimentspolitik bedingt die Notwendigkeit des Umdenkens in der Kostenrechnung – die **Prozesskostenrechnung** (auch *Activity-Based Cost-Accounting* oder *Cost-Driver-Accounting* genannt) entstand. Die Betrachtungsschwerpunkte verlagern sich dabei im Unterschied zur traditionellen Vorgehensweise von der Kostenstellenrechnung auf die Aktivitätenebene, da nach Ansicht der Befürworter der Prozesskostenrechnung die Unternehmensaktivitäten die Höhe und Struktur der Gemeinkosten bestimmen (vgl. Reichmann, Th.: Controlling mit Kennzahlen und Managementberichten, S.409).

Es gibt noch einen anderen Grund für die rasche Verbreitung des Prozesskostenansatzes. Die bisher favorisierte funktionsorientierte Organisation versperrt die Sicht auf abteilungsübergreifende Prozessabläufe. Da die Planungs-, Kontroll- und Steuerungsinstrumente nur auf einzelne Segmente eines Geschäftsprozesses gerichtet werden, fehlt dann eine **prozessgerechte Kosten-, Ressourcen- und Zeitsteuerung**. Als Folge entstehen hohe Durchlaufzeiten für Geschäftsprozesse und ein unverhältnismäßig hoher Ressourcenaufbau in den Gemeinkostenbereichen. Auch hier kann die Prozesskostenrechnung Abhilfe schaffen und Rationalisierungspotenziale aufdecken.

Grundanliegen und Grundbegriffe der Prozesskostenrechnung

Die Ursprünge der Prozesskostenrechnung als aktivitätsorientierte Kostenrechnung liegen vornehmlich in den USA, ausgehend von den Arbeiten von *Miller* und *Vollmann* sowie *Johnson, Kaplan* und *Cooper* zum Activity-Based Costing. Das der Prozesskostenrechnung zugrunde liegende Gedankengut ist allerdings schon bei *Gutenberg* und *Kilger* nachzulesen.

Da die Prozesskostenrechnung nicht von einem Autor alleine konzipiert wurde, sondern verschiedene Teilaspekte von unterschiedlichen Autoren weiterentwickelt wurden, existiert ein breites Spektrum von Literaturmeinungen und Ansätzen. Diese Tatsache muss stets beachtet werden, wenn unterschiedliche Beiträge zusammengetragen werden. Die Prozesskostenrechnung stellt also **kein geschlossenes und einheitliches Konzept** dar, sondern kann lediglich als Methodik angesehen werden, die unterschiedliche Anwendungs- und Gestaltungsmöglichkeiten bietet.

**Grundanliegen der Prozesskostenrechnung** ist die verursachungsgerechtere, abteilungs- und ggf. periodenübergreifende und nach Mengen und Werte differenzierte Ermittlung der Kosten von marktgängigen Leistungen, die im gesamten Leistungsprozess angefallen sind oder anfallen werden. Der Leistungsprozess lässt sich im Hinblick auf das gesamte Betriebsgeschehen als eine Aufeinanderfolge von Aktivitäten bzw. Prozessen vorstellen, angefangen vom Materialeinkauf bis zum Vertrieb der Erzeugnisse. Die Prozesskostenrechnung ähnelt damit der *Wertkettenanalyse* von *Porter* (vgl. Porter, M.E.: Wettbewerbsvorteile, S.59-92). Als Frage formuliert würde diese lauten: Wie verteilen sich die Kosten verursachungsgerecht auf die Unternehmensprozesse und auf die Produkte? Oder kürzer: Wodurch sind die Kosten angefallen?

Zunächst soll der Begriff Prozess definiert werden. Ein Prozess ist eine auf die Erbringung eines Leistungsoutputs gerichtete Kette von Aktivitäten mit messbarer Eingabe, messbarer Wertschöpfung und messbarer Ausgabe (vgl. Horváth, P./Mayer, R.: Konzeption und Entwicklungen der Prozeßkostenrechnung, S.61). Die Aktivitäten gehören dabei unabhängig von der Organisationsstruktur logisch zusammen und sind inhaltlich und zeitlich voneinander abhängig. Die Wertschöpfung entsteht aus der Kombination von Mitarbeitern, Maschinen, Material und Prozeduren. Jeder Prozess hat einen definierten Anfang (Lieferant) und ein definiertes Ende (Abnehmer) und wird durch einen konkreten Auslöser (Kostentreiber) gestartet.

> Ein **Prozess** ist eine Kette von Aktivitäten, die auf die Erbringung eines Leistungsoutputs gerichtet ist. Jeder Prozess ist gekennzeichnet durch einen Leistungsoutput, Qualitätsmerkmale, eine Ressourceninanspruchnahme, einen Kosteneinflussfaktor und durch analysierbare Durchlauf- bzw. Bearbeitungszeiten.

Ein Prozess wird häufig durch ein substantiviertes Verb gekennzeichnet, z.B. Einholen eines Angebotes, Aufgeben einer Bestellung, Einlagern von Rohstoffen und Betreuen größerer Kunden.

Bei der Beschreibung von Prozessen dominiert die "Stück"-Betrachtung. Was als "Stück" angesehen wird, ist von Betrieb zu Betrieb unterschiedlich. Unter „Stück" sind hier nicht nur physisch greifbare Einheiten zu verstehen, sondern auch Dienstleitungen und Tätigkeiten. Die Prozesskostenrechnung hat nun das Ziel, die exakte Höhe der **Stückkosten in den einzelnen Prozessen** bzw. Arbeitsschritten abteilungs- und ggf. periodenübergreifend zu bestimmen. Dafür ist es notwendig, die angefallenen Kosten genau zu erfassen und den internen Prozessen des Unternehmens zuzuordnen. Voraussetzung ist, dass jeder Kostenstellenleiter die in seiner Kostenstelle ablaufenden Transaktionen (Prozesse) in einzelne Teilaufgaben (Teilprozesse) zerlegt, die Ergebnisse (Output) erfasst und den hierzu erforderlichen Einsatz an Sach- und Personalmitteln (Input) festhält. Danach werden bestimmte Prozesse, die in unterschiedlichen Kostenstellen ablaufen, aber in einem sachlichen Zusammenhang stehen, zu übergeordneten Prozessen (Hauptprozesse) zusammengefasst.

Fasst man die bisher erwähnten Termini zusammen, erhält man die in Übersicht 3/2 zusammengestellte Begriffshierarchie. In der praktischen Anwendung und auch in den folgenden Ausführungen wird auf eine strenge Trennung zwischen Teilprozess und Prozess allerdings verzichtet, so dass beide Begriffe auch synonym verwendet werden können.

Übersicht 3/2: Begriffshierarchie „Prozess"

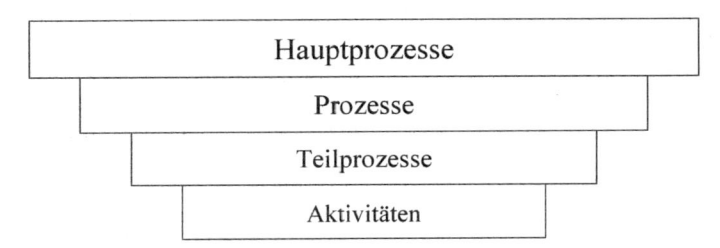

| Hauptprozesse |
| Prozesse |
| Teilprozesse |
| Aktivitäten |

Ein Hauptanliegen der Prozesskostenrechnung ist es, strategische Fehlentscheidungen insbesondere im Rahmen der Preis- und Produktpolitik zu vermeiden. Das soll durch eine prozessorientierte Kalkulation und die Verringerung einer pauschalen Verrechnung der Gemeinkosten erreicht werden. Für eine strategische Entscheidung, wie sie für ein Produkt erforderlich ist, kommen als Entscheidungsbasis nur langfristige Maßstäbe und somit Vollkosten in Frage. Insofern handelt es sich bei der Prozesskostenrechnung um einen neuen Ansatz zur **Produktkalkulation auf Vollkostenbasis**.

Traditionelle Kostenrechnung versus Prozesskostenrechnung

Aus manchen Publikationen erwächst der Eindruck, die Prozesskostenrechnung sei ein völlig neues Kostenrechnungssystem. Manche Autoren sprechen sogar von einer Revolution im Rechnungswesen. Diese Auffassung können wir nicht teilen. Die Prozesskostenrechnung ist **kein völlig neues Kostenrechnungssystem**, sondern sie enthält Wesenszüge der traditionellen Kosten- und Leistungsrechnung. Die Prozesskostenrechnung knüpft nämlich an die traditionelle Kostenarten-, Kostenstellen- und Kostenträgerrechnung der flexiblen Plankostenrechnung an, die sie in einigen – bisher schlecht gelösten – Bereichen weiterentwickelt und verfeinert hat. Die bestehenden Kostenrechnungssysteme werden durch die Prozesskostenrechnung also nicht substituiert, sondern sinnvoll ergänzt. Im Übrigen stellt die Prozesskostenrechnung auch **kein umfassendes Kostenrechnungssystem** dar, da sie die Einzelkosten nicht berührt und sich nur auf die Gemeinkosten konzentriert.

Neu an der Prozesskostenrechnung und ein wesentlicher Unterschied zur flexiblen Plankostenrechnung ist das **Zusammenbinden von Teilprozessen zu wenigen abteilungsübergreifenden Hauptprozessen**, die über ihre Kostentreiber das Gemeinkostenvolumen determinieren, und die grundsätzlich andere Form der **Gemeinkostenverrechnung auf die Kostenträger**. Ferner wird die Prozesskostenrechnung durch ihre vorgangsbezogene bzw. prozessorientierte Sichtweise der **Computerisierung** gerechter. Neben die traditionellen Auswertungsobjekte wie Kostenstellen und -träger können in einer prozessbezogenen Kostenrechnung **vielfältige neue Zurechnungsobjekte** treten.

Übersicht 3/3: Gegenüberstellung verschiedener Kostenrechnungssysteme

| Kostenrechnungssysteme / Kriterien | Traditionelle Vollkostenrechnung | DB-Rechnung | flexible Plankostenrechnung | Prozesskostenrechnung |
|---|---|---|---|---|
| Haupteinsatzbereich | Gesamtunternehmen | Gesamtunternehmen | Produktion | indirekte Leistungsbereiche |
| Untersuchungsobjekt | Kostenstelle | Kostenstelle | Kostenstelle | Prozess |
| bevorzugt betrachtete Größen | Gesamtkosten | proportionale Kosten | proportionale Kosten | Gemeinkosten |
| Kalkulation | pauschal über Zuschlagssätze | pauschal über Zuschlagssätze | pauschal über Zuschlagssätze | differenziert nach Kostenträger |
| Kostenspaltung | Einzel- und Gemeinkosten | proportional und fix | proportional und fix | leistungsmengeninduziert und leistungsmengenneutral |
| Ausrichtung des Systems | operativ | operativ | operativ | operativ und strategisch |
| Entscheidungsunterstützung | keine | kurz- bis mittelfristig | kurzfristig | mittel- bis langfristig |
| Marktorientierung | nicht gegeben | zum Teil gegeben | nicht gegeben | gegeben |

Quelle: In Anlehnung an Horváth, P.: Vorwort zu IFuA Horváth & Partner (Hrsg.): Prozeßkostenmanagement, S.5

Inweweit sich die Prozesskostenrechnung von den bekannten Kostenrechnungssystemen unterscheidet, zeigt stichwortartig die Gegenüberstellung 3/3. Der Vergleich erstreckt sich in erster Linie auf die methodischen Unterschiede in den Kostenrechnungsverfahren. Ein Anspruch auf Vollständigkeit wird dabei nicht erhoben.

Wie oben bereits angedeutet wurde, werden die bisherigen Kostenrechnungssysteme durch die Prozesskostenrechnung nicht substituiert, sondern lediglich ergänzt. Die Frage, die sich nun stellt ist die nach den Einsatzfeldern und Anwendungsbereichen der prozessorientierten Rechnung. Wo ist der Einsatz der Prozesskostenrechnung zweckmäßig und wo nicht?

Anwendungsgebiete der Prozesskostenrechnung

Die Prozesskostenrechnung eignet sich vor allem dort, wo häufig wiederkehrende Tätigkeiten mit hinreichendem Kostenvolumen und überschaubarer Komplexität stattfinden.

Die Prozesskostenrechnung ist ursprünglich für die **gemeinkostenintensiven Bereiche** – auch als *indirekte Leistungsbereiche* bezeichnet – der **Industrieunternehmen** entwickelt worden.

> Zu den **indirekten Leistungsbereichen** zählen die Tätigkeiten und Vorgänge im Unternehmen, die nicht unmittelbar an der zum Absatz bestimmten Leistung erfolgen bzw. Informationsbereitstellung zum Gegenstand haben.

Da eine unternehmensweite Einführung der Prozesskostenrechnung und eine damit einhergehende individuelle Bewertung aller Leistungen mit einem erheblichen Arbeitsaufwand verbunden wäre und insofern im Allgemeinen unwirtschaftlich sein würde, wird die Prozesskostenrechnung in der Praxis vorwiegend in den fertigungsnahen, indirekt-produktiven Bereichen wie Forschung & Entwicklung, Arbeitsvorbereitung, Materialwirtschaft und Logistik etc. und nur vereinzelt im Verwaltungs- und Vertriebsbereich eingesetzt. Im Rahmen der administrativen Tätigkeiten erhält allerdings die Auftragsabwicklung eine besondere Bedeutung und lässt sich gut mit Hilfe der Prozesskostenrechnung abbilden.

Eine genaue Untersuchung der Kriterien für die Auswahl der Unternehmensbereiche, die durch die Prozesskostenrechnung unterstützt werden können und sollten, findet sich weiter unten.

Ein weiteres wichtiges Anwendungsgebiet sind heute die **Dienstleistungsunternehmen**. Hier erstreckt sich der Einsatz der Prozesskostenrechnung – in diesem Zusammenhang häufig auch *Vorgangskostenrechnung* genannt – auf nahezu den gesamten Unternehmensbereich, da generell die gleichen Bedingungen wie in den indirekten Leistungsbereichen des produzierenden Gewerbes vorzufinden sind.

Auch im **Handel** hat die Prozesskostenrechnung Eingang gefunden. Bemängelt wird hinsichtlich der bestehenden Kostenrechnungssysteme, dass wesentliche Kosten wie die Transportkosten im Umlageverfahren Abteilungen und Filialen zugeordnet werden. Eine prozessorientierte Kostenrechnung legt hier in weit größerem Umfang die Möglichkeiten der Kostenbeeinflussung offen.

Einsatzzwecke der Prozesskostenrechnung

Die Prozesskostenrechnung zielt darauf ab, sämtliche Kosten kapazitäts-, prozess- und produktorientiert zu erfassen und zu verrechnen. Damit wären die Voraussetzungen für eine prozessorientierte Kalkulation und eine kostenstellenübergreifende Kostenplanung, -kontrolle und -steuerung geschaffen.

Es lassen sich – daraus abgeleitet – zwei grundlegende Einsatzgebiete der Prozesskostenrechnung voneinander abgrenzen:

(1) Prozesskostenrechnung als Instrument zur Produktkalkulation;
(2) Prozesskostenrechnung als Instrument des Gemeinkostenmanagements.

Ursprünglich wurde die Prozesskostenrechnung dazu entwickelt, die **Produktkalkulation** genauer, d.h. verursachungsgerechter zu machen, und Gemeinkostenzuschlagssätze von einigen Hundert Prozent zu vermeiden. Dieses ist ihr auch in vielen Bereichen gelungen. Die in der traditionellen Vollkostenrechnung kritisierte Proportionalisierung der Gemeinkosten entfällt größtenteils bei der Prozesskostenrechnung. Stattdessen werden jetzt die wesentlichen Leistungsprozesse aufgedeckt und die hierfür anfallenden Kosten zugerechnet, um sie dann nach jeweiliger Nutzung der Prozessleistung zu verteilen.

Durch die langfristige Auslegung auf Vollkostenbasis liefert die Prozesskostenrechnung schwerpunktmäßig Informationen für strategische Preis- und Produktentscheidungen. Ihr besonderer Vorteil liegt darin, dass eine verursachungsgerechte Zurechnung der Kosten auf das Produkt auch bei Variantenvielfalt möglich ist. Untersuchungen haben nämlich ergeben, dass in der traditionellen Kostenrechnung Standardprodukte überproportional mit Gemeinkosten belastet werden, während die ausgefallensten Produktvarianten nahezu unberücksichtigt bleiben (vgl. auch Weber, J.: Prozeßkostenrechnung und Veränderung von Organisationsstrukturen, S.28).

Die Prozesskostenrechnung als **Instrument zur Gemeinkostenreduzierung** findet in den letzten Jahren zunehmende Beachtung. Ihre Aufgabe besteht darin, die Planung, die Kontrolle und die Steuerung in den Gemeinkostenbereichen zu verbessern und die Verrechnung der Gemeinkosten verursachungsgerechter zu gestalten, um die Kostentransparenz zu erhöhen. Das Ziel der Kostentransparenz führt dann zwangsläufig zum Ziel der Kostenreduzierung. Allerdings steht in der Prozesskostenrechnung – im Unterschied zur traditionellen Kostenrechnung – der Prozess, für dessen Erbringung Ressourcen ver- und gebraucht werden und demzufolge Kosten zuzuordnen sind, im Zentrum der Betrachtung, weniger die einzelne Kostenstelle. Durch die strenge Prozesssichtweise werden Wege gefunden, auch allgemein anfallende Kosten leistungsbezogen zu verrechnen. Dabei können Teilprozesse aus den unterschiedlichsten Kostenstellen zu einem Hauptprozess zusammengefasst werden. Dies kann beispielsweise bei der Auftragsbearbeitung der Fall sein, wenn neben dem Vertriebsinnendienst und der Bonitätsprüfung im Rechnungswesen verschiedene Disponenten und der Logistikbereich tätig werden.

Im Folgenden soll die Prozesskostenrechnung differenziert nach den Einsatzzwecken einer genaueren Untersuchung unterzogen werden.

## 3.2 Die Prozesskostenrechnung als Instrument zur Produktkalkulation

Schritte bei der Einführung und Durchführung der Prozesskostenkalkulation

Die einzelnen Schritte zur Einführung und Durchführung einer Prozesskostenrechnung insbesondere der Prozesskostenkalkulation lassen sich wie folgt skizzieren:

(1) Festlegung der in die Prozesskostenrechnung einzubeziehenden Bereiche

(2) Bestimmung der in den relevanten Kostenstellen ablaufenden Aktivitäten

(3) Identifizierung und Auswahl der Bezugsgrößen

(4) Planung der Prozesskosten

(5) Ermittlung der Prozesskostensätze

(6) Verdichtung der Teilprozesse zu Hauptprozessen

(7) Kostenträgerkalkulation mit Prozesskosten

Je nach Zielsetzung, Implementierungsaufwand und Veränderungsbereitschaft im Management ist eine andere Umsetzungsstrategie zu wählen.

### 3.2.1 Festlegung der in die Prozesskostenrechnung einzubeziehenden Bereiche

#### 3.2.1.1 Grundlagen und Prinzipien

Weil es sich bei der Durchführung der Prozesskostenrechnung um ein sehr aufwendiges Vorhaben handelt, muss aus Kosten-/Nutzenüberlegungen heraus entschieden werden, welche Unternehmensbereiche in die Prozesskostenrechnung einzubeziehen sind. Die Prozesskostenrechnung kann theoretisch das gesamte Unternehmen umfassen, kann sich aber auch nur auf bestimmte gemeinkostenintensive Bereiche beschränken, z.B. auf den Forschungs- und Entwicklungsbereich, den Beschaffungsbereich, die Arbeitsvorbereitung, die Qualitätssicherung oder die Auftragsabwicklung. Im ersten Schritt der Einführung der Prozesskostenrechnung ist daher der Untersuchungsbereich (Gesamtunternehmen, Werk oder Abteilung) festzulegen.

Die Bestimmung der für die Prozesskostenrechnung geeigneten Funktionsbereiche ist von der individuellen Zielsetzung, insbesondere beispielsweise Verbesserung der Produktkalkulation oder Reduzierung der Gemeinkosten, abhängig und kann deshalb nicht pauschal beantwortet werden. Einigkeit besteht weitgehend darüber, dass eine verursachungsgerechte Verrechnung der direkten Produktionskosten im Rahmen der Grenzplankostenrechnung mit den Verfeinerungen der traditionellen Zuschlagsrechnung hinreichend realisiert wird. Der Einsatz der Prozesskostenrechnung ist somit **auf die Gemeinkostenbereiche zu beschränken.**

Für die Entscheidung, welche Gemeinkostenbereiche in die Prozesskostenrechnung einzubeziehen sind, ist zu empfehlen, zunächst mit den Unternehmensbereichen zu beginnen, in denen **schnelle Erfolge mit geringem Aufwand** zu erzielen sind (vgl. Cervellini, U.: Marktorientiertes Gemeinkostenmanagement mit Hilfe der Prozeßkostenrechnung, S.65 f. und Männel, W.: Prozeßkostenrechnung, S.70), d.h.:

- Bereiche, in denen Verbündete, z.B. der Bereichsleiter, dringend nach aussagefähigen Kosteninformationen verlangen,
- besonders interessante und spektakuläre Ergebnisse zu erwarten sind,
- hohe Rationalisierungspotenziale vermutet werden und/oder
- eine einfache Erhebung von Maßgrößen und Kostentreibern möglich ist.

Ein Hilfsmittel, um die Unternehmensbereiche einzugrenzen, die in die Prozesskostenrechnung in Form eines Pilotprojektes einbezogen werden sollen, ist die aus anderen Untersuchungen bekannte und vielseitig einsetzbare **ABC-Analyse**.

Durch die funktional beschränkte Einführung können zum einen schrittweise Erfahrungen gesammelt und zum anderen eventuelle Vorurteile des Managements aus dem Weg geräumt werden. Die weitergehende Bestimmung von Analysefeldern ergibt sich aus der genauen Definition der Zielsetzungen:

- Geht es primär um ein besseres Gemeinkostenmanagement oder um eine genauere Kostenträgerrechnung?
- Soll die Prozesskostenrechnung in die laufenden Systeme integriert werden, oder als „Nebenrechnung" auf dem PC geführt werden?

- Wer will die Prozesskostenrechnung einsetzen? Das Controlling, die Bereichsleiter zur Selbststeuerung ihrer Bereiche oder die Entwicklung zur frühen Kostenbestimmung von konstruktiven oder produktionstechnischen Alternativen?

Zudem sind in den einzubeziehenden Bereichen eventuelle Restriktionen in Systemen und Abläufen zu beseitigen. So erlauben z.b. manche DV-Systeme nur die Verwaltung einer Bezugsgröße je Kostenstelle.

### 3.2.1.2 Kriterien für den Einsatz der Prozesskostenrechnung

In diesem Kapitel werden Anhaltspunkte für die Auswahl der Unternehmensbereiche beschrieben, die in die Prozesskostenrechnung einbezogen werden können. Denn nicht von allen Unternehmensbereichen können bzw. sollten die Kosten über Prozesskostensätze den Kostenträgern zugerechnet werden.

Es ist festzuhalten, dass die Auswahl der einzubeziehenden Unternehmensbereiche sehr sorgfältig zu erfolgen hat. Im Folgenden werden Kriterien benannt, mit deren Hilfe diese Auswahl zügig und unter wirtschaftlichen Gesichtspunkten vollzogen werden kann.

1. **Indirekte Leistungsbereiche**

   Für die Durchführung der Prozesskostenrechnung bedarf es der Aufdeckung sämtlicher in den Kostenstellen ablaufenden Prozesse. Diese Vorgehensweise ist sehr aufwendig und lohnt sich daher nur in Bereichen, deren Kostenstrukturen weitgehend unbekannt sind und daher schwer vom Kostenmanagement gesteuert werden können. Dies ist im Allgemeinen in den Gemeinkostenbereichen der Fall. Aus diesem Grund soll der Einsatz der Prozesskostenrechnung auf die **indirekten Leistungsbereiche** beschränkt werden. Damit sind Bereiche gemeint, deren Endprodukte Dienstleistungscharakter besitzen und welche die Erstellung und Verwertung der primären betrieblichen Leistung sicherstellen und koordinieren.
   Produktions- und produktionsnahe Bereiche, die mit der flexiblen Plankostenrechnung oder der Grenzplankostenrechnung effektiv abgerechnet werden können, brauchen nicht einbezogen zu werden. Für die indirekten Leistungsbereiche reicht dieses Instrumentarium jedoch nicht mehr aus.

## 2. Wirtschaftlichkeit

Da die Organisation und die Durchführung eines Prozesskostenrechnungsprojektes sowie die anschließende Systempflege sehr aufwendig sind, muss die weitere Auswahl – wie bereits angesprochen – aus **Kosten- und Nutzenüberlegungen** heraus erfolgen, d.h., sie muss dem Wirtschaftlichkeitsprinzip folgen. Wirtschaftlichkeit bedeutet, dass sich der Aufwand für ein Prozesskostenrechnungsprojekt und die daraus resultierenden Verbesserungen für Kostenplanung, -kontrolle und -steuerung, in einem angemessenen Verhältnis gegenüberstehen müssen. Dies bedeutet, dass nicht alles, was theoretisch möglich ist, auch praktisch umgesetzt werden muss. Vorteilhaft ist es beispielsweise, wenn das zur Prozesskostenrechnung erforderliche Datengerüst zur Bestimmung der Bezugsgrößen aufgrund einer hohen DV-Durchdringung bereits verfügbar ist, z.B. Anzahl der Rechnungs- oder Auftragspositionen.

## 3. Kostenvolumen

Die Prozesskostenrechnung wird mit dem Ziel eingesetzt, die Gemeinkostenbereiche transparent und die in ihnen entstehenden Kosten planbar und damit beeinflussbar zu machen. Die Aufwendungen für die Vorbereitung, Einführung, Durchführung und die sich anschließende laufende Pflege der Prozesskostenrechnung sind jedoch sehr hoch. Deshalb ist gerade für die Einführungsphase zu empfehlen, nur solche Unternehmensbereiche einzubeziehen, in denen durch die Prozesskostenrechnung besonders interessante bzw. spektakuläre Ergebnisse zu erwarten sind. Verbesserungen in **Kostenstellen mit einem hohen Kostenvolumen** lassen auf hohe Einsparungsmöglichkeiten schließen. Kostenstellen, die einen geringen Anteil an den Gesamtkosten und relativ zu diesen einen sehr geringen Anteil an Gemeinkosten haben, eignen sich nicht für die Methodik der Prozesskostenrechnung.

## 4. Transparenz

Für transparente Unternehmensbereiche ist die Installation einer Prozesskostenrechnung nicht notwendig. **Bereiche mit mangelnder Transparenz** sind dagegen in die Prozesskostenrechnung einzubeziehen, da durch die dort stattfindende Differenzierung nach beanspruchten Prozessen die Unbekannten gefunden werden, die für das hohe Kostenvolumen verantwortlich sind. Das Beeinflussen und Verändern komplexer Systeme wie einem Unternehmen kann nämlich nur gelingen, wenn die einzelnen Haupt- und Teilprozesse bekannt sind.

## 5. Kostenverrechnung

Unternehmensbereiche, die bereits eine verursachungsgerechte Zuordnung der Kosten erlauben, weil beispielsweise entsprechende Kostenrechnungssysteme installiert sind, z.b. Grenzplankostenrechnungen oder Projektabrechnungen, bedürfen nicht der Prozesskostenrechnung. Die Prozesskostenrechnung lohnt sich nur in Bereichen mit einer **geringen verursachungsgerechten Kostenverrechnung**.

## 6. Repetitive Tätigkeiten

Ein wesentlicher Beitrag zur Erhöhung der Kostentransparenz ist das Aufdecken unternehmensinterner Prozesse und das davon ausgehende Rechnen mit Prozesskosten. Der Prozesskostensatz ergibt sich aus dem Verhältnis von Prozesskosten zur Prozessmenge. Eine solche Menge kann nicht ermittelt werden, wenn ausschließlich innovative, dispositive oder kreative Tätigkeiten wie Werbung, Führung oder Rechtsberatung vorliegen, da die Tätigkeitsinhalte zu verschiedenartig sind. Aus Praktikabilitätsgründen können deshalb nur die Gemeinkostenbereiche in die Prozesskostenrechnung mit einbezogen werden, in denen sich die Tätigkeiten ständig wiederholen, schematisierend und ausführend sind, wie z.B. Buchungen, Bestellungen oder Auftragsbearbeitungen. Denn nur für diese **repetitiven Prozesse** können die zugehörigen Kosten ermittelt werden.

Es ist aber darauf hinzuweisen, dass sich bei einer entsprechend feinen Analyse in der Regel mehr repetitive Tätigkeiten feststellen lassen als mit einer globalen Betrachtung. Allerdings bedeutet dies einen entsprechend hohen administrativen Aufwand.

## 7. Leistungsmengeninduzierte Prozesse

Alle Prozesse sind in leistungsmengeninduzierte (lmi) und leistungsmengenneutrale (lmn) Prozesse zu unterteilen. Der Zeitaufwand sowie die Kosten leistungsmengeninduzierter Prozesse verhalten sich proportional zum Leistungsvolumen der Kostenstelle. Nur für diese Prozesse können sinnvoll Kostentreiber gefunden werden, z.B. für den Teilprozess „Bestellungen von Serienmaterial" den Kostentreiber „Anzahl der Bestellpositionen". Leistungsmengenneutrale Prozesse sind dagegen mengenfix und werden somit als Grundlast der jeweiligen Kostenstelle verstanden, deren Kosten auf die anderen Prozesse umzulegen sind. Für sie lassen sich keine sinnvollen Kostentreiber finden. Dementsprechend sind nur **Unternehmensbereiche mit leistungsmengeninduzierten Prozessen** in die Prozesskostenrechnung einzubeziehen.

## 8. Homogene Prozesse

Bei der Auswahl der Kostentreiber ist darauf zu achten, dass zwischen Kostentreiber und Kostenhöhe eine proportionale Beziehung besteht. Diese Bedingung ist nur erfüllt, wenn die **Prozesse stets gleichförmig** ablaufen, also homogen sind. Durch homogene Prozesse werden die Ressourcen bei jeder Prozesswiederholung gleich beansprucht, womit ein jeweils gleichhoch bewerteter Ressourcenverbrauch (Kosten) vorliegt. Die proportionale und homogene Beziehung zwischen Kostentreibern und Prozessen schafft die Grundlage für den Einsatz der Prozesskostenrechnung. Die Homogenität der Leistungen bietet die Grundlage für eine gültige Leistungskalkulation.

Um die Auswahl der in die Prozesskostenrechnung einzubeziehenden Unternehmensbereiche und die Ermittlung der in ihnen ablaufenden Aktivitäten und Kostentreiber bildhaft darstellen zu können, werden die notwendigen Schritte im Folgenden anhand einer Modellunternehmung verdeutlicht.

### 3.2.1.3 Beispiel: Modellunternehmung

Im Folgenden soll ein einfaches Beispiel aus der Möbelbranche näher beleuchtet werden. Um einen möglichst realistischen Eindruck von den konkreten Einsatzgebieten, aber auch von den Grenzen einer praktischen Anwendung zu vermitteln, sind die Funktionsbereiche bewusst heterogen gehalten. Ob und inwieweit die aufgeführten Funktionen organisatorisch auch in anderen Unternehmen voneinander getrennt sind, wird von der Betriebsgröße und von der Ausprägung der operativen Funktionsbereiche abhängen.

## Charakteristika und Aufgaben der Modellunternehmung

Modellunternehmung soll die „Möbel"-GmbH sein, ein Unternehmen der holzverarbeitenden Industrie mit ca. 1.000 Mitarbeitern und einem Jahresumsatz von 150 Millionen Euro. Hergestellt werden zwei geringfügig unterschiedliche Schränke in jeweils drei Ausführungen (Esche-, Buche- und Eicheoberfläche) für Büros und Arbeitszimmer. Im vorangegangenen Geschäftsjahr wurden 240.000 Schränke in zwei Werken produziert und innerhalb Europas abgesetzt. Da das Unternehmen nicht ausschließlich auftragsbezogen arbeitet, hält es ein Zentrallager, in dem zu jeder Zeit etwa 20.000 Schränke lagern.

Verarbeitet werden Spanplatten, die grundsätzlich unbeschichtet fremdbezogen werden. Das bedeutet, dass sämtliche Aktivitäten von der Bearbeitung der Rohspanplatte bis zum fertigen Schrank selbst ausgeführt werden. Zubehörteile, wie Schrauben oder Scharniere, gelangen über Lieferanten in das Unternehmen.

Auch die „Möbel"-GmbH wendet, wie die überwiegende Zahl der Unternehmen dieser Branche, neben der Istkostenrechnung auf Voll- und Teilkostenbasis die Grenzplankostenrechnung an.

## Organigramm der Modellunternehmung

Der organisatorische Aufbau der „Möbel"-GmbH orientiert sich an der Wertkette von *Porter*. So findet man die primären Aktivitäten Eingangslogistik, Produktion, Marketing/Vertrieb, Ausgangslogistik und Kundendienst sowie die unterstützenden Aktivitäten von der Forschungs- und Entwicklungsabteilung (F&E) bis zum Informationstechnikbereich (IT-Bereich). Auch die Administration und die Geschäftsführung sind für den ordnungsgemäßen Geschäftsablauf in der „Möbel"-GmbH notwendig und unterstützen die primären Aktivitäten.

In Darstellung 3/4 ist die Struktur der „Möbel"-GmbH mit Hilfe eines Organigramms dargestellt.

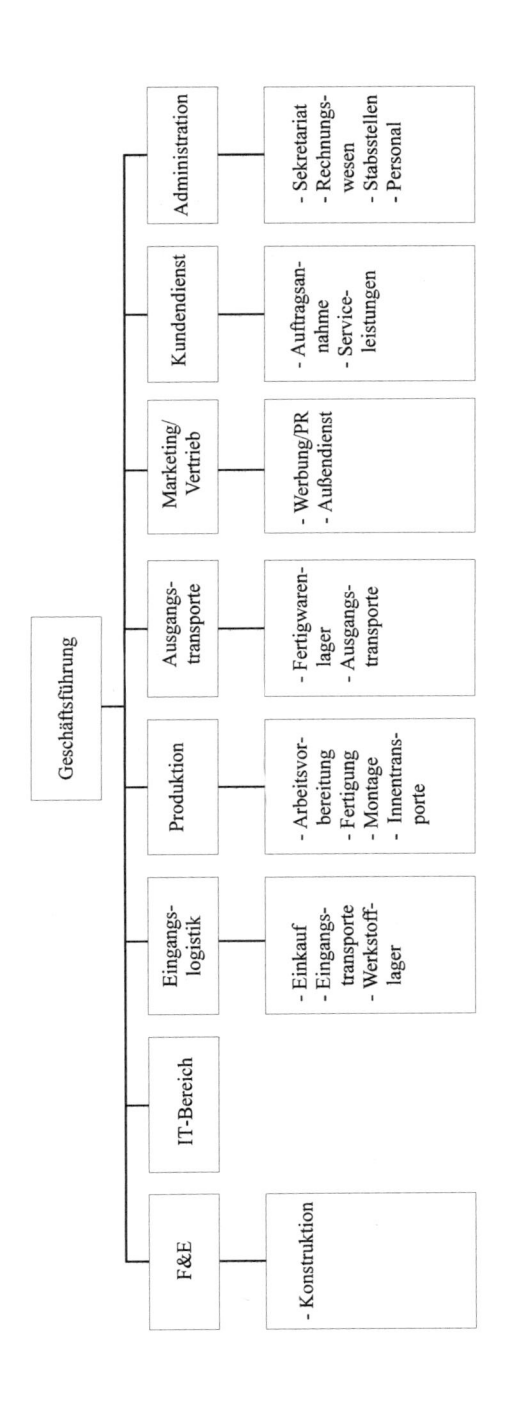

```
                                    Geschäftsführung
         │         │         │         │         │         │         │         │
       F&E     IT-Bereich  Eingangs-  Produktion  Ausgangs-  Marketing/  Kundendienst  Administration
                          logistik              transporte   Vertrieb

    - Konstruktion         - Einkauf   - Arbeitsvor-  - Fertigwaren-  - Werbung/PR   - Auftragsan-   - Sekretariat
                           - Eingangs-   bereitung      lager         - Außendienst    nahme         - Rechnungs-
                             transporte - Fertigung   - Ausgangs-                    - Service-        wesen
                           - Werkstoff- - Montage       transporte                     leistungen    - Stabsstellen
                             lager      - Innentrans-                                                - Personal
                                          porte
```

Analyse und Selektion der Unternehmensbereiche

In den folgenden Abschnitten wird gezeigt, wie anhand der unter Kapitel 3.2.1.2 vorgestellten Kriterien die Auswahl der in die Prozesskostenrechnung einzubeziehenden Unternehmensbereiche leicht und präzise erfolgen kann. Ausgehend von der vorgestellten Unternehmensstruktur werden die zu den primären und unterstützenden Unternehmensaktivitäten gehörenden Kostenstellen anhand der Kriterien untersucht und so auf ihre Eignung für den Einsatz der Prozesskostenrechnung überprüft. Ein Bereich wird nicht einbezogen, sobald ein Kriterium nicht zutrifft.

Am Ende des Kapitels befindet sich eine Übersicht, in der die Ergebnisse der Gegenüberstellung von Unternehmensbereichen und Kriterien zusammengefasst sind.

Die Forschung und Entwicklung (F&E) dient der Suche nach neuen Erkenntnissen unter Anwendung wissenschaftlicher Methoden. Forschung ist der generelle Erwerb neuer Erkenntnisse, die Entwicklung deren erstmalige und konkrete Anwendung und praktische Umsetzung. Dementsprechend werden im Forschungsbereich sehr innovative und kreative, also nicht repetitive Tätigkeiten durchgeführt. Die reine Forschung hat bei einem Möbelhersteller aber nur eine untergeordnete Bedeutung, ausgeprägter ist der Entwicklungsbereich, der auch genauer als **Konstruktion** bezeichnet werden kann. Die Konstruktionsabteilung gehört zu den klassischen Funktionsbereichen der Forschung und Entwicklung (F&E).

Da die Anforderungen der Kunden wachsen, müssen in der Konstruktionsabteilung ständig neue Ideen zur Verbesserung der Schränke gesammelt und durchdacht werden. Dies hat zur Folge, dass gut ausgebildete und hochbezahlte Mitarbeiter, die mit dem neuesten Stand der Technik vertraut sind, permanent nach neuen Ideen und Verfahren suchen müssen. In diesem indirekten Leistungsbereich entstehen Gemeinkosten, die einen hohen Gesamtkostenanteil aufweisen. Die Tätigkeiten verlaufen oft nach dem gleichen Schema, sind wiederholend und beanspruchen dabei die Ressourcen homogen. Ihr Kostenvolumen ist sehr hoch, jedoch keinem Produkt ohne weiteres zuzuordnen. Die Konstruktion ist daher in die Prozesskostenrechnung einzubeziehen. Ein prozessorientiertes Kostenmanagement kann für die Planung, Kontrolle und Steuerung der Konstruktionskosten verbesserte Informationen liefern.

Die Mitarbeiter des **IT-Bereiches** führen Tätigkeiten zur Umwandlung, Verwertung sowie für das Ein- und Umsetzen von Informationen im Hinblick auf die betriebliche Zwecksetzung durch.

Die Anschaffungskosten der IT-Technik und die Bezahlung des gut ausgebildeten Personals halten das Kostenvolumen in dieser Kostenstelle so hoch, dass dieser Bereich unter dem Gesichtspunkt der Wirtschaftlichkeit in die Prozesskostenrechnung einzubeziehen ist. Er gehört nicht zu den Produktions- oder produktionsnahen Bereichen, da die hier ablaufenden Tätigkeiten vorbereitenden und koordinierenden Charakter besitzen. Die Aufgabenfelder im IT-Bereich erstrecken sich quer durch das gesamte Unternehmen. Den Informationsfluss aufrecht zu halten, die Datenverarbeitungsanlagen zu programmieren, einzurichten und zu warten, die vorhandenen Prozesse zu analysieren und zu optimieren, nach neuen Software- und Hardwarekomponenten Ausschau zu halten und die Mitarbeiter in neue Programme oder an neuen Geräten einzuweisen, sind die wesentlichsten Tätigkeiten im IT-Bereich der „Möbel"-GmbH. In der heutigen Zeit ist jeder Arbeitsplatz mit einem Computer ausgerüstet oder zumindest mit einem solchen vernetzt. Aus diesem Grund sind die Abläufe und Kosten in diesem Bereich sehr unübersichtlich und können mit den bestehenden Verfahren der Kostenrechnung nicht hinreichend erfasst werden. Die Tätigkeiten wiederholen sich nur selten und es lassen sich nur schwer Kostentreiber finden. Die Kosten für die Ressourcenbeanspruchungen sind überwiegend fix. Dieser Bereich ist daher nicht in die Prozesskostenrechnung einzubeziehen.

Im **Einkauf** werden operative Tätigkeiten durchgeführt, die mit der Beschaffung im Rahmen der Versorgung mit Werkstoffen, Handelswaren, Energien und Dienstleistungen sowie Investitionsgütern (wie Geräte, Anlagen) verbunden sind, etwa die Abwicklung der Bestellvorgänge, die Festlegung der Einkaufspolitik und die Beschaffungsmarktforschung. Primär geht es um die Realisation der aus den Absatz- und Produktionsplänen abgeleiteten Beschaffungspläne. Aber nicht nur die Materialien für den direkten Produktionsbereich, sondern auch für den Büro- und Sanitärbedarf müssen zu jeder Zeit in ausreichender Menge vorhanden sein.
Bei den in diesem indirekten Bereich entstehenden Kosten handelt es sich um Gemeinkosten mit einem hohen Kostenvolumen. Die Vielfältigkeit der bestellten und eingekauften Waren sorgt dafür, dass die Zuordnung der Ressourceninanspruchnahme auf Bezugsgrößen sehr schwer fällt. Das Aufbauen und Aufrechterhalten von Lieferantenkontakten sowie das Schreiben, Auslösen und Koordinieren der Bestellungen sind Tätigkeiten, die sich permanent wiederholen und dabei stets nach dem gleichen Schema ablaufen. Durch die Zunahme der Bestellungen erhöht sich die Ressourceninanspruchnahme, Kosten und Zeitaufwand nehmen zu. Die Tätigkeiten verhalten sich leistungsmengeninduziert. Der Einkauf ist in die Prozesskostenrechnung einzubeziehen.

Im Übrigen haben aufgrund der hohen Zahl repetitiver Arbeitsvorgänge und der geringen Zahl verschiedener Einzelprozesse (einfache Prozesshierarchie) geringfügige Veränderungen der Ablauforganisation vielfach erhebliche Einsparungseffekte zur Folge.

Der **Eingangstransport** umfasst alle Tätigkeiten, die mit dem Transport vom Lieferanten zum Lager und dem Empfang der eingehenden Waren zusammenhängen und somit vorbereitenden und koordinierenden Charakter besitzen. Da die Lieferungen meist „frei Werk" erfolgen, kann sich die Analyse der Tätigkeiten auf den Empfang der Waren konzentrieren.

Die „Möbel"-GmbH produziert täglich ca. 1.000 Schränke. Bei dieser Stückzahl ist es unmöglich, die dafür benötigten Roh-, Hilfs- und Betriebsstoffe langfristig im Voraus zu kaufen und zu lagern; zudem würde dies betriebswirtschaftlich keinen Sinn machen. Da jeden Tag mehrere Lieferungen das Werk erreichen, fallen hohe Kosten für die Ressourceninanspruchnahme an, die durch das traditionelle Kostenrechnungssystem nicht verursachungsgerecht erfasst und verrechnet werden können. Ihre Höhe hängt proportional von der Anzahl der gelieferten Artikel ab. Die dabei anfallenden Tätigkeiten der Warenannahme, der Qualitätskontrolle und der Prüfung und Weiterleitung der Lieferscheine verlaufen stets nach dem gleichen Schema, wiederholen sich regelmäßig und beanspruchen dabei die Ressourcen stets gleichwertig. Der Eingangstransport ist in die Prozesskostenrechnung einzubeziehen.

Das **Werkstofflager** dient der Güteraufbewahrung und -verwaltung sowie der Ausgabe der Werkstoffe für die Produktion. Neben diesen Gütern werden hier auch Waren des täglichen Bedarfs sowie Büro- und Hygienematerialien, die dem Unternehmen zugehen, gelagert und bei Bedarf ausgegeben. Dem Lager kommt bei den planenden, vorbereitenden und kontrollierenden Tätigkeiten eine sehr große Bedeutung zu, da für eine reibungslose Geschäftstätigkeit im Unternehmen die Vermögensgegenstände zu jeder Zeit in angemessener Stückzahl vorhanden sein müssen.

Bei den hier entstehenden Lagerkosten handelt es sich um die Kosten der Bereithaltung von Lagerkapazität und -betriebsbereitschaft sowie der Vor- und Nachbereitung und Durchführung des Lagerprozesses. In einem Unternehmen der Möbelindustrie mit einem Produktionsprogramm von mehr als 200.000 Stück im Jahr fallen diese Kosten sehr hoch aus. Sie können durch die Analyse der Teilprozesse verursachungsgerechter als durch die bestehenden Kostenrechnungssysteme erfasst und verrechnet werden. Die Teilprozesse der Ein- und Auslagerung gestalten sich repetitiv und homogen. Von der Entgegennahme der Vermögensgegenstände über das Ausfüllen eines Materialentnahmescheins bis zur Übergabe des betreffenden Vermögensgegenstandes an die Bereiche steigen die Kosten proportional zum Leistungsvolumen. Das Lager ist also in die Prozesskostenrechnung einzubeziehen.

Die **Arbeitsvorbereitung** hat die Aufgabe, die optimale und reibungslose Produktionsdurchführung für einen bestimmten Produktionsauftrag sicherzustellen. Dabei ist die konkrete Reihenfolge der Arbeitsgänge und Arbeitsplätze sowie die genaue Größe der Lose festzulegen. Die Arbeitsvorbereitung beinhaltet also Tätigkeiten, die zur Produktionsprozessplanung und Produktionsprozesssteuerung zählen. Sie umfasst im Einzelnen die Fertigungsvorbereitung, die Materialplanung, die Werkzeugplanung, Lohn- bzw. Zeitvorgaben und die Festlegung der Termine, zu denen die Aufträge die einzelnen Werkstätten durchlaufen müssen. Die hier stattfindenden Tätigkeiten sind für die Vorbereitung, Koordinierung, Planung und Steuerung der Produktion ausgesprochen wichtig.

In der Arbeitsvorbereitung der Modellunternehmung werden die eingegangenen Kundenaufträge über eine laufende Woche gesammelt und in die einzelnen Baukomponenten aufgesplittet. Dabei sind die Möbelmodelle so konstruiert, dass viele Bauteile standardisiert sind. Anschließend erfolgt die Produktionsprozessplanung anhand der Auftragsbestände. Übereinstimmende Bauteile der zu fertigenden Produkte werden zu Serien zusammengestellt. Zwei Wochen nach Auftragseingang beginnt bereits die Produktion der Bauteile und sofort anschließend die Montage der fertigen Schränke.

Bei den anfallenden Kosten in der Arbeitsvorbereitung handelt es sich um Gemeinkosten. Bei Wiederholung dieser Tätigkeiten werden die Ressourcen stets zu gleichen Kosten beansprucht. Das Kostenvolumen hängt von der Anzahl der arbeitsvorbereitenden Schritte ab. Da in der „Möbel"-GmbH nur zwei unterschiedliche Produkt gefertigt werden, fallen gerade Tätigkeiten der Fertigungsvorbereitung, Werkzeugplanung und der Lohn- bzw. Zeitvorgaben nicht so oft an und erzeugen daher auch kein großes Kostenvolumen. Aus Gründen der Wirtschaftlichkeit ist in der Phantomunternehmung der große Aufwand der Prozessermittlung und -analyse im Rahmen der Prozesskostenrechnung nicht gerechtfertigt. In einem Mehrproduktbetrieb kann dieses Ergebnis aber durchaus anders aussehen.

Der **Fertigungsbereich** – in der Möbelindustrie auch häufig als Mechanik bezeichnet – beinhaltet die Herstellung von unfertigen Erzeugnissen bzw. Bauteilen und Komponenten durch den Einsatz von Arbeitskräften, technischen Anlagen, Material, Energie und Dienstleistungen unter Beachtung technologischer Bedingungen und Verfahrensregeln.

Der größte Teil der Fertigung des Modellunternehmens ist von einer hohen Automatisierung und Mechanisierung gekennzeichnet. Dies führt zu einer fortwährenden Substitution von Fertigungslöhnen (= Einzelkosten) durch Maschinenkosten (= Gemeinkosten). Die in diesem produktiven und damit direkten Leistungsbereich entstehenden Kosten sind also mit Ausnahme der Fertigungslöhne Gemeinkosten. Sie fallen durch die Nutzung der Maschinen, den Verbrauch der Betriebsstoffe und den Einsatz der Mitarbeiter (Hilfslöhne und Meistergehälter) an. Die Tätigkeiten bei der Herstellung der Schrankteile sind immer die Gleichen, also repetitiv und homogen. Mit steigender Stückzahl nehmen Zeitaufwand und Kosten für die Ressourceninanspruchnahme proportional zu. Die verursachten Kosten werden durch die flexible Plankostenrechnung verursachungsgerecht erfasst und verrechnet. Sie sind somit aufgrund des bestehenden Rechnungssystems transparent. Eine zusätzliche Installation einer Prozesskostenrechnung macht daher keinen Sinn. Somit ist der Produktionsprozess nicht mit in die Prozesskostenrechnung einzubeziehen.

In der **Montage** erfolgt das Zusammensetzen der vorgefertigten Teile und Baugruppen zum fertigen Erzeugnis. Einzelne Kleinteile, wie Schrauben, Nägel und Scharniere, werden außerdem in sog. Beschlagbeuteln den entsprechenden Artikeln beigefügt. Die Montage beinhaltet auch das anschließende transportfähige Verpacken der Möbelstücke. Wie im Fertigungsbereich fallen auch hier erhebliche Gemeinkosten an. Allerdings sind in der Montage der Anteil der Personalkosten höher und der Anteil der Abschreibungen geringer als in der Fertigung. Wie in allen Produktions- und produktionsnahen Bereichen der „Möbel"-GmbH laufen die Tätigkeiten begünstigt durch das gleichbleibende Produktionsprogramm gleichförmig ab, wiederholen sich ständig und sind schematisiert. Der Zeitaufwand und die Kosten für diese Tätigkeiten verhalten sich proportional zum Leistungsvolumen der Kostenstelle. Da die Plankostenrechnung auch in der Montage gute Dienste leistet, gilt für diesen Bereich das Gleiche wie für die Produktion. Sie ist nicht in die Prozesskostenrechnung einzubeziehen.

Der **Innentransport** dient der Beförderung des Materials innerhalb des Betriebes, z.B. vom Wareneingang zum Lager und von dort zu den einzelnen Fertigungsstufen inklusive der Montage. Auch der Transport zum Fertigwarenlager gehört zu diesem indirekten Leistungsbereich.
Die dabei entstehenden Kosten sind wegen der großen Stückzahlen sehr hoch und durch ihren vorbereitenden und koordinierenden Charakter Gemeinkosten. Die hier ablaufenden Tätigkeiten sind nicht von einer einzelnen Bezugsgröße abhängig und daher im

Großen und Ganzen intransparent. Die Tätigkeiten sind ferner repetitiv und homogen, die Kosten und ihr Zeitaufwand werden durch die Anzahl der durchzuführenden Transporte bestimmt. Aufgrund der vielen Transporte und des großen Kostenvolumens erscheint der Einsatz der Prozesskostenrechnung in diesem Bereich gerechtfertigt.

Im **Fertigwarenlager** werden Tätigkeiten zum Ausgleich zeitlicher Unterschiede zwischen Produktionsprozessen und Absatzvorgängen durchgeführt. Hier werden die fertigen Schränke zwischengelagert und für die Ausgangslogistik vorbereitet. Die Kommissionierung gehört nicht mehr in diesen Bereich, sondern zählt bereits zum Ausgangstransport.

Die hier entstehenden Kosten betreffen alle fertigen Produkte gemeinsam, sind also Gemeinkosten. Das Kostenvolumen ist aufgrund der Kapitalkosten und der Ressourcenbeanspruchung sehr hoch. Die Tätigkeiten für das Ein- und Auslagern wiederholen sich bei jedem Auftrag und laufen stets gleichförmig ab. Die Kosten sind zudem von der Anzahl der gefertigten bzw. abgesetzten Produkte abhängig, also leistungsmengeninduziert. Auch unter Wirtschaftlichkeitsgesichtspunkten wäre dem Einsatz der Prozesskostenrechnung zuzustimmen. Der Einsatz kann wesentlich zu einer verbesserten Kostentransparenz und einer verursachungsgerechteren Kostenzurechnung beitragen.

Die Kommissionierungen im Fertigwarenlager und die Transporte zu den Kunden sind die wesentlichen Aufgabengebiete des **Ausgangstransportes**. Bei der Kommissionierung handelt es sich in erster Linie um einen manuellen Vorgang zur Zusammenstellung von Produkten bzw. Verpackungseinheiten (Colli) nach vorgegebenen Aufträgen. Die Kommissionierung beinhaltet auch das Ausfüllen und Befestigen der Transportpapiere. Danach werden die Schränke auf Lastkraftwagen oder Eisenbahnwaggons verladen und dem entsprechenden Kunden zugeführt.

Bei den hier entstehenden Kosten handelt es sich um Gemeinkosten, deren Volumen bedingt durch die hohe Absatzmenge und dem europaweiten Absatzmarkt sehr groß ist. Das auftragsbezogene Zusammenstellen der Schränke und deren Transport beinhalten Tätigkeiten, die sich immer wiederholen und schematisiert sind. Ihr Zeitaufwand und ihre Kosten verhalten sich bei der Kommissionierung proportional zur Anzahl der Auftragspositionen und beim Transport in Abhängigkeit von der Entfernung zum Kunden. Der Ausgangstransport ist in die Prozesskostenrechnung einzubeziehen.

Die Tätigkeiten im Bereich **Werbung/Public Relation** zielen darauf ab, mit Hilfe besonderer Kommunikationsmittel auf dem Markt eine bestimmte Meinungsbeeinflussung zu erreichen. Da jede Kundengruppe unterschiedlich reagiert und der Markt ständig

neue Konkurrenten hervorbringt, müssen auch verschiedene und ständig neue Werbemaßnahmen durchgeführt werden.
Die dafür notwendigen Arbeiten sind sehr kreativ, innovativ und dispositiv. Somit sind sie weder repetitiv noch homogen. Das Kostenvolumen dieses indirekten Leistungsbereiches ist im Allgemeinen relativ hoch. Die Kosten betreffen nur zum Teil einen konkreten Kostenträger. Auch wenn der Einsatz der Prozesskostenrechnung unter Wirtschaftlichkeitsgesichtspunkten zu empfehlen ist, muss aufgrund fehlender Kostentreiber darauf verzichtet werden.

Die Mitarbeiter im **Außendienst** bauen den Kontakt zu neuen Kunden auf und versuchen, die bestehenden Kundenverhältnisse zu halten. Sie führen Präsentationsveranstaltungen über die Vorteile der Schränke der „Möbel"-GmbH durch, sammeln die Meinungen und Erfahrungen der Kunden über die Produktpalette und führen neue Erzeugnisse ein. In erster Linie hat der Außendienstmitarbeiter die Aufgabe, die Kunden vom Produkt zu überzeugen und sie zur Auftragserteilung zu motivieren. Im Rahmen seiner Vollmachten verhandelt er mit den Kunden über Stückzahlen und die dazugehörigen Konditionen.

Beim Außendienst handelt es sich aufgrund der Auftragsfertigung um einen der Produktion vorgelagerten indirekten Leistungsbereich. Das Kostenvolumen ist aufgrund der guten Entlohnung und der Vielzahl der Außendienstmitarbeiter in der Regel hoch. Da nicht jedes Verkaufsgespräch zu einem Abschluss führt und Verträge im Allgemeinen mehrere Produkte umfassen, können die Kosten nicht ohne weiteres auf die Kostenträger verrechnet werden; die Kostenstruktur in diesem Bereich ist nicht besonders transparent. Den Ansprechpartner als Kunden zu werben, Vertragsabschlüsse vorzubereiten und die Daten in die Auftragsannahme weiterzuleiten sind Tätigkeiten, die sich bei jedem Kundengespräch wiederholen und gleichförmig ablaufen. Die Kosten dafür verhalten sich proportional zum Leistungsvolumen der Kostenstelle. Auch aus Gründen der Wirtschaftlichkeit ist der Einsatz der Prozesskostenrechnung also zu empfehlen.

In der **Auftragsannahme** erfolgen die Kunden- und Artikelidentifizierung, die Auftragsanlage mit Konditionenzuordnung sowie die Auslösung des Produktionsauftrages und die Auftragsverfolgung.

Die hier entstehenden Kosten sind Gemeinkosten, da in diesem Bereich planende, vorbereitende und koordinierende Tätigkeiten für die Produktionsbereiche durchgeführt werden. Bei einer Absatzmenge von 240.000 Schränken im letzten Jahr und einer angenommenen durchschnittlichen Menge von 10 Schränken je Bestellung werden ca. 100 Aufträge pro Arbeitstag entgegengenommen (240 Arbeitstage im Jahr unterstellt).

Durch diese starke Ressourceninanspruchnahme ist das Kostenvolumen dieses Bereiches erfahrungsgemäß sehr hoch. Da die Kosten je Auftragsannahme unabhängig von der Bestellmenge je Auftrag gleich bleiben, können sie nicht ohne weiteres auf die Kostenträger verrechnet werden. Die in diesem Bereich durchzuführenden Tätigkeiten laufen schematisiert, wiederholend und stets gleichförmig ab. Ihr Zeitaufwand und ihre Kosten verhalten sich proportional zum Leistungsvolumen der Kostenstelle. Dieser Bereich ist daher in die Prozesskostenrechnung einzubeziehen. Im Übrigen stellt die Auftragsannahme ein Prozess dar, bei dem sich bei einer eingehenden Tätigkeitsanalyse oft Verbesserungen im Ablauf und in der Produktivität erreichen lassen.

Zu den **Serviceleistungen** gehören sowohl die Annahme von Reparaturaufträgen als auch die Bearbeitung von Stornierungen. Auch Auftragsänderungen aller Art fallen in diesen indirekten Leistungsbereich.
Die Kosten in diesem Bereich werden durch Tätigkeiten ausgelöst, die einen bestimmten Auftrag, einen einzelnen Schrank oder im Falle eines Fertigungsfehlers, eine ganze Serie betreffen können. Somit handelt es sich um Gemeinkosten. Diese fallen jedoch nicht in einem hohen Volumen an, zumal in der „Möbel"-GmbH nur zwei Produkte und insgesamt sechs Artikel hergestellt werden. Im Falle eines Gewährleistungsauftrages, einer Stornierung oder einer Auftragsänderung laufen die Tätigkeiten stets gleichförmig und repetitiv ab und verhalten sich proportional zum Leistungsvolumen der Kostenstelle. Der aufwendige Einsatz der Prozesskostenrechnung mit Prozessermittlung und -analyse ist alles in allem nicht zu rechtfertigen.

**Führung**saufgaben sind innovative, kreative und dispositive Tätigkeiten. Sie sind im Bezug auf die Produktion planend, vorbereitend und koordinierend.
Die Tätigkeiten in diesem übergeordneten indirekten Leistungsbereich haben keinen repetitiven Charakter und sind inhomogen. Sie eignen sich nicht zu einer Verrechnung über Prozesskostensätze. Bezugsgrößen lassen sich nicht ausmachen. Das Kostenvolumen ist aufgrund der geringen Anzahl der Führungskräfte zudem eher gering und nicht direkt auf den einzelnen Kostenträger umzulegen. Aufgrund der vielfältigen und stets wechselnden Tätigkeiten ist die Kostenstruktur intransparent. Dem Einsatz der Prozesskostenrechnung ist auch unter Wirtschaftlichkeitsgesichtspunkten nicht zuzustimmen.

Die Tätigkeiten im **Sekretariat** unterstützen die Arbeiten der Führung und beinhalten Schreib- und organisatorische Aufgaben (z.B. Schreiben von Geschäftsbriefen oder Termine für den Chef koordinieren). Sie sind weder repetitiv und homogen, noch leistungsmengeninduziert. Das Geschehen ist hier aufgrund seiner Bedeutung für das gesamte Unternehmen intransparent. Die dadurch verursachten Kosten werden zwar durch das bestehende Kostenrechnungssystem nicht verursachungsgerecht erfasst, sind jedoch so gering, dass unter Wirtschaftlichkeitsgesichtspunkten der Einsatz der Prozesskostenrechnung unvorteilhaft wäre.

Das **Rechnungswesen** beinhaltet die Finanz- und Betriebsbuchhaltung. Die Finanzbuchhaltung inklusive der Nebenbuchhaltungen bildet die Vorgänge finanzieller Art ab, die sich zwischen der Unternehmung und ihrer Umwelt abspielen. Zur Umwelt zählen dabei vor allem die Partner auf den unterschiedlichen Beschaffungs- und Absatzmärkten (Kreditoren- und Debitorenbuchführung), die Aktionäre und Gesellschafter sowie last but not least der Fiskus. Die Finanzbuchhaltung liefert das Zahlenmaterial zur Erstellung der Handels- und Steuerbilanz sowie der Gewinn- und Verlustrechnung (GuV), aus denen sich die Lage und der Gesamterfolg des Betriebes erkennen lassen. Die Betriebsbuchhaltung soll das innerbetriebliche Geschehen und die Wert- und Mengenbewegungen innerhalb des Unternehmens und der Betriebe zahlenmäßig festhalten und den Fertigungsprozess von der Beschaffung der Roh-, Hilfs- und Betriebsstoffe bis hin zum Verkauf der fertigen Erzeugnisse in Zahlen abbilden. Um Doppelarbeiten zu vermeiden, werden im Allgemeinen die Buchungen aus der Finanzbuchhaltung in die Betriebsbuchhaltung übertragen. Dabei werden allerdings geringfügige Korrekturen, Anpassungen und Ergänzungen notwendig.

Ob und inwieweit die Funktionen der Finanz- und Betriebsbuchhaltung organisatorisch voneinander getrennt sind, wird von der Größe des Unternehmens und von der Ausprägung der Kosten- und Leistungsrechnung sowie des damit verbundenen Controllings abhängen. Zur Vereinfachung der prozessanalytischen Betrachtung wird bei der „Möbel"-GmbH von einer organisatorischen Trennung abgesehen.

Bei dem Rechnungswesen handelt es sich um einen indirekten Gemeinkostenbereich, welcher aufgrund der vielen zu buchenden Geschäftsvorfälle eine hohe Ressourcenbeanspruchung aufweist. Das Kostenvolumen ist nicht zuletzt aus diesem Grund sehr groß. Buchungsvorgänge sind repetitive und homogene Tätigkeiten, deren Zeitaufwand und Kosten sich proportional zum Leistungsvolumen verhalten. Die Abläufe in diesem Bereich sind nicht durchweg transparent und die zugehörigen Kosten werden durch andere Kostenrechnungssysteme nicht verursachungsgerecht erfasst und verrechnet. Das Rechnungswesen kann insofern in die Prozesskostenrechnung einbezogen werden. Ihr Einsatz kann aufgrund der verbesserten Kostentransparenz und der verursachungsgerechteren Kostenzurechnung gegenüber den pauschalen Zuschlagsverfahren positive Veränderungen bewirken.

Unter dem Begriff **Stäbe** sind Schlüsselbereiche zusammengefasst, die selbst keine Weisungsrechte besitzen, sondern der Unterstützung von Instanzen bzw. der Führung dienen. Sie sind im Wesentlichen für die Vorbereitung und Überwachung von Entscheidungen verantwortlich. Ein bekanntes Beispiel ist die Controllingabteilung. Controlling bezeichnet den Koordinationsprozess aber auch die Durchführung von Informationsversorgung, Planung, Kontrolle und Steuerung. Koordination bedeutet hierbei nicht nur laufende Abstimmung von Prozessen, sondern auch Entwurf und Implementation von Planungs-, Kontroll- und Steuerungssystemen sowie von betrieblichen Informationssystemen. Wichtige Aufgaben der Controllinginstanz in der „Möbel"-GmbH sind die Realisierung von Rationalisierungspotenzialen, die Beibehaltung der Rentabilität und Liquidität sowie die regelmäßige kommentierte Berichterstattung, z.B. in Form der monatlichen Kunden- und Artikeldeckungsbeitragsrechnung. In der Controllingabteilung sind Kreativität und andere nicht standardisierbare Leistungen zur Erfüllung der Aufgaben notwendig.

Daraus ergibt sich, dass die Tätigkeiten weder repetitiv noch homogen sind. Ihr Zeitaufwand und ihre Kosten verhalten sich nicht proportional zu irgendeiner Bezugsgröße. Mangels Transparenz werden sie durch das bestehende Kostenrechnungssystem nicht verursachungsgerecht erfasst. Das zu erwartende Kostenvolumen ist im Vergleich zu anderen Kostenstellen eher gering. Auch unter Wirtschaftlichkeitsgesichtspunkten lohnt sich die Einführung einer Prozesskostenrechnung in diesem indirekten Leistungsbereich nicht.

Die **Personalabteilung** wird in der Praxis nicht einheitlich abgegrenzt. Unabhängig von ihrer Abgrenzung und konkreten Ausgestaltung, besteht jedoch kein Zweifel, dass sie eine Teilfunktion des Verwaltungsbereiches bildet und sich mit dem Problem des Einsatzes des arbeitenden Menschen im Betrieb und seinem Beitrag zur betrieblichen Leistungserstellung beschäftigt. Die in der „Möbel"-GmbH durchgeführten Tätigkeiten sind die Summe der mitarbeiterbezogenen Gestaltungsmaßnahmen zur Verwirklichung der strategischen Unternehmensziele. Die Aufgabe der Personalabteilung besteht darin, die für die Verwirklichung der strategischen Ziele der Unternehmung notwendigen Human Ressourcen in quantitativer, qualitativer, räumlicher und zeitlicher Hinsicht langfristig sicherzustellen. Dazu gehören u.a. Einstellungen, Frei- und Versetzungen, Mitarbeiterbeurteilungen, Organisation von Ausbildung-, Fortbildungs- und Weiterbildungsmaßnahmen, die Planung, Kontrolle und Steuerung des effizienten Personaleinsatzes und last not least die Entgeltabrechnung (Lohn- und Gehaltsabrechnung) einschließlich der Entwicklung und Überarbeitung von Entgeltmodellen.

Übersicht 3/5: In die Prozesskostenrechnung einzubeziehende Unternehmensbereiche

| Unternehmensbereiche \ Kriterien | Gemeinkostenbereiche | Wirtschaftlichkeit | Kostenvolumen | Transparenz | Kostenverrechnung | Repetitive Tätigkeiten | lmi Prozesse | homogene Prozesse | Einbeziehung in die PKR |
|---|---|---|---|---|---|---|---|---|---|
| Konstruktion | x | x | x | x | x | x | x | x | x |
| IT-Bereich | x | x | x | x | x | | | | |
| Einkauf | x | x | x | x | x | x | x | x | x |
| Eingangstransporte | x | x | x | x | x | x | x | x | x |
| Werkstofflager | x | x | x | x | x | x | x | x | x |
| Arbeitsvorbereitung | x | | | | | | x | x | |
| Fertigung | | x | x | | | | x | x | x |
| Montage | | x | x | | | | x | x | x |
| Innentransporte | x | x | x | x | x | x | x | x | x |
| Fertigwarenlager | x | x | x | x | x | x | x | x | x |
| Ausgangstransporte | x | x | x | x | x | x | x | x | x |
| Werbung/PR | x | x | x | x | x | | | | |
| Außendienst | x | x | x | x | x | x | x | x | x |
| Auftragsannahme | x | x | x | x | x | x | x | x | x |
| Serviceleistungen | x | | x | x | x | x | x | | |
| Führung | x | | | | | x | x | | |
| Sekretariat | x | | | | | x | x | | |
| Rechnungswesen | x | x | x | x | x | x | x | x | x |
| Stäbe | x | | | | | x | x | | |
| Personal | x | | | | x | x | | | |

Bei der Personalabteilung handelt es sich um einen übergeordneten Gemeinkostenbereich. Aufgrund der geringen Mitarbeiterzahl und der verhältnismäßig geringen EDV-Ausstattung ist das Kostenvolumen eher gering einzuschätzen. Dieses ist zudem durch das Fehlen direkter Bezugsgrößen nicht hinreichend transparent und wird mit dem bestehenden Kostenrechnungssystem nur ungenau auf die Kostenträger verrechnet. Die in diesem Bereich ausgeführten Tätigkeiten haben mehrheitlich innovativen und kreativen Charakter, sind also nicht repetitiv und nicht homogen. Die Kosten fallen im Vergleich zum Leistungsvolumen relativ fix an. Die Personalabteilung ist daraus schlussfolgernd nicht in die Prozesskostenrechnung einzubeziehen.

Eine flächendeckende Anwendung der Prozesskostenrechnung über den gesamten Gemeinkostenbereich ist also weder bei der hier vorgestellten Modellunternehmung noch in der Realität sinnvoll. In Tabelle 3/5 sind die Unternehmensbereiche der „Möbel"-GmbH, die in die Prozesskostenrechnung einbezogen bzw. nicht einbezogen werden sollen, zusammengefasst dargestellt. Es sei aber an dieser Stelle explizit darauf hingewiesen, dass sich die konkrete Anwendung der Prozesskostenrechnung nicht normativ festschreiben lässt, sondern unternehmensindividuell bestimmt werden muss.

Nachdem die einzubeziehenden Unternehmensbereiche identifiziert sind, kann mit der Ermittlung der Prozesse und der Zuordnung von Kosten begonnen werden.

### 3.2.2 Bestimmung der in den relevanten Kostenstellen ablaufenden Aktivitäten

Tätigkeitsanalyse

Wer Geschäftsprozesse im Unternehmen bewerten und erfolgreich beeinflussen will, muss sie genau kennen. Der zweite Schritt besteht somit aus einer Tätigkeitsanalyse, die ebenso häufig auch *Prozessanalyse* genannt wird. Sie ist der zeitintensivste Schritt bei der Implementierung einer Prozesskostenrechnung. Ihr Ziel ist es, alle kostenrelevanten Verrichtungen der ausgewählten indirekt-produktiven Bereiche zu erfassen, zu beschreiben und zu bewerten.

> Inhalt der **Tätigkeitsanalyse** ist es, zu analysieren, welche Tätigkeiten mit welchen Personal- und Sachmitteln innerhalb der Kostenstellen im Einzelnen ausgeführt werden, welches Ergebnis damit erreicht wird und wie hoch der erforderliche Zeitbedarf an der Gesamtkapazität der Kostenstelle ist. Ferner ist die Verbindung zu übergeordneten Prozessen aufzuzeigen.

Die Tätigkeitsanalyse ist damit fünfstufig aufgebaut. Sie umfasst erstens die Inputfaktoren der jeweiligen Kostenstelle, z.b. Anzahl Mitarbeiter und sachliche Ausstattung, zweitens die von diesen Mitarbeitern zu verrichtenden Tätigkeiten, drittens den Zeitbedarf für diese Aktivitäten und viertens den Output der Kostenstelle, z.B. Anzahl der durchgeführten Aktivitäten. Nicht zu vergessen ist der fünfte Schritt, in dem die Verbindungen zu Vor- und Nachfolgeprozessen beschrieben werden, wodurch insbesondere die Prozesszusammenhänge deutlich werden.

Wichtig ist, dass alle für den Erfolg des Projektes relevanten Verantwortlichen in die Projektarbeit eingebunden werden und gemeinsam ein **Projektteam** bilden, um ein lückenloses Bild über die Leistungen jeder Kostenstelle zu erhalten. Daher ist es von großer Bedeutung, dass mit den Verantwortlichen diesbezüglich Einzelgespräche geführt werden; mehr dazu weiter unten.

Die Tätigkeitsanalyse ist mit großer Sorgfalt vorzunehmen, denn mit der Exaktheit steigt die Qualität des Systems der Prozesskostenrechnung. Sie ist zwar arbeitsintensiv und zeitaufwendig, in der Praxis hat sich jedoch gezeigt, dass sich bereits in dieser Phase deutliche Effizienzsteigerungen erzielen lassen, insbesondere kann man sich auf solche Tätigkeiten konzentrieren, die den gewünschten Kundennutzen schaffen und somit honoriert werden.

Allgemeingültige und operationale Regeln für den Detaillierungsgrad der Analyse existieren nicht. Er hängt im wesentlichen von der Größe und Struktur der Unternehmung bzw. des zu untersuchenden Bereichs ab.

Berechnung der Gesamtkapazität einer Kostenstelle

Eine wichtiges Untersuchungsfeld im Rahmen der Tätigkeitsanalyse ist – wie oben bereits erwähnt – die Messung des Zeitbedarfs der Tätigkeiten, die immer in Relation zur gesamten Kapazität der Kostenstelle gesehen werden muss. Sehr oft ist die Gesamtkapazität eines indirekten Leistungsbereiches durch die Arbeitskraft begrenzt. Insofern spielen die Arbeitsstunden der Mitarbeiter eine herausragende Rolle.

Beispiel: Berechnung der Gesamtkapazität an Arbeitsstunden

In der Kostenstelle 667 „Auftragsannahme und -abwicklung" sind zwei Vollzeitkräfte und eine Halbtagskraft beschäftigt. Die geplante Anwesenheitszeit für das betrachtete Geschäftsjahr beträgt voraussichtlich je Vollzeitkraft 1.600 Stunden und für die Teilzeitkraft 800 Stunden.
Somit beläuft sich die Gesamtkapazität der Kostenstelle auf 4.000 Stunden pro Jahr.

Mitarbeiter, die in **Personalunion** in mehreren Kostenstellen tätig sind, wie beispielsweise ein Geschäftsführer, werden anteilig ihrer Inanspruchnahme auf die Unternehmensbereiche verrechnet und anschließend einer eigenen Kostenstelle zugerechnet.

Beispiel: Umlage des Geschäftsführers und des Sekretariats

Arbeitet der alleinige Geschäftsführer einer kleinen Unternehmung mit einer Gesamtkapazität von 2.000 Stunden p.a., so lässt sich seine Arbeitskraft beispielsweise anhand einer Schätzung aufteilen in 1.000 Stunden für den technischen Bereich mit der Kostenstelle 560 „Technische Leitung" und 1.000 Stunden für den kaufmännischen Bereich mit der Kostenstelle 660 „Kaufmännische Leitung".
In ähnlicher Weise können dann auch die Arbeitsstunden der Sekretärin des Geschäftsführers in Höhe von 1.600 Stunden auf die beiden Kostenstellen 561 „Sekretariat Technik" und 661 „Sekretariat Verwaltung & Vertrieb" je zur Hälfte aufgeteilt werden.

Zerlegung in Teilprozesse

Da die Tätigkeiten innerhalb einer Kostenstelle häufig sehr vielfältig sind, ist es notwendig, die erkannten Prozesse in Teilprozesse weiter einzuteilen.

> Unter einem **Teilprozess** versteht man eine Zusammenfassung sachlich zusammengehöriger Aktivitäten, die innerhalb der gleichen Kostenstelle erbracht werden.

Ein Teilprozess ist in der Regel die kleinste Einheit, die mengen- und wertmäßig erfasst wird. Es können je nach Art der Kostenstelle neben rein physischen Teilprozessen, wie

„Material einlagern" oder „Aufträge abwickeln", auch wertmäßige Vorgänge, wie Abschreibungen („Kapital verzinsen") oder die Verzinsung von Lagerbeständen („Material verzinsen"), als Teilprozesse definiert werden. Jeder Teilprozess lässt sich eindeutig einer Kostenstelle zuordnen. Aufgrund der Heterogenität der Leistungen indirekter Bereiche gibt es im Allgemeinen aber mehrere verschiedene Teilprozesse pro Kostenstelle. Ein Teilprozess kann zudem in mehreren, verschiedenen übergeordneten Prozessen zum Einsatz kommen. Dieses wird durch die *Prozesskette* definiert.

Feste Regeln über die **Anzahl der Teilprozesse** in einer Kostenstelle gibt es nicht. Die Tiefe der Zerlegung in Teilprozesse ist von zu vielen Faktoren abhängig. Auf der einen Seite ist festzuhalten, dass die Erfassung zu vieler Teilprozesse einen hohen Verwaltungsaufwand verursacht und die Gefahr der Intransparenz nach sich zieht. Auf der anderen Seite bilden zu wenige Teilprozesse das Geschehen in der Kostenstelle nicht umfassend genug ab und widersprechen so dem Verursachungsprinzip; auch lassen sich bei weit gefassten Teilprozessen die entsprechenden Bezugsgrößen schwieriger eruieren (siehe weiter unten). Es gilt, dass der „Teilprozess" die kleinste gemeinsame Einheit einer kostenstellenorientierten und einer prozessorientierten Sichtweise darstellen soll, dessen Verdichtung nach der einen oder anderen Richtung zur traditionellen oder prozessbezogenen Kostenrechnung führt. Erfahrungen zeigen, dass man mit 5 bis 15 Teilprozessen pro Kostenstelle im Allgemeinen gut auskommt.

Nachdem die Teilprozesse identifiziert sind, muss die Gesamtkapazität der Kostenstelle, z.B. die gesamten Anwesenheitsstunden, auf die einzelnen Teilprozesse aufgeteilt werden. Dieses geschieht im Allgemeinen mittels Schätzungen oder Strichlisten. Grundsätzlich gilt: Lieber mit nur einer Genauigkeit von 80 % anfangen, als zu lange auf 100 % richtige Zahlen zu warten!

Informationsbeschaffung

Bereits vor Beginn der Informationsbeschaffung sollte das Projektteam Vorstellungen über potenzielle Prozesse und deren Kosteneinflussgrößen entwickelt haben, um gezielt nach Informationen suchen zu können. Dabei sollte man sich auf wenige Hauptprozesse, z.B. 7 bis 10 Haupttätigkeiten, beschränken, die in der Summe wenigstens 80 % der Gemeinkosten abdecken (vgl. Däumler, K.-D./Grabe, J.: Kostenrechnung 3: Plankostenrechnung, S.229).

Die konkrete Informationsbeschaffung kann dann auf unterschiedliche Art und eventuell auch kombiniert erfolgen.

Am Beginn der Informationsbeschaffung steht sicherlich die Sichtung und Auswertung der **vorhandenen Unterlagen**, wie beispielsweise Stellenbeschreibungen, Ablaufpläne, Organigramme, Kalkulationen und Statistiken.

Eine in der Praxis bewährte Möglichkeit ist die **Befragung** der Kostenstellenleiter oder der Mitarbeiter hinsichtlich Informationen über die kostenstellenbezogenen Prozesse und die sie beeinflussenden Faktoren. Hier kann auf sehr effiziente Weise geklärt werden, welches die wichtigsten Teilprozesse und damit die bedeutendsten Kostenbestimmungsfaktoren sind. Von Bedeutung ist, dass die Gesprächsteilnehmer im Vorfeld informiert werden, welche Informationen benötigt werden.
Die Zeitdauer einer solchen Befragung sollte auf maximal 1,5 Stunden beschränkt bleiben. Diskussionen sollten vermieden werden, der Projektverantwortliche ist lediglich Moderator. Die während des Gesprächs definierten Teilprozesse, Kostentreiber und zugehörige Mengen und Zeiten sollten auf einem Formular festgehalten (siehe weiter unten) und anschließend in einem Tabellenkalkulationsprogramm ausgewertet werden.
Der Grad der Genauigkeit einer solchen Befragung ist für die Entscheidungsfindung im Allgemeinen ausreichend und kann individuell gesteuert werden. Während der Sitzung stellt sich dann oft heraus, dass die Befragten unterschiedlicher Auffassung über die Abgrenzung der Aktivitäten sind. So definieren manche bis zu 30 verschiedene Vorgänge, manche dagegen nur drei.

Daneben kann die Variante der **Eigenaufschreibung** genutzt werden. Die Mitarbeiter der untersuchten Kostenstellen schreiben die benötigten Informationen auf vorgefertigten Formularen auf.

Ein Stichprobenverfahren, bei dem statistisch gesicherte Mengen- und Zeitangaben abgeleitet werden, ist die **Multimomentmethode**.

Als letztes besteht gegebenenfalls noch die Möglichkeit des Rückgriffs auf **Ergebnisse bereits vorliegender Untersuchungen**, wie zum Beispiel Ergebnisse aus einer bereits durchgeführten *Gemeinkostenwertanalyse* oder eines *Zero-Base-Budgeting*. In der Literatur wird allerdings von der Verwendung solcher Daten abgeraten, da bei diesen Methoden meist eine andere Strukturierung und Aggregation der Tätigkeiten vorgenommen wird als bei der Prozesskostenrechnung (vgl. Hardt, R.: Kostenmanagement, S.223).

## Prozessliste

Die festgestellten Ergebnisse werden üblicherweise in einer *Prozessliste* oder *Tätigkeitsübersicht* dokumentiert.

Beispiel: Tätigkeitsübersicht der Kostenstelle „Einkauf"

Die folgende Abbildung zeigt beispielhaft eine Prozessübersicht in der Kostenstelle Einkauf als Ergebnis einer Befragung.

| Kostenstelle: 612 Einkauf | Mitarbeiter | Personal- und Sachkosten |
|---|---|---|
| 1. Bestellungen für Rohstoffe erledigen | 6 Pers. | 660.000 € |
| 2. Bestellungen für Hilfs- und Betriebsstoffe erledigen | 3 Pers. | 320.000 € |
| 3. Bestellungen für Büromaterial bearbeiten | 1 Pers. | 80.000 € |
| 4. Bestellungen für Maschinen und Anlagen abwickeln | 2 Pers. | 240.000 € |
| Σ | 12 Pers. | 1.300.000 € |
| 5. Einkauf leiten | 1 Pers. | 150.000 € |

## Wirtschaftlichkeitsprinzip

Bei der Bestimmung des Detaillierungsgrads der Tätigkeitsanalyse und der Auswahl der geeigneten Verfahren muss ein Kompromiss zwischen Genauigkeit und Aufwand gefunden werden. Dabei ist nicht nur die Phase der Ersterhebung, sondern auch der laufend erforderliche Änderungsdienst zu beachten. Sind für bestimmte Leistungsmengen keine Aufzeichnungen vorhanden, dürfen diese auch mittels Schätzung bestimmt werden.

EDV-Unterstützung

Als geeignete Beschreibungsform für Geschäftsprozesse hat sich die Modellierung mit der Architektur integrierter Informationssysteme – **ARIS** – von *IDS Prof. Scheer* bzw. der *Plaut-Gruppe* erwiesen. Mit ARIS wird die Komplexität von Geschäftsprozessen durch abstrakte Modellbildung beherrschbar gemacht. Die Abstraktion der Modellbildung passt wiederum zum Verrechnungsprinzip der Prozesskostenrechnung (vgl. Berkau, C./Hauck, Th.: Bewertung von Finanzdienstleistungen, S.226). ARIS untersützt die analytische Ermittlung von Leistungsstandards und bewertet die Prozesse zutreffend auf Basis der Kostenstellensätze. Neben den Informationen zur Produktkalkulation werden alle Daten, die für eine differenzierte Analyse und ein konsequentes Reduzieren von Prozesskosten erforderlich sind, zur Verfügung gestellt (vgl. Plaut: Prozeßkosten-Management, S.4).

## 3.2.3 Identifizierung und Auswahl der Bezugsgrößen

Nach der Bestimmung der in den ausgewählten Kostenstellen ablaufenden Aktivitäten einschließlich Tätigkeitsanalyse besteht der dritte Schritt der Prozesskostenrechnung darin, geeignete Kostentreiber auszuwählen und leistungsabhängige Bezugsgrößen zu eruieren. Das Finden geeigneter Kostentreiber erweist sich als entscheidend für die Qualität der Prozesskostenrechnung.

### 3.2.3.1 Grundlegende Darstellung

Alle Prozesse bzw. Teilprozesse sind dahingehend zu untersuchen, ob sie sich in Bezug auf den von der Kostenstelle zu erbringenden Leistungen mengenvariabel verhalten oder ob sie unabhängig davon mengenfix anfallen. Entsprechend unterscheidet man zwischen leistungsmengeninduzierten und leistungsmengenneutralen Prozessen.

Leistungsmengeninduzierte Prozesse

> Prozesse, die sich in Abhängigkeit von dem in der Kostenstelle zu erbringenden Leistungsvolumen mengen- und/oder variantenvariabel verhalten, werden als **leistungsmengeninduzierte Prozesse** (lmi-Prozesse) bezeichnet.

So hängt beispielsweise die Häufigkeit der Tätigkeit „Wareneingangskontrolle durchführen" direkt von dem zu bearbeitenden Warenvolumen der Kostenstelle „Warenannahme" ab; der Prozess verhält sich somit mengenvariabel bzw. leistungsmengeninduziert. „Die Häufigkeit des Prozesses „Bestellungen aufgeben" hängt nicht von der Anzahl (dem Volumen) des zu fertigenden Produktes ab, da eine Bestellung über 10 oder 10.000 gleiche Teile ausgestellt werden kann; die Häufigkeit des Prozessses hängt aber sehr wohl von der Variantenzahl ab, da über viele verschiedene Teile auch mehrere unterschiedliche Bestellungen aufgegeben werden müssen. Somit hängt das zu erbringende Leistungsvolumen der Kostenstelle „Einkauf" von der Anzahl der Varianten ab; der Prozess verhält sich somit variantenvariabel bzw. leistungsmengeninduziert." (Olshagen, Ch.: Prozeßkostenrechnung, S.43)

Ähnlich wie die Prozesse selbst lassen sich auch die zugehörigen Kosten abgrenzen. Kosten, die in einem kausalen bzw. proportionalen Zusammenhang zur Aktivität stehen, bezeichnet man in der Terminologie der Prozesskostenrechnung als **leistungsmengeninduzierte Kosten**, abgekürzt lmi-Kosten.

Leistungsmengenneutrale Prozesse

Daneben gibt es aber immer wieder Aktivitäten, für die plausible und aussagefähige Maßgrößen nicht entdeckt werden können. Man denke nur an die Geschäftsführung, Bereichs- oder Abteilungsleitung und damit zusammenhängende Aktivitäten wie „Abteilung leiten" oder „Controlling betreiben". Derartige Tätigkeiten fallen mengen- und/oder variantenunabhängig und generell an. Sie werden somit als leistungsmengenneutral (lmn) eingestuft.

> Prozesse, die sich in Abhängigkeit von dem in der Kostenstelle zu erbringenden Leistungsvolumen mengen- und/oder variantenfix verhalten, werden als **leistungsmengenneutrale Prozesse** (lmn-Prozesse) bezeichnet.

Die leistungsmengenneutralen Prozesse (lmn-Prozesse) können als unterstützende Tätigkeiten der leistungsmengeninduzierten Prozesse (lmi-Prozesse) verstanden werden. Zugehörige Prozesskosten werden in der Fachterminologie als **leistungsmengenneutrale Kosten** (lmn-Kosten) bezeichnet.

„Der Umfang der lmn-Prozesse nimmt mit der organisatorischen Distanz des Analysebereiches zum Produktionsbereich und mit der Höhe in der Unternehmenshierarchie zu; denn hier fallen in erster Linie dispositive, innovative und kreative Tätigkeiten unregelmäßig und differenziert an." (Däumler, K.-D./Grabe, J.: Kostenrechnung 3: Plankostenrechnung, S.231)

Abgrenzung zwischen Prozesskostenrechnung und Plankostenrechnung

In den Kosten der lmi- und lmn-Prozesse sind jeweils sowohl variable als auch fixe Kostenbestandteile enthalten, d.h., die in der flexiblen Plankostenrechnung für Zwecke der Kostenstellenkontrolle übliche Aufteilung der Kosten in fixe und variable Bestandteile wird in der Prozesskostenrechnung nicht beibehalten (vgl. Abbildung 3/6).

Übersicht 3/6: Prozesskostenrechnung versus flexible Plankostenrechnung

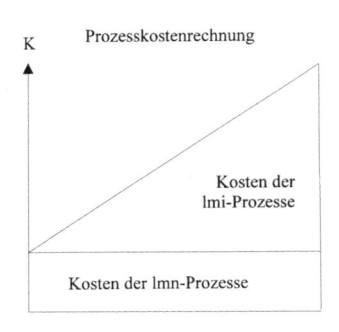

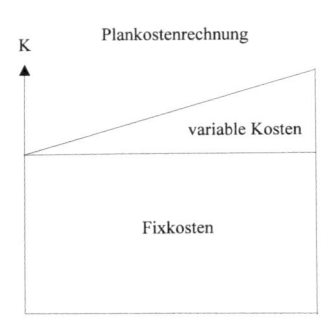

Cooper und Kaplan weisen in diesem Zusammenhang auf die unterschiedliche Sichtweise von der periodisch-orientierten und der prozess-orientierten Kostenrechnung hin. Während bei der periodisch-orientierten Kosten- und Leistungsrechnung durch die Aufteilung in variable und insbesondere fixe Kostenbestandteile die **Kosten der Res-**

sourcenbereitstellung im Vordergrund stehen, werden im Gegensatz dazu bei der Prozesskostenrechnung die **Kosten der Ressoucennutzung** dargestellt. Obwohl die Kosten für die Ressourcenbereitstellung in der Regel fix sind, kann die Prozessmenge der Ressourcennutzung in jeder Periode in Abhängigkeit von den für Produkte und Kunden erbrachten Aktivitäten variieren (vgl. Hardt, R.: Kostenmanagement, S.226).

Kostentreiber

Parallel zur Tätigkeitsanalyse müssen die entsprechenden Bezugsgrößen entwickelt werden, die das Mengen- und Wertgerüst der leistungsmengeninduzierten Tätigkeiten abbilden. Die Messgröße der durchgeführten betrieblichen Aktivitäten wird in der Prozesskostenrechnung als "**Cost Driver**" (*Kostentreiber*) bezeichnet, daher auch der Begriff "*Cost-Driver-Accounting*". Diese Kostentreiber fungieren als Maßstab der Kostenverursachung und haben die gleichen Funktionen wie die Bezugsgrößen in der flexiblen Plankostenrechnung. Ebenso wie letztere sollen sie in einer möglichst engen Beziehung zur Kostenstellenleistung und zu den Kostenträgern stehen, sich einfach bestimmen lassen und möglichst leicht verständlich sein.

> **Kostentreiber** sind Bezugsgrößen, die mengenmäßig erfassbar sind und einen nachvollziehbaren und willkürfreien Zusammenhang zwischen Maßgröße und zu messenden Sachverhalt garantieren.

Gelegentlich wird in der Literatur noch zwischen den Begriffen Maßgröße (Prozessgröße) und Kostentreiber differenziert. Die Maßgröße gibt an, wie oft ein Teilprozess einer Kostenstelle durchgeführt wird. Der Cost Driver dagegen gibt die Anzahl der Hauptprozessdurchführungen an. Ein Argument für diese terminologische Abgrenzung ist, dass es sich bei den Maßgrößen der Teilprozesse um andere Größen als die Cost Driver der Hauptprozesse handelt, da diese für eine andere Stufe der Prozesshierarchie kennzeichnend sind. Eine derartig differenzierte Betrachtung wird im Folgenden allerdings nicht vorgenommen, da sonst viele Zitate und Übersichten entsprechend kommentiert respektive verbessert werden müssten.

Für den Bereich der Fertigung sind die Kostentreiber identisch mit den direkten Bezugsgrößen der flexiblen Plankostenrechnung. Für die Nicht-Produktionsbereiche, d.h. für die indirekten Leistungsbereiche wie Forschung & Entwicklung, Beschaffung, Vertrieb und Logistik, gilt es möglichst sinnvolle Bezugsgrößen zu suchen. Cost Driver im Beschaffungsbereich könnten beispielsweise "Anzahl der Bestellungen", "Anzahl abgegebener Angebote" oder "Anzahl bearbeiteter Reklamationen" sein (vgl. Reichmann, Th.: Controlling mit Kennzahlen und Managementberichten, S.411).

Beispiele: Aktivitätskosten und Kostentreiber

| Kosten für Prozesse | mögliche Kostentreiber |
|---|---|
| Kosten für das Einholen von Angeboten | Anzahl der Angebote |
| Kosten für das Schreiben einer Bestellung | Anzahl der zu bestellenden Positionen |
| Kosten der Durchführung einer Bestellung | Anzahl der Bestellungen |
| Kosten für das Prüfen einer Auftragsbestätigung | Anzahl der zu bestellenden Positionen |
| Kosten der Reklamationsbearbeitung | Anzahl der Reklamationen |
| Kosten für die Durchführung einer Produktänderung | Anzahl der Produktänderungen |
| Kosten für das Erstellen einer technischen Zeichnung | Anzahl technischer Zeichnungen |
| Kosten für den innerbetrieblichen Transport | Anzahl einzulagernder bzw. bereitzustellender Paletten oder Volumen des benötigten Lagerraumes |
| Kosten der Qualitätsprüfung | Anzahl der Produkte |
| Kosten für die Buchhaltung | Anzahl der Buchungsbelege |
| Kosten für das Schreiben der Rechnungen | Anzahl der Rechnungen |
| Kosten für die Abwicklung eines Kundenauftrages | Anzahl der Kundenaufträge |
| Kosten für das Versenden von Produkten | Gewicht oder Größe der Produkte |
| Kosten für die Betreuung eines Händlers | Anzahl der Handelspartner |
| Kosten für die Betreuung einer Produktvariante | Anzahl der Produktvarianten |

Weitere Beispiele für Aktivitätskosten und denkbare Cost Driver sind in der oben stehenden Tabelle aufgelistet.

Der Kostentreiber „Variantenvielfalt/Komplexität" ist wegen seiner strategischen Bedeutung besonders zu erwähnen. Im Falle einer **Variantenvielfalt** ist es nicht die Fertigung, die stark betroffen ist, sondern der Bereich „Materialstelle", da dieser viele unterschiedliche Teile bestellt, den Wareneingang und die Qualität kontrolliert, die Teile lagert, den Lagerbestand überwacht und die Teile nach Bedarf ausgeben muss. Durch eine größere Variantenvielfalt sind mehr Mitarbeiter notwendig, z.B. für die Arbeitsvorbereitung, das Lager, Umrüstungen, Qualitätskontrollen, die Logistik, den Vertrieb und das Rechnungswesen. Diese Zusammenhänge haben bereits 1987 *Johnson* und *Kaplan* erkannt: „For many overhead departments, however, we have found that the demands imposed by producing 100,000 units of the same product are very different from the demands imposed by producing 10 units each of 10,000 different models or products. The latter situation, even though it could represent the same physical volume of production, requires more scheduling and set-ups; more items of inventory to be ordered, received, inspected, stored, kept track of and moved about; and more orders to be shipped." (Johnson, H.Th./Kaplan, R.S.: The importance of long-term product costs, S.38)

Besonders einfach wäre es für die Prozesskostenrechnung, wenn man mit einer repräsentativen Bezugsgröße je Kostenstelle auskommen würde. Bei der Heterogenität der Leistungen mancher Kostenstellen ist damit aber eher nicht zu rechnen. Analog zur Anzahl der Teilprozesse in einer Kostenstelle operiert man dann auch mit **mehreren Kostentreibern**, um die Gemeinkosten möglichst verursachungsgerecht abbilden und verrechnen zu können. Man könnte natürlich alle Kostenstellen bezüglich dieser Anforderung neu gliedern, aber dann würde eine so detaillierte Kostenstelleneinteilung entstehen, deren Kostenerfassungs- und Kontierungsaufwand in keinem Verhältnis zum Informationsnutzen stehen würde (vgl. Olshagen, Ch.: Prozeßkostenrechnung, S.47). Das bedeutet aber nicht, dass die vorhandene Kostenstellenstruktur unkontrolliert übernommen werden muss. Eventuell ist bei der Einführung der Prozesskostenrechnung eine Analyse und Umstrukturierung von Kostenarten und -stellen angebracht.

Korrelationsanalyse

Zur Unterstützung eines systematischen Vorgehens bei der Suche nach Kostentreibern kann die Korrelationsanalyse genutzt werden, mit der Abhängigkeiten zwischen einer Zielgröße, z.B. Ressourcenverzehr, und möglichen Einflussgrößen (Cost Driver) zu bestimmen sind.

Da die Korrelationsanalyse im Allgemeinen recht aufwendig ist, sollten im Vorfeld die Erfahrungen der verantwortungstragenden Mitarbeiter genutzt werden, um die Haupteinflussgrößen auf die Kosten ohne langwierige Analysen bestimmen zu können.

Messung der Kostentreiber

Beim Eruieren der Kostentreiber ist darauf zu achten, dass diese nach Möglichkeit edv-technisch messbar sind, d.h. dass die Anzahl der Aktivitäten nicht manuell, z.B. durch Zählen oder Aufschreiben, ermittelt werden muss.

| Tätigkeit | Messinstrument |
| --- | --- |
| Ermittlung der Anzahl der Kunden | Fakturaprogramm |
| Ermittlung der Anzahl der Kundenbesuche | Vertriebssteuerungsprogramm |
| Ermittlung der Anzahl der Buchungen | Buchhaltungsprogramm |

## 3.2.3.2 Beispiel: Modellunternehmung

In diesem Kapitel werden die in die Prozesskostenrechnung einzubeziehenden Unternehmensbereiche der Modellunternehmung „Möbel"-GmbH in wesentliche Teilprozesse zerlegt und deren Haupteinflussfaktoren (Kostentreiber) identifiziert. Dabei wird unabhängig von den durch das Unternehmen laufenden Hauptprozessen vorgegangen.

Der Forschungs- und Entwicklungsbereich der „Möbel"-GmbH umfasst lediglich die **Konstruktionsabteilung**. Die wesentlichen Aufgaben sind – wie erwähnt – der Erwerb neuer Erkenntnisse, deren erstmalige und konkrete Anwendung und praktische Umsetzung. Sie beinhalten Produktideen, Voruntersuchungen, Zeichnungen, Muster und Prototypen, Pilotserien und Dokumentationen. Die Leitung der Kostenstelle ist ein leistungsmengenneutraler Prozess, da die für die Tätigkeit entstehenden Kosten unabhängig von der zu erbringenden Leistung der Stelle anfallen. Für diesen Prozess kann keine geeignete Maßgröße gefunden werden.

Die wichtigsten Teilprozesse und ihre Kostentreiber sind in der nachstehenden Tabelle dargestellt.

| Kostenstelle | Teilprozess | Tätigkeiten | Kostentreiber |
|---|---|---|---|
| Konstruktion | Produktideen erzeugen | Produktidee aufbereiten, Eckdaten einarbeiten, Voruntersuchungen durchführen, Grobtermine planen | Anzahl der Produktideen, Anzahl der Voruntersuchungen |
| | Projekte abwickeln | Vorentwürfe erstellen, Vorversuche durchführen, Zeichnungen erstellen, Prototypen anfertigen, Dokumentation erstellen | Anzahl der Voruntersuchungen, Anzahl der Zeichnungen, Anzahl der Prototypen, Anzahl der Dokumentationen |
| | Konstruktion leiten | Personal führen und anweisen, Sonderaufgaben erledigen | |

Auf die in der Auftragsannahme und Produktion erfassten Daten kann jeder Unternehmensbereich der „Möbel"-GmbH zurückgreifen; so auch der **Einkauf**. Der Einkauf wird über bestimmte Instrumente zum Handeln aktiviert. So wird z.B. mit Erreichen des Meldebestandes im Lager dem Einkauf mitgeteilt, dass eine neue Bestellung ausgelöst werden muss. Die Aufgaben des Einkaufs der „Möbel"-GmbH sind die Tätigkeiten, die zum Auslösen einer Bestellung führen. Im Einzelnen sind das:

- die Entgegennahme der ausgefüllten Bestellformulare,
- das Prüfen der Bedarfsanforderung hinsichtlich Plausibilität,
- das Einholen von Angeboten (Lieferantensuche, Anfragen ausarbeiten und versenden, Angebote auswerten),
- die Auswahl der Lieferanten,
- das Schreiben der Bestellungen mit Artikelidentifizierung, Preiszuordnung und Kontierung mit Budgetüberwachung,
- das Durchführen der Bestellungen (Drucken, Versenden, beispielsweise mit dem Faxgerät, und Ablegen) und
- das Prüfen der Auftragsbestätigung einschließlich Terminüberwachung sowie
- das Leiten des Einkaufs.

Die Bedarfsanforderung stellt die Schnittstelle zwischen Bedarfsträger und Beschaffung dar. Sie ist eine Aufforderung an die Einkaufsabteilung, ein bestimmtes Material oder eine Leistung in entsprechender Qualität und zum richtigen Zeitpunkt zu beschaffen. Die Kontrolle der Bedarfsanforderung hinsichtlich der Plausibilität beinhaltet, dass der zuständige Mitarbeiter die Bedarfsanforderung nicht nur weiterleitet, sondern sie bewusst ansieht, um offensichtliche Fehler (wie Mengenfehler) zu vermeiden. Die Maßgröße für diesen Teilprozess ist die „Anzahl der zu bestellenden Positionen", da die Kontrolle um so länger dauert, je mehr Einzelpositionen sie umfasst. Unter Einzelpositionen ist die Anzahl der verschiedenen Teile mit eigener Bestellnummer zu verstehen. Die gleiche Maßgröße gilt für die Teilprozesse „Bestellung schreiben" und „Auftragsbestätigung prüfen".

Der Teilprozess „Angebote einholen" wird durch die Maßgröße „Anzahl der Angebote" beeinflusst. Gleiches gilt für den Teilprozess "Lieferantenauswahl". Der Teilprozess „Bestellung durchführen" ist abhängig von der Anzahl der Bestellungen. Es verursacht den gleichen Arbeitsaufwand eine Bestellung mit einer oder mit 50 Positionen zu drucken und zu versenden.

Die zeit- und kostenintensivsten Prozesse sind das Schreiben und das Durchführen der Bestellungen. Somit ergeben sich insgesamt sieben Teilprozesse mit den genannten Kostentreibern.

| Kostenstelle | Teilprozess | Tätigkeiten | Kostentreiber |
|---|---|---|---|
| Einkauf | Bedarfsanforderung prüfen | Bedarfsanforderung kontrollieren, Plausibilitätsprüfungen | Anzahl der zu bestellenden Positionen |
| | Angebote einholen | Lieferantensuche, Anfragen ausarbeiten, Anfragen versenden, Angebote auswerten | Anzahl der Angebote |
| | Lieferantenauswahl | Lieferantengespräche und Auswahl des Lieferanten | Anzahl der Angebote |
| | Bestellung schreiben | Eingabe in die EDV, Artikelidentifizierung, Preiszuordnung, Kontierung | Anzahl der zu bestellenden Positionen |
| | Bestellung durchführen | Bestellungen drucken und faxen, Bestellungen ablegen | Anzahl der Bestellungen |
| | Auftragsbestätigung prüfen | Auftragsbestätigung prüfen, evtl. Bestelländerung, Terminüberwachung | Anzahl der zu bestellenden Positionen |
| | Einkauf leiten | Personal führen und anweisen, Einkaufsstatistik erstellen, Sonderaufgaben erledigen | |

Die bestellten Waren gelangen über den **Eingangstransport** in das Werkstofflager der „Möbel"-GmbH. Im Eingangsbereich des Werkstofflagers wird die Ware angenommen und ggf. je nach Absprache selbst ausgeladen. Anschließend wird die Ware einer Qualitätsprüfung unterzogen. Der Teilprozess „Warenprüfung" kann noch weiter unterteilt werden. Nach Handelsrecht ist der Empfänger der Ware verpflichtet, diese sofort bei Anlieferung auf sogenannte offene Mängel zu untersuchen. Das heißt, der Arbeiter der Kostenstelle „Eingangstransport" wird sofort beim Abladen der Ware diese auf Transportschäden untersuchen (Sichtkontrolle). Weiterhin ist die Ware dann auf Vollständigkeit (Mengenfehler), eventuelle Falschlieferung (es wurde eine andere, als die bestellte Ware geliefert) oder Schlechtlieferung (die Ware weist Sachmängel auf) zu untersuchen. Werden große Mengen bestellt, muss der Käufer lediglich durch Stichproben die Ware prüfen. Das bedeutet, dass die Anzahl der gelieferten Ware nicht der Anzahl der zu prüfenden Gegenstände entspricht. Zur Warenprüfung gehört ferner, dass die Lieferung mit dem Lieferschein und mit der Bestellung verglichen wird.

Werden Mehr- und/oder Mindermengenlieferungen bzw. Qualitätsmängel erkannt, müssen diese beim Lieferanten reklamiert werden. Ob der Teilprozess „Mängelbearbeitung" mit einem eigenen Kostentreiber (hier: Anzahl fehlerhafter Artikelpositionen) oder im Hauptprozess „Eingangstransport" als leistungsmengenneutraler Zuschlag verrechnet wird, hängt insbesondere vom Umfang der betreffenden Kosten ab.

Durch das Eingeben der Lieferdaten in die Wareneingangserfassungsmaske wird dieser Auftrag abgeschlossen und zur Rechnungsbegleichung in der Buchhaltung freigegeben. Im Fall von inventarisierungspflichtigen Vermögensgegenständen sind diese mit einer Inventarnummer zu versehen.

Mit jeder Lieferung bzw. mit jedem gelieferten Artikel erhöht sich die Ressourceninanspruchnahme. Die zeit- und kostenintensivsten Prozesse des Eingangstransports sind in folgender Tabelle dargestellt.

| Kostenstelle | Teilprozess | Tätigkeiten | Kostentreiber |
| --- | --- | --- | --- |
| Eingangstransport | Warenannahme | Ware annehmen und ggf. ausladen | Anzahl der gelieferten Artikel, ggf. Gewicht oder Volumen der Artikel |
| | Warenprüfung | Qualität der Waren prüfen, Vergleich von Lieferschein und Lieferung sowie Lieferschein und Bestellung | Anzahl der zu prüfenden Artikel |
| | Mängelbearbeitung | Bearbeitung quantitativer und qualitativer Mängel, Schrift- und Telefonverkehr | Anzahl fehlerhafter Artikelpositionen |
| | Waren buchen | Wareneingangsbuchung, Ablage aller Belege | Anzahl der Positionen auf dem Lieferschein |
| | Wareneingang leiten | Personal führen und anweisen, Sonderaufgaben erledigen | |

In der „Möbel"-GmbH gibt es keine just-in-time-Fertigung. Alle eingehenden Lieferungen gelangen zunächst in das **Werkstofflager**. Der erste Teilprozess umfasst die physischen Aktivitäten der Einlagerung. Im Rahmen der Lagerverwaltung müssen die neuen Vorräte edv-mäßig erfasst werden. Dabei hat die Eingabe der Daten in das Lagerhaltungsprogramm sehr sorgfältig zu erfolgen, da nur durch sie der betreffende Vermögensgegenstand in seiner Menge und mit seinem Lagerort erfasst wird. Allerdings spielt der Lagerort in der Phantomunternehmung keine besonders große Rolle, da nur zwei unterschiedliche Produkte hergestellt werden und sich die Anzahl der verschiedenen Roh-, Hilfs- und Betriebsstoffe in Grenzen hält. Zur Lagerverwaltung zählen ferner die Bereitstellung der Lagerräumlichkeiten und -einrichtungen sowie die Durchführung der Inventurarbeiten. Das Gegenstück der Einlagerung ist die Teileentnahme. Der Teilprozess „Lager leiten" rundet das Aufgabenspektrum ab. Für die Durchführung der Lagertätigkeiten ergeben sich die in der folgenden Tabelle dargestellten Teilprozesse und Kostentreiber.

| Kostenstelle | Teilprozesse | Tätigkeiten | Kostentreiber |
|---|---|---|---|
| Werkstofflager | Einlagerung | Transport, Artikel einlagern | Anzahl der einzulagernden Artikel |
| | Lagerverwaltung | EDV-Eingabe, Lagerraum und -einrichtung bereitstellen, Inventur | Anzahl der Lagerein- und -abgänge, Anzahl der gelageren Artikel |
| | Artikelentnahme | Artikel entnehmen, Artikel ausbuchen | Anzahl der Artikelentnahmen |
| | Lager leiten | Personal führen und anweisen, Sonderaufgaben erledigen | |

| Kostenstelle | Teilprozess | Tätigkeiten | Kostentreiber |
|---|---|---|---|
| Innentransport | Transporte durchführen | Vermögensgegenstände von der Warenannahme, vom Lager usw. übernehmen, Vermögensgegenstände transportfähig machen, Transporte durchführen, Vermögensgegenstände übergeben | Anzahl der Transportaufträge, Anzahl der zu beliefernden Bereiche, Entfernungen zwischen Lager und Produktionsstätte |
| | Transportpapiere ausfüllen | Eintragung wichtiger Daten wie Stückzahl und Zeit | Anzahl der Transportaufträge |

Im **Innentransport** werden die Tätigkeiten durchgeführt, die für einen reibungslosen, ununterbrochenen und termingerechten Ablauf der Auftragsabwicklung in der „Möbel"-GmbH sorgen. Der Innentransport ist ein Teil der gesamten Transportkette bestehend aus Wareneingang → Werkstofflager→ Fertigung → evtl. Zwischenlager → Montage

→ Fertigwarenlager → Ausgangstransport. Die großen Stückzahlen zu transportieren und die jeweiligen Transport- und Warenbegleitpapiere auszufüllen, sind die zeit- und kostenintensivsten Teilprozesse in diesem Bereich.

Das **Fertigwarenlager** dient hauptsächlich dem Ausgleich zeitlicher Unterschiede zwischen Produktionsprozessen und Absatzvorgängen. Dabei stehen die Tätigkeiten der Ein- und Auslagerung und die dazugehörige Verwaltung im Mittelpunkt.

| Kostenstelle | Teilprozess | Tätigkeiten | Kostentreiber |
|---|---|---|---|
| Fertigwarenlager | Einlagerung | Transport, Einlagerung, Statusänderung | Anzahl der Lageraufträge, Anzahl der fertigen Schränke |
| | Lagerverwaltung | EDV-Eingabe, Lagerraum und -einrichtung bereitstellen, Inventur | Anzahl der Lagerein- und -abgänge, Anzahl der gelageren Fertigerzeugnisse |
| | Produktentnahme | fertige Produkte entnehmen, fertige Aufträge ausbuchen | Anzahl der auszuliefernden Aufträge |
| | Lager leiten | Personal führen und anweisen, Sonderaufgaben erledigen | |

Im **Ausgangstransport** werden die fertigen Schränke nach Aufträgen zusammengestellt, auf den Transport vorbereitet, möglichst platzsparend verladen und den Kunden geliefert. Diese Tätigkeiten sind aufgrund der hohen Stückzahlen und der u.U. weiten Entfernungen ausgesprochen zeit- und kostenintensiv. Sie bilden somit die wesentlichen Teilprozesse in diesem Bereich. Im Mittelpunkt stehen die Kommissionierung, das Verladen und der Transport zu den Kunden.

| Kostenstelle | Teilprozess | Tätigkeiten | Kostentreiber |
|---|---|---|---|
| Ausgangstransport | Kommissionierung | auftragsbezogenes Zusammenstellen der Lieferung, Anfertigen der Lieferpapiere und ggf. Zollformalitäten erledigen, transportfähiges Verpacken der Schränke | Anzahl der auszuliefernden Aufträge und Auftragspositionen |
| | Verladen | Beladen der Lkw oder Waggons in der umgekehrten Reihenfolge der Zielorte | Anzahl der Auftragspositionen |
| | Transport zu den Kunden | Produkte transportieren und an Kunden übergeben | Anzahl der Kunden und Entfernungen der Zielorte |

Die Mitarbeiter des **Außendienstes** werben bei den Kunden für die Schränke der „Möbel"-GmbH. In ihren Werbegesprächen versuchen sie durch Veranschaulichung der Einsatzgebiete der Produkte die Kunden für eine Auftragserteilung zu motivieren. Das persönliche Gespräch und das Anlegen der Kundendatei sind dabei die kostentreibenden Prozesse. Deren Zeitaufwand und Kosten erhöhen sich mit jedem Kundenkontakt.

| Kostenstelle | Teilprozess | Tätigkeiten | Kostentreiber |
|---|---|---|---|
| Außendienst | Kunden akquirieren | Unternehmen und Produkte vorstellen, Kunden beraten und schulen, anwendungstechnische Betreuung, Serviceleistungen und Konditionen vereinbaren | Anzahl der Kundenkontakte |
| | Anlegen der Kundendatei | Aufnehmen der Unternehmensdaten, Einkaufskonditionen dokumentieren | Anzahl der Kundenkontakte |

Mit dem erfolgreichen Arbeiten der Außendienstmitarbeiter kommt es in der **Auftragsannahme** zur Bestellung durch den Kunden. Handelt es sich um einen Neukunden, muss dieser noch auf seine Bonität hin überprüft und anschließend erfasst werden. In der Auftragsdatenbank erfolgt dann die Erfassung der Auftragskennzahlen, wie z.B. die Artikelnummer und die Stückzahlen. Dabei werden die durch den Außendienstmitarbeiter ausgehandelten Vertragsbedingungen berücksichtigt. Bei Produktions- oder Lieferschwierigkeiten kann es zu Anfragen der Kunden über den Bearbeitungsstand ihres Auftrages kommen. In einem solchen Fall muss eine sofortige Auftragsverfolgung eingeleitet werden können. Als kostenintensive Teilprozesse in diesem Bereich stellten sich die Auftragsanlage und die Auftragsverfolgung heraus.

| Kostenstelle | Teilprozess | Tätigkeiten | Kostentreiber |
|---|---|---|---|
| Auftragsannahme | Kunden erfassen | Kreditwürdigkeit, Ausfallrisiko und Kreditsicherung prüfen, Neukunden anlegen, Kundenstammsätze aktualisieren | Anzahl der Neukunden Anzahl der Datenänderungen |
| | Auftrag anlegen | Fax lesen, Daten eingeben, Auftrag freigeben | Anzahl der Aufträge und Anzahl der Auftragspositionen |
| | Auftrag verfolgen | Anfrage entgegennehmen, Termin überwachen, Verfolgung auslösen | Anzahl der Kundenanfragen |
| | Auftragsannahme leiten | Personal führen und anweisen, Sonderaufgaben erledigen | |

Die Schwerpunkte der Tätigkeiten im **Rechnungswesen** liegen in der Rechnungserstellung und -begleichung, in der Konten- und Adressverwaltung sowie Buchführung. Da das Rechnungswesen auch die Betriebsbuchhaltung umfasst kommen noch die typischen Aufgaben der Kosten- und Leistungsrechnung hinzu. Die in dieser Abteilung ablaufenden Teilprozesse, deren Tätigkeiten und Kostentreiber sind in der folgenden Tabelle dargestellt.

| Kostenstelle | Teilprozess | Tätigkeiten | Kostentreiber |
|---|---|---|---|
| Rechnungswesen | eigene Rechnungen verwalten | Rechnungen schreiben, drucken und versenden, Zahlungseingang überprüfen (Debitorenbuchhaltung) und ggf. Mahnungen schreiben, Bonusabrechnung | Anzahl der Rechnungspositionen oder Rechnungen |
| | fremde Rechnungen verwalten | Vergleich der Rechnungen mit Wareneingangsbuchungen, eingehende Rechnungen mit Datumsstempel versehen, überprüfen, abzeichnen lassen, Zahlungen anweisen und Rechnungen ablegen (Kreditorenbuchhaltung) | Anzahl der Rechnungspositionen oder Rechnungen |
| | Buchungen durchführen | Belege aller Art buchen | Anzahl der Belege |
| | Kontenpflege | Konten aktualisieren | Anzahl der Konten- oder Adressänderungen |
| | Anlagenabrechnung | Aktivierungen durchführen, Abschreibungen ermitteln, Abgänge bearbeiten | Anzahl der Wirtschaftsgüter |
| | Kostenplanung und -kontrolle | Plankosten und Budgets ermitteln und monatlich kontrollieren, Abweichungen analysieren | Anzahl der Kostenstellen |
| | Kostenträgerstückrechnung | Herstellkosten ermitteln, Produkt- und Auftragskalkulationen durchführen | Anzahl der Kostenträger |
| | Rechnungswesen leiten | Personal führen und anweisen, kurzfristige Erfolgsrechnung und Jahresabschlusse erstellen, Sonderaufgaben erledigen | |

Eine Konsequenz aus dem Einsatz der Prozesskostenrechnung im Rechnungswesen ist, dass die Gemeinkosten nicht mehr als Verwaltungskosten in die Kalkulation oder die Betriebsergebnisrechnung einfließen, sondern zumeist erst den Kostenstellen angelastet werden, die die Abwicklung der Prozesse anstoßen (vgl. Verband der Chemischen Industrie e.V.: Einsatzmöglichkeiten der Prozeßkostenrechnung in der Chemischen Industrie, S.76). Bei der Kreditorenbuchhaltung sind das beispielsweise alle Stellen im Unternehmen, die die Beschaffung von Roh-, Hilfs- oder Betriebsstoffen veranlassen. Für die Kosten der Debitorenbuchhaltung wären dementsprechend die Auftragsannahme und der Außendienst verantwortlich. Die Prozesskostenrechnung führt insofern zu einer erheblichen Verschiebung der Funktionskosten.

## 3.2.4 Planung der Prozessmengen und -kosten

Nachdem die Aktivitäten und die betreffenden Bezugsgrößen fixiert sind, erfolgt die Festlegung der Bezugsgrößenmengen und die Planung der zugehörigen Prozesskosten. Die grundsätzliche Vorgehensweise ähnelt sehr stark derjenigen zur Bestimmung der Planbeschäftigung in der flexiblen Plankostenrechnung.

Festlegung der Bezugsgrößenmengen

Da sich die Prozesskostenrechnung auf die repetitiven Arbeiten, also auf sich ständig gleich oder in ähnlicher Weise wiederholenden Tätigkeiten beschränkt, sind die Leistungen (Bezugsgrößenmengen) – mit Ausnahme der lmn-Prozesse – messbar und damit planbar.

Unter der Festlegung der Bezugsgrößenmenge – kurz **Prozessmengenplanung** – je Teilprozess versteht man die Planung der Prozessmenge, d.h. die Bestimmung der erwarteten Häufigkeit des betrachteten Teilprozesses innerhalb eines definierten Zeitraumes. Die Häufigkeit der Ausführungen des Teilprozesses hängt dabei von der Anzahl der leistungsverursachenden Maßgrößen ab. So sind beispielsweise 3.000 geplante Einzelbestellungen dafür verantwortlich, dass der Teilprozess „Einzelbestellungen durchführen" 3.000 mal ausgeführt werden muss.

|  | Prozessmengenplanung |
|---|---|
| Teilprozess: | Einzelbestellungen durchführen |
| Cost Driver: | Anzahl der Einzelbestellungen |
| Prozessmenge: | 3.000 Bestellungen pro Jahr |

Die **Planprozessmenge** ist Ausdruck der Kapazität einer Kostenstelle und zeigt, wie häufig ein Teilprozess innerhalb einer Zeitspanne durchgeführt werden sollte.

Die Festsetzung der Bezugsgrößenmengen orientiert sich an *Gutenbergs* „**Ausgleichsgesetz der Planung**", das dem Minimumsektor bei der Planung Priorität einräumt. D.h., die Leistungsmengen der Kostenstellen werden in Abhängigkeit vom Minimumsektor festgelegt. Er bestimmt bei gegebenen Kapazitäten als Engpass die maximal mögliche Prozessmenge. In der Praxis findet sich als Minimumsektor häufig der Absatzbereich.

Zu beachten ist, dass bei der Messung der Bezugsgrößenmengen nicht zu akribisch vorgegangen wird. Häufig ist eine **exakte Messung nicht möglich**, z.b. Anzahl der Kundentelefonate. In diesen Fällen sind die Mengen von den Mitarbeitern zu schätzen. Ein anderes Beispiel ist der Kostentreiber „Anzahl der Kundenaufträge", der in der Prozesskette „Absatz" häufig zum Einsatz kommt. Hier erscheint es vertretbar, dass eine aus Vergangenheitswerten abgeleitete Relation der Umsatzerlöse zur Anzahl der Kundenaufträge ermittelt wird, die dann auf das geplante Umsatzvolumen angewendet wird. Analog kann die Anzahl der Rohstoffbestellungen für die Prozesskette „Beschaffung" durch eine Rückrechnung vom Planabsatz über die Planproduktion zum Rohstoffbedarf ermittelt werden.

Planungszeitraum

Bei der Prozessmengenplanung wird die gleiche Methodik wie bei der Ermittlung der Planbezugsgrößen im Rahmen der Grenzplankostenrechnung angewandt. Zweckmäßigerweise wird man jedoch einen längeren Betrachtungszeitraum wählen, um Verzerrungen durch kurzfristige Ereignisse auszuschließen. Der Planungszeitraum beträgt überwiegend **ein Jahr**; nur wenige Unternehmen führen eine monatliche Planung durch (vgl. Stoi, R.: Prozeßkostenmanagement erfolgreich einsetzen, S.94).

Planung der Prozesskosten

Den Planprozessmengen sind die Prozesskosten zuzuordnen. Praktisch handelt es sich bei den Prozesskosten um Personal-, Raum-, Büromaterial- und Stromkosten. Wissenschaftlich betrachtet, berücksichtigen die Prozesskosten die Summe der Gemeinkosten, die durch eine ganz bestimmte Aktivität wie bspw. „Einzelbestellungen durchführen" oder ein „innerbetrieblicher Transport" innerhalb eines bestimmten Zeitraumes ausgelöst werden.

Die **Veränderung der Gemeinkosten wird durch die Veränderung der Bezugsgröße erklärt**. Werden beispielsweise für das Folgejahr in der Beschaffungsabteilung statt 3.000 Einzelbestellungen nur noch 2.000 geplant, so können die Kosten- und Kapazitätskonsequenzen in allen tangierten Kostenstellen – von der Disposition, dem Einkauf, dem Wareneingang, der Eingangskontrolle, der Einlagerung, der Rechnungsprüfung bis zur Debitorenbuchhaltung – ermittelt werden. Für den Einkauf bedeutet das zum Beispiel, dass der Teilprozess „Einzelbestellungen durchführen" um 1.000 Einheiten zurückgeht. Die Folgen müssten sein, dass die Personalkapazität und die Prozesskosten um ebenfalls ein Drittel zurückgehen.

Doch leider sind die **meisten Prozesskosten fixer Art**. Das gilt insbesondere für die Personalkosten. Wenn die Kapazitätsgrenze überschritten wird, zeigen sie ein sprungfixes Verhalten. Man erhält einen treppenförmigen Fixkostenverlauf. Fixkosten sind langfristig zu gestaltende Kosten. Die Gestaltungsfähigkeit hängt von der Kenntnis der Kosten und deren Bindungszwängen ab. Der Nutzen der Prozesskostenrechnung besteht darin, diese Gestaltungsfähigkeit aufzudecken. Die Frage, wann und in welcher Höhe Gemeinkosten abbaubar sind, kann sie nicht ohne weiteres beantworten. Für solche Untersuchungen sind Nebenrechnungen zwingend erforderlich.

Die Prozesskostenplanung ist allein nach dem **angestrebten Ressoucenverbrauch** bei unterschiedlicher Leistungserstellung, niemals unter Berücksichtigung von erwarteten Kostenremanenzen durchzuführen. Wenn also die Prozessmenge um ein Drittel zurückgeht, werden auch die geplanten Kapazitäten und Kosten entsprechend reduziert.

Zur **Planung der (jährlichen) Prozesskosten** gibt es drei verschiedene Möglichkeiten:

1. Analytische Methode;
2. Planung der dominierenden Kostenart;
3. Pauschale Umlage der Gesamtkosten.

**zu 1. Analytische Methode**

Die analytische Methode ist die aufwendigste, aber auch genaueste. Für jeden Prozess werden auf Basis der Planprozessmengen alle Kostenarten mit Hilfe technisch-kostenwirtschaftlicher Studien originär geplant. Um den Aufwand etwas zu reduzieren, kann eine Beschränkung auf die wichtigsten Kostenarten erfolgen.

## zu 2. Planung der dominierenden Kostenart

Eine weitere Möglichkeit zur Ermittlung der Plankosten je Prozess besteht darin, nur die dominierende Kostenart, z.b. die Personalkosten, für jeden Prozess analytisch zu planen und die verbleibenden Kostenarten proportional zu verteilen. D.h. Strom-, Raum-, Büromaterialkosten usw. einer Kostenstelle werden, ausgehend von den Normalkosten der Kostenstelle, d.h. ausgehend von den vergangenheitsbezogenen durchschnittlichen Istkosten, proportional zu der dominierenden Kostenart auf die Prozesse verteilt.

## zu 3. Pauschale Umlage der Gesamtkosten

Zuletzt ist es möglich, die Gesamtkosten der Kostenstelle über geeignete Schlüssel, wie Anzahl der Mitarbeiter, den Prozessen zuzuordnen. Die zur Realisierung jeder Prozessmenge benötigten Mitarbeiter (gemessen in Mannjahre) können dabei auf der Grundlage von Interviews mit den Kostenstellenleitern bestimmt werden.

Beispiel: Pauschale Umlage der Gesamtkosten am Beispiel „Materiallager"

Das folgende Beispiel verdeutlicht die pauschale Umlage der Gesamtkosten anhand der Kostenstelle 587 „Materiallager". Die Gesamtkosten dieser Kostenstelle betragen jährlich 1.400 T€ und setzen sich primär aus Personalkosten zusammen.

| Teilprozesse der KSt 587 | Mitarbeiter | Gesamtkosten |
|---|---|---|
| Annahme und Einlagerung von Rohstoffen | 4 | 400.000 € |
| Annahme und Einlagerung von Hilfs- und Betriebsstoffen | 3 | 300.000 € |
| Annahme und Einlagerung von Zukaufteilen | 2 | 200.000 € |
| Warenausgabe | 5 | 500.000 € |
| $\Sigma$ | 14 | 1.400.000 € |

Die Verteilung der Gesamtkosten auf die einzelnen Teilprozesse erfolgt über die Schlüsselgröße „Mitarbeiter", d.h. 1.400.000 € / 14 Personen = 100.000 €/Person.

Die dritte Möglichkeit ist lediglich dann zu empfehlen, wenn man in der Einführungsphase der Prozesskostenrechnung möglichst schnell zu Prozesskosten kommen möchte (vgl. Olshagen, Ch.: Prozeßkostenrechnung, S.51). Zur mittel- und langfristigen Kostenvorgabe und -kontrolle sind so ermittelte Prozesskosten unbrauchbar.

Korrektur bei Sonderfällen

Erforderlich wird eine Korrektur der Prozesskostenplanung bei Sonderfällen. Besondere Maßnahmen nicht repetitiver Art, d.h. durch die Prozesskostenrechnung nicht erfasste Leistungen, müssen zu den geplanten Kosten und Kapazitäten hinzugerechnet werden.

### 3.2.5 Ermittlung der Prozesskostensätze

Aufbauend auf der Planung der Prozessmengen und der Prozesskosten können im nächsten Schritt der Prozesskostenrechnung die verschiedenen Prozesskostensätze ermittelt werden.

Zwecke der Prozesskostensätze

Der erste Zweck der Prozesskostensätze besteht in der Unterstützung der **Produktkalkulation**. Um sämtliche indirekte Kosten prozessanteilig auf die jeweiligen Fabrikate umlegen zu können, muss zunächst ermittelt werden, was die einmalige Ausführung bzw. Inanspruchnahme eines Prozesses kostet. Dazu werden sogenannte Prozesskostensätze gebildet. Prozesskostensätze können als durchschnittliche Kosten aufgefasst werden, die vereinfachend von Kostentreibern direkt-proportional abhängen und der Abwicklung einer einzelnen Geschäftsprozesseinheit zurechenbar sind.

Ein anderer Zweck der Prozesskostensätze besteht darin, durch Kennzahlenbildung die Kosten auf Prozessebene kontrollieren zu können. D.h., die Prozesskostensätze sind ein Instrument des **Gemeinkostenmanagements** (näheres dazu in Kap. 3.3 „Die Prozesskostenrechnung als Instrument des Gemeinkostenmanagements").

> Die **Prozesskostensätze** dienen zum einen zur Verrechnung der kostenstellenbezogenen (Teil-)Prozesskosten auf die Kostenträger (Produkte) und zum anderen als Werkzeug des Kostenmanagements indirekter Leistungsbereiche. Sie errechnen sich durch Division der Planprozesskosten durch die Planprozessmengen.

Zusammenfassend lassen sich die in Grafik 3/7 dargestellten Funktionen festhalten.

Übersicht 3/7: Funktionen von Prozesskostensätzen

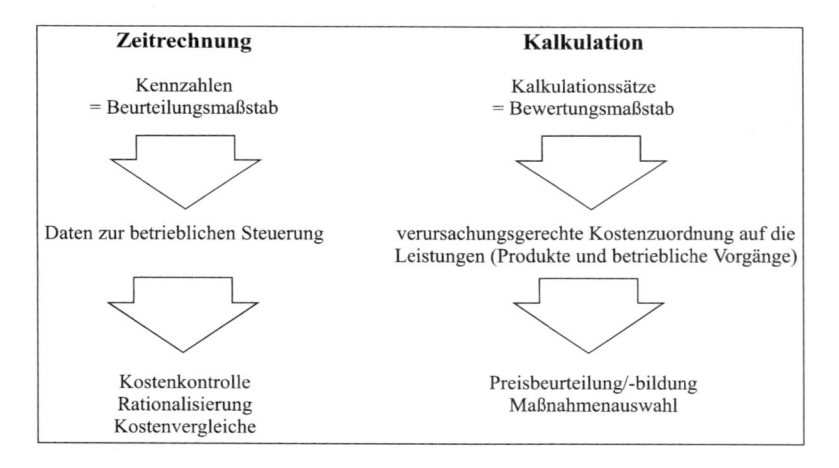

| Zeitrechnung | Kalkulation |
|---|---|
| Kennzahlen<br>= Beurteilungsmaßstab | Kalkulationssätze<br>= Bewertungsmaßstab |
| ⬇ | ⬇ |
| Daten zur betrieblichen Steuerung | verursachungsgerechte Kostenzuordnung auf die Leistungen (Produkte und betriebliche Vorgänge) |
| ⬇ | ⬇ |
| Kostenkontrolle<br>Rationalisierung<br>Kostenvergleiche | Preisbeurteilung/-bildung<br>Maßnahmenauswahl |

Quelle: Müller, A.: Gemeinkosten-Management, S.104

Kostensätze der lmi-Prozesse

Im Rahmen der prozessorientierten Produktkalkulation werden die Einzelkosten direkt den Kostenträgern zugerechnet. Bei der Verrechnung der Gemeinkosten helfen die leistungsmengeninduzierten Prozesskostensätze. Die Kostensätze der leistungsmengeninduzierten Prozesse erhält man, indem die geplanten Prozesskosten einer Aktivitätsart durch die zugehörigen geplanten Aktivitätsmengen dividiert werden.

$$\text{Plan-Prozesskostensatz} = \frac{\text{Plan-Prozesskosten}}{\text{Plan-Prozessmenge}}$$

Das Vorgehen zur Ermittlung von Prozesskostensätzen für leistungsmengeninduzierte Prozesse soll anhand des folgenden Beispiels veranschaulicht werden.

Beispiel: Prozesskostensatz für Transport mit Gabelstapler

Zur Berechnung des Prozesskostensatzes für den Transport mit dem Gabelstapler stehen folgende Informationen zur Verfügung:

Prozess: Transport mit Gabelstapler
Kostentreiber: Anzahl der eingelagerten Paletten pro Jahr
Planprozessmenge: 1.100 mal p.a.
Planprozesskosten: 550.000 € p.a.

$$\text{Prozesskostensatz} = \frac{550.000\ \text{€}}{1.100\ \text{Anzahl}} = 500\ \text{€/Anzahl}$$

Es ist daran zu erinnern, dass derartige Prozesskostensätze nur für repetitive Tätigkeiten, also Aktivitäten, die durch ein Mengen- oder Zeitgerüst quantifizierbar sind, gebildet werden können.

Umlage der lmn-Kosten

Da für die leistungsmengenneutralen Prozesse per Definition keine Maßgrößen gefunden werden können, wird in der Literatur vorgeschlagen, deren Kosten innerhalb der Kostenstelle proportional zu den leistungsmengeninduzierten Prozesskosten umzulegen. D.h. auch in der Prozesskostenrechnung gibt es dann einen „Umlagesatz". Bei allen Größen handelt es sich um Planzahlen.

$$\text{Prozessumlagesatz} = \frac{\sum \text{lmn-Prozesskosten}}{\sum \text{lmi-Prozesskosten}} * \text{Prozesskostensatz}$$

Die Verrechnung über einen Umlagesatz entspricht der Interpretation der leistungsmengenneutralen Prozesse als sekundäre Bereitschaftsfunktionen für alle leistungsmengeninduzierte Prozesse einer Kostenstelle. Ihr Vorteil liegt in der einfachen Anwendung.

Gesamtprozesskostensätze

Durch die geschilderte Vorgehensweise der Umlage der lmn-Kosten proportional zu den lmi-Kosten erhält man für jeden leistungsmengeninduzierten Prozess

- einen Prozesskostensatz (lmi),
- einen Prozessumlagesatz (lmn) und
- einen Gesamtprozesskostensatz (Summe aus lmi und lmn).

Durch Addition des Prozesskostensatzes und der Prozessumlage errechnet sich der Gesamtprozesskostensatz.

$$\text{Gesamtprozesskostensatz} = \text{Prozesskostensatz} + \text{Prozessumlagesatz}$$

Der Gesamtprozesskostensatz drückt aus, was die einmalige Durchführung eines Prozesses kostet, wenn die leistungsmengeninduzierten und die umgelegten leistungsmengenneutralen Kosten berücksichtigt werden. Je nach Anwendungszweck stehen so Prozessteilkosten (lmi-Prozesskostensatz) oder Prozessvollkosten (Gesamtprozesskostensatz) zur Verfügung, so dass eine Auswertung je nach individuellem Rechenzweck durchgeführt werden kann.

Das folgende Beispiel zeigt anhand der Kostenstelle „Lager" die Funktionsweise der prozessorientierten Kostenstellenrechnung auf.

Beispiel: Prozesskostenstellenplanung am Beispiel "Innerbetrieblicher Transport"

| Kostenstelle: Innerbetrieblicher Transport | | | | | | | |
|---|---|---|---|---|---|---|---|
| Teilprozesse | lmi/ lmn | Maßgröße "cost driver" (pro Jahr) | Prozess- menge (Anzahl) | Prozess- kosten (in €) | Prozess- kostensatz (lmi) | Prozess- umlage (lmn) | Gesamt- prozess- kostensatz |
| Transport mit Gabelstapler | lmi | Zahl zu lagern- der Paletten | 1.100 | 550.000 | 500 | 21,84 | 521,84 |
| Manuelle Waren- bereitstellung | lmi | Zahl bereitzu- stellender Pa- letten | 850 | 320.000 | 376,47 | 16,44 | 392,91 |
| Leiten des Trans- ports | lmn | | | 38.000 | | | |
| Summe | | | | 908.000 | 876,47 | 38,28 | 914,75 |

Quelle: Modifiziert entnommen aus Reichmann, Th.: Controlling mit Kennzahlen und Managementberichten, S.412

Erläuterungen zur Berechnung

| lmi | leistungsmengeninduziert |
| lmn | leistungsmengenneutral |
| Prozesskostensatz, z.B. | 500 €/Anzahl = 550.000 € / 1.100 Anzahl |

Für den leistungsmengenneutralen Prozess „Leiten des Transports" kann keine Bezugsgröße gefunden werden. Die Kosten können somit auch nicht über einen Cost Driver verrechnet werden. Der lmn-Prozess wird also proportional auf die lmi-Prozesse umgelegt.

Prozessumlage, z.B.         21,84 €/Anzahl
                       =    550.000 € / 1.100 Anzahl * 38.000 € / 870.000 €
                       =    500 €/Anzahl * 38.000 € / 870.000 €

Kostenstellenübergreifende Sammelposition

Eine andere Vorgehensweise bezüglich der Behandlung der leistungsmengenneutralen Kosten ist die, diese Kosten in einer kostenstellenübergreifenden Sammelposition, z.B. „Kosten für allgemeine Aufgaben", zusammenzufassen und dann im Rahmen der Kalkulation mittels prozentualer Zuschläge auf die Gesamtsumme der Produkteinzelkosten und Produktprozesskosten zu verteilen.

Der **Vorteil** dieser Variante ist, dass die lmi-Prozesse unverfälschte Kosteninformationen für die Kalkulation und die Betriebsergebnisrechnung liefern.

**Nachteilig** ist die mehr oder weniger willkürliche Festlegung der Bezugsgröße, mit deren Hilfe die lmn-Kosten prozentual auf die Kostenträger umgelegt werden. Immerhin besteht zwischen der Leitung einer Kostenstelle und dem Aufgabenvolumen der Stelle ein mittelbarer Zusammenhang, der durch die kostenstellenübergreifende Vorgehensweise ignoriert wird. Ferner besteht bei dieser Vorgehensweise die Gefahr, dass die lmn-Kosten als unwiderruflich gegeben betrachtet und einer weiteren Analyse entzogen werden. Ebenso problematisch könnte sein, dass zu viele Prozesse als leistungsmengenneutral behandelt werden, da man sich die Arbeit des Findens geeigneter Maßgrößen erleichtern möchte.

Entscheidungshilfe für eine Variante zur Verrechnung der lmn-Kosten

Nach welcher Vorgehensweise die lmn-Kosten verrechnet werden sollten, lässt sich pauschal nicht beantworten. Je nach Kostenrechnungszweck lassen sich beide Varianten favorisieren. Beispielsweise schlägt *Coenenberg* vor, für Kostenvergleichsanalysen, Make-or-Buy-Entscheidungen oder Outsourcing-Entscheidungen nur mit lmi-Prozesskostensätzen zu arbeiten, um die Kosteninformationen nicht unnötig zu verzerren (vgl. Coenenberg, A.G.: Kostenrechnung und Kostenanalyse, S.207).

Prozesskostenhierarchie

Werden mehrere Prozesskostensätze über eine bestehende Prozesshierarchie addiert, ergeben sich zudem kostenstellenübergreifende Prozesskostensätze (vgl. auch Schritt 6).

### Beurteilung der Prozesskostensätze

Erst durch die Bildung der Prozesskostensätze wird die Prozesskostenrechnung zu einem vielfältig einsetzbaren Instrument, denn die ermittelten Prozesskostensätze dienen zum einen als Bewertungsmaßstab im Hinblick auf die Preisbildung und Kalkulation und zum anderen als Beurteilungsmaßstab im Hinblick auf die Kostenkontrolle und Rationalisierung.

Auch die Prozesskostenrechnung kommt – wie das Beispiel gezeigt hat – nicht ganz ohne pauschale Schlüsselung aus. An die Stelle der herkömmlichen Gemeinkostenverteilung bei der Zuschlagskalkulation tritt hier aber vermehrt das Verrechnen auf Basis mengen- oder zeitbezogener Leistungsdaten.

## 3.2.6 Verdichtung der Teilprozesse zu Hauptprozessen

### 3.2.6.1 Zweck, Definitionen und Vorgehensweise

#### Zweck der Hauptprozessverdichtung

Die Gemeinkostenprozesse tangieren meist mehrere Kostenstellen. Die Prozessorientiertheit bewirkt die Zusammenfassung einzelner Vorgänge zu einem übergeordneten und verbindenden Prozess respektive einer Prozesskette. Durch die Verdichtung der Teilprozesse zu Hauptprozessen soll kostenrechnerisch die Komplexität von Unternehmen erfasst werden. Von der Identifizierung der Hauptprozesse und der Cost Driver hängt die verursachungsgerechte **Kostenzuordnung** ab.

Die Verdichtung der Teilprozesse zu abteilungsübergreifenden Hauptprozessen wird von *Cervellini* als zentraler Punkt der Prozesskostenrechnung bezeichnet (Cervellini, U.: Marktorientiertes Gemeinkostenmanagement, S.67). Die Hauptprozessverdichtung gehört zu den wichtigsten Schritten in der Prozesskostenrechnung. Alle Teilprozesse, die einer Prozesskette angehören, müssen zusammengeführt werden, damit die Hauptprozesse definiert und bewertet werden können. Dies ist der wesentliche Unterschied zur flexiblen Plankostenrechnung.

Definition „Hauptprozess"

Die übergeordneten und verbindenden Prozesse bezeichnet man als Hauptprozesse. Hauptprozesse betreffen die gesamte Aktivitätenkette. Hauptprozesse enden insofern nicht an den Grenzen von Organisationseinheiten, sondern erstrecken sich über funktionale Bereiche wie Forschung und Entwicklung, Beschaffung, Produktion und Vertrieb. Ein Hauptprozess setzt sich aus mehreren Teilprozessen zusammen.

> **Hauptprozesse** sind kostenstellenübergreifende, logisch zusammengehörige Vorgänge, die das Gemeinkostenvolumen beeinflussen.
>
> $$\text{Hauptprozess} = \sum (\text{Teil-})\text{Prozesse}$$

Hauptprozesse bündeln logisch zusammengehörige Teilprozesse verschiedenartiger Kostenstellen. Sie werden im Allgemeinen durch eine einzige Kosteneinflussgröße, den Cost-Driver, charakterisiert.

Ein Hauptprozessen kann beispielsweise die Abwicklung eines Auftrages, das Beschaffen von Material, die Erledigung einer Reklamation, die Durchführung einer Produktänderung, das Akquirieren von Neukunden oder die Betreuung von Kunden sein. Ein Hauptprozess muss aber keinesfalls auf das betrachtete Unternehmen beschränkt sein. Zentrale Logistikprozesse eines Industriebetriebes können durch eine Verknüpfung mit Prozessen von Lieferanten oder Kunden beliebig ausgeweitet werden.

Anzahl der Hauptprozesse

**Sieben bis zehn Hauptprozesse** sind im Allgemeinen ausreichend (vgl. Ewert, R./Wagenhofer, A.: Interne Unternehmensrechnung, S.277). Dieses Vorgehen beinhaltet zwar eine Informationsreduktion durch ungenaue Kostensätze, hat jedoch den Vorteil einer größeren Übersichtlichkeit über das Betriebsgeschehen. Schnell kann herausgefunden werden, wie hoch die Kosten für eine bestimmte quer durch das Unternehmen laufende Aktivität sind. Über die Kenntnis der Kosten der Hauptprozesse lassen sich die meisten Gemeinkosten mengenmäßig planen, kontrollieren und steuern. Untersuchungen haben nämlich gezeigt, dass in den meisten Fällen sieben bis zehn Cost Driver ca. 80 % des Gemeinkostenvolumens beeinflussen (vgl. Mayer, R./ Glaser, H.: Prozeßkostenrechnung, S.297). Die Prozesskostenrechnung wird damit zu einem handhabbaren Instrument für das Management. Dazu aber mehr im nächsten Kapitel „Die Prozesskostenrechnung als Instrument des Gemeinkostenmanagements".

Ziel der Bildung von Hauptprozessen

Die Hauptprozessverdichtung hat die Vorteile, dass die Kalkulation vereinfacht und die Transparenz betrieblicher Abläufe erhöht wird sowie Informationen über die Gemeinkostenbereiche und deren Bestimmungsfaktoren geliefert werden. Ziel der Verdichtung der Teilprozesse zu Hauptprozessen ist es, Antworten auf **strategische Fragen** zu geben. Typische Fragen, die nur durch Zusammenfassung von aufeinanderfolgenden Teilaktivitäten zu beantworten sind, sind beispielsweise (vgl. u.a. Hardt, R.: Kostenmanagement, S.233 f., Olshagen, Ch.: Prozeßkostenrechnung, S.28 f. und Reichmann, Th.: Controlling mit Kennzahlen und Managementberichten, S.416):

- Was kostet ein selbsterstelltes Erzeugnis bei verursachungsgerechterer Zuordnung der indirekten Kosten im Vergleich zu einem fremdbezogenen Produkt?
- Wie viele Aufträge werden im Vertrieb pro Tag bearbeitet?
- Kann die Anzahl der bearbeiteten Aufträge am Arbeitsplatz X gesteigert werden und wenn ja, um wie viele Einheiten?
- Was kostet die Abwicklung eines Kundenauftrags vom Einkauf, über die Logistik, Produktion bis hin zum Vertrieb?
- Wie viele Angebote bearbeitet der Einkauf pro Monat?
- Was kostet die Bearbeitung einer Bestellung über alle Abteilungen hinweg?
- Welche Kosten verursacht eine zusätzliche Produktvariante aufgrund eines Kundenwunsches oder weil der Vertrieb dieses für notwendig hält, wenn die Komplexitätskosten in der Kalkulation berücksichtigt werden?
- Wie viel Kosten verursacht ein Neuteil von der Konstruktion über die Pflege von Stücklisten bis zur Logistik?
- Wie hoch sind die Einsparungen an Gemeinkosten, wenn die Entwicklung die Anzahl der Produktänderungen um 20 % reduziert?
- In welcher Höhe sparen wir Gemeinkosten ein, wenn durch Verringerung der Fertigungstiefe die Anzahl der zu koordinierenden Arbeitsplanpositionen um 10 % zurückgeht?
- Bei welchen Teilen lohnt sich die Umstellung auf „Just-in-Time"-Produktion?
- Wie hoch ist der Logistikanteil jedes Erzeugnisses?

- Wie viel Preisnachlass kann einem Großkunden gewährt werden, der seine Ware künftig selbst abholen möchte?
- Wie hoch sind die Reklamationskosten im Durchschnitt über alle Produkte und speziell für Produkt Y?
- Wie ist die Qualität und Flexibilität unterschiedlicher Vertriebswege aus kosten- und leistungswirtschaftlicher Sicht zu beurteilen?
- Was kostet die Betreuung eines Kunden?
- Wie hoch sind die Akquisitionskosten, wenn der Geschäftsführer den Kunden selbst betreut (Chefauftrag)?

Diese und ähnliche Fragen sind bisher für die meisten, insbesondere kleine und mittlere Unternehmen unbeantwortet geblieben.

Vorgehensweise bei der Verdichtung zu Hauptprozessen

Mit der Hauptprozessverdichtung wird die **Prozesshierarchie** entwickelt, das heißt, dass alle Teilprozesse der Kostenstellen Hauptprozessen zugeordnet werden. Das Prinzip der Verdichtung zu Hauptprozessen ist zur Veranschaulichung in Übersicht 3/8 dargestellt.

Übersicht 3/8: Verdichtung der Teilprozesse zu Hauptprozessen

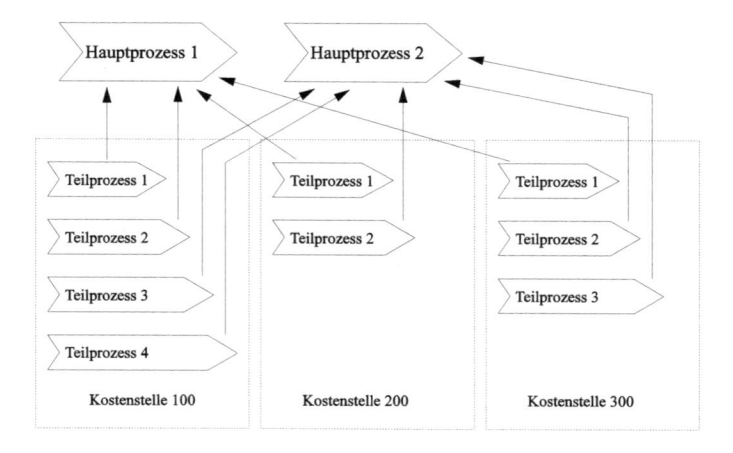

Prozesskostenrechnung

Übersicht 3/9: Hauptprozesse als abteilungsübergreifende Vorgänge

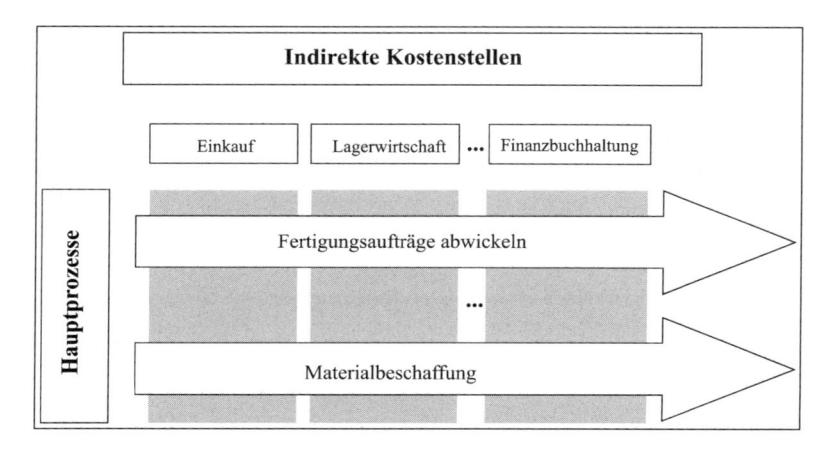

**Indirekte Kostenstellen**

Einkauf | Lagerwirtschaft | ... | Finanzbuchhaltung

Hauptprozesse:
- Fertigungsaufträge abwickeln
- ...
- Materialbeschaffung

Quelle: In Anlehnung an Mayer, R.: Prozeßkostenrechnung und Prozeßkostenmanagement, S.77

Übersicht 3/10: Identifikation abteilungsübergreifender Prozesse und Einflussgrößen

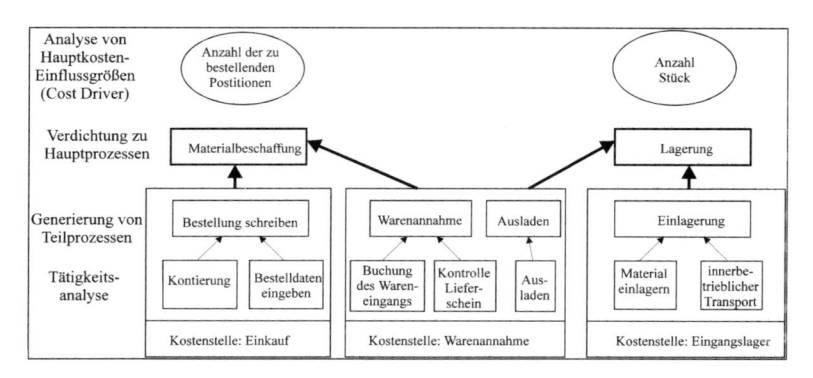

| | | | |
|---|---|---|---|
| Analyse von Hauptkosten-Einflussgrößen (Cost Driver) | Anzahl der zu bestellenden Postitionen | | Anzahl Stück |
| Verdichtung zu Hauptprozessen | Materialbeschaffung | | Lagerung |
| Generierung von Teilprozessen | Bestellung schreiben | Warenannahme \| Ausladen | Einlagerung |
| Tätigkeitsanalyse | Kontierung \| Bestelldaten eingeben | Buchung des Wareneingangs \| Kontrolle Lieferschein \| Ausladen | Material einlagern \| innerbetrieblicher Transport |
| | Kostenstelle: Einkauf | Kostenstelle: Warenannahme | Kostenstelle: Eingangslager |

Quelle: In Anlehnung an Cervellini, U.: Marktorientiertes Gemeinkostenmanagement, S.66

Die Verdichtung der Teilprozesse zu Hauptprozessen vollzieht sich nach der **Bottom-Up-Methode** also „von unten nach oben". Zuerst wurden die Tätigkeiten auf Kostenstellenebene analysiert und anschließend zu Teilprozessen zusammengefasst. Diese werden wieder verdichtet und zu Hauptprozessen auf Unternehmensebene aggregiert.

Die grundsätzliche Vorgehensweise bei der Generierung von Prozessen und der Verdichtung zu Hauptprozessen verdeutlichen die Übersichten 3/9 und 3/10.

Bei der **Verdichtung** der Teilprozesse zu Hauptprozessen:

- können mehrere Teilprozesse unterschiedlicher Kostenstellen einen Hauptprozess bilden,
- können mehrere Teilprozesse einer Kostenstelle einen Hauptprozess bilden,
- kann ein Teilprozess in verschiedene Hauptprozesse eingehen oder
- kann ein Teilprozess einen (unechten) Hauptprozess darstellen.

Übersicht 3/11: Bildung des Hauptprozesses „Material beschaffen"

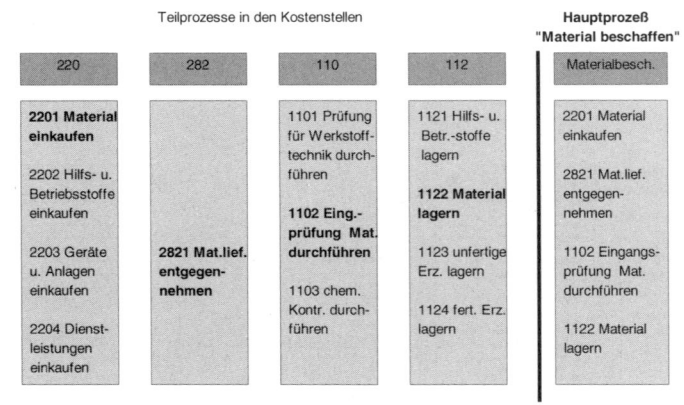

| Teilprozesse in den Kostenstellen | | | | Hauptprozeß "Material beschaffen" |
|---|---|---|---|---|
| 220 | 282 | 110 | 112 | Materialbesch. |
| **2201 Material einkaufen** | | 1101 Prüfung für Werkstofftechnik durchführen | 1121 Hilfs- u. Betr.-stoffe lagern | 2201 Material einkaufen |
| 2202 Hilfs- u. Betriebsstoffe einkaufen | | | **1122 Material lagern** | 2821 Mat.lief. entgegennehmen |
| 2203 Geräte u. Anlagen einkaufen | 2821 Mat.lief. entgegennehmen | **1102 Eing.-prüfung Mat. durchführen** | 1123 unfertige Erz. lagern | 1102 Eingangsprüfung Mat. durchführen |
| 2204 Dienstleistungen einkaufen | | 1103 chem. Kontr. durchführen | 1124 fert. Erz. lagern | 1122 Material lagern |

Kostenstellen: 220 Einkauf, 110 Qualitätssicherung, 282 Warenannahme, 112 Lager

Quelle: Olshagen, Ch.: Prozeßkostenrechnung, S.40

Im Zuge der Verdichtung der Teilprozesse lassen sich also Tätigkeiten identifizieren, die einerseits der durchführenden Kostenstelle und andererseits dem übergeordneten Hauptprozess zugerechnet werden müssen. So besteht beispielsweise der Hauptprozess „Material beschaffen" aus den abteilungsübergreifenden Teilprozessen „Material bestellen", „Material entgegennehmen", „Material prüfen", „Lieferschein prüfen", „Material einlagern" sowie „Rechnung prüfen" und „Zahlung anweisen". In Übersicht 3/11 ist die Bildung des Hauptprozesses „Material beschaffen" vereinfacht dargestellt. Einige Teilprozesse wurden aus Übersichtlichkeitsgründen weggelassen.

### 3.2.6.2 Methoden der Hauptprozessverdichtung

In der Literatur lassen sich zwei verschiedene Methoden für die Verdichtung der Teilprozesse zu Hauptprozessen finden:

(1) Nur die Teilprozesse werden zu einem Hauptprozess zusammengefasst, welche **dieselbe Maßgröße** aufweisen und
(2) Zusammenfassung der Teilprozesse nach der **sachlichen Zugehörigkeit**.

Es liegen diesen beiden Methoden verschiedene Denkweisen zugrunde. Die erste Methode definiert einen Hauptprozess als Kette von Aktivitäten, die demselben Kosteneinflussfaktor unterliegen, wogegen die zweite Vorgehensweise auf dem Gedanken basiert, dass ein Hauptprozess ein Aufgabenkomplex ist.

Die Cost Driver der Hauptprozesse werden häufig identisch mit den Maßgrößen der Teilprozesse sein. In diesen Fällen **entsprechen sich beide Methoden**. Die Zusammenfassung nach der sachlichen Zusammengehörigkeit und die Zusammenfassung der Teilprozesse mit den gleichen Maßgrößen führen zum selben Ergebnis. Es ist am günstigsten, wenn Teilprozesse mit identischen Maßgrößen einen Hauptprozess ergeben, da sich die Haupteinflussfaktoren entsprechen und damit eine proportionale Beziehung zwischen den Prozessgemeinkosten und den Haupteinflussfaktoren besteht. Durch den Bezug zu gleichen Einflussfaktoren ist kein Genauigkeitsverlust zu verzeichnen.

Allerdings ist es auch möglich, dass die Zusammenfassung der Teilprozesse mit den gleichen Maßgrößen und die sachliche Zusammenfassung nicht zum selben Ergebnis führen. In diesem Fall muss man sich für eine der beiden Vorgehensweisen entscheiden, die im Folgenden näher vorgestellt werden sollen.

(1) **Maßgröße als Kriterium eines Hauptprozesses**

Die favorisierte Methode ist, dass sich Teilprozesse zu Hauptprozessen zusammenfassen lassen, welche die gleichen oder miteinander korrelierende Maßgrößen (Gesetz der Austauschbarkeit der Maßgrößen) aufweisen, da sonst die Hauptprozesskostensätze nur Durchschnittswerte darstellen. Durch diese Vorgehensweise weist jeder Hauptprozess nur **eine repräsentative Einflussgröße** auf. Ein Hauptprozess endet dort, wo ein anderer Kostentreiber identifiziert wird. Konkret bedeutet das, dass für jede Maßgröße ein Hauptprozess gebildet werden muss, was wiederum zu einer **Vielzahl von Hauptprozessen** führen kann.

Als Voraussetzung für die Verdichtung von Teilprozessen zu Hauptprozessen wird die Abhängigkeit der Kosten der Teilprozesse von gleichen oder miteinander korrelierenden Bezugsgrößen genannt. Dies hat aber den entscheidenden Nachteil, dass sich diese Teilprozesse häufig nicht mehr zu (vollständigen) Hauptprozessen zusammenfassen lassen, sondern allenfalls zu Untermengen davon. Die Folge ist, dass eventuell logisch **zusammengehörige Prozesse als getrennte Hauptprozesse behandelt** werden.

Es werden im Allgemeinen viele Haupteinflussfaktoren gefunden. Korrelierende **Maßgrößen müssen zusammengefasst werden**, um das Kostenrechnungssystem nicht zu überladen. Zum Beispiel können die Maßgrößen „Anzahl der Bestellungen" und „Anzahl der Bestellungsüberwachungen" zu „Anzahl der Bestellungen" zusammengefasst werden, da diese beiden Maßgrößen weitgehend übereinstimmen. Dadurch können mehrere Teilprozesse anhand einer Maßgröße verrechnet werden. Diese Vorgehensweise ist nicht in jedem Fall anwendbar, da viele Prozesse nicht mit einem Haupteinflussfaktor korrelieren. Die **Transparenz geht dann durch die Hauptprozessverdichtung verloren**, da im Rahmen der Aggregation der Teilprozesse zu Hauptprozessen zwangsläufig verschiedene Maßgrößen zu Cost Drivern im Hauptprozess zusammengeführt werden. Um aber eine sinnvoll funktionierende Prozesskostenrechnung zu gewährleisten, ist es notwendig, dass zwischen den Maßgrößen der Teilprozesse und dem Cost Driver des Hauptprozesses ein direkter Zusammenhang besteht.

Ist es nicht möglich, die gleiche Maßgröße für die Teilprozesse eines Hauptprozesses zu finden, kann die Verrechnung über **Zeiteinheiten** gewählt werden (vgl. Mülhaupt, E.: Rechnergestützte Prozeßkostenermittlung, S.365). Die Verteilung über Zeiteinheiten ist insofern problematisch, weil sich die zeitliche Beanspruchung der Angestellten nur mit enormem Zeitaufwand ermitteln lässt (z.b. Selbstaufschreibung). Diese Darstellung kann nur grobe Werte aufweisen. Auch bei der Erfassung der Zeiteinheiten ist es wahrscheinlich, dass diese nicht übereinstimmen, so dass dies keine endgültige Lösung des Problems darstellt. Liegt ein solcher Fall vor, wird die zweite Methode befürwortet, bei der die Zusammenfassung nach dem inhaltlichen Zusammenhang erfolgt.

Der Extremfall ist, dass alle Teilprozesse verschiedene Maßgrößen aufweisen. Damit ist eine Aggregation nicht möglich, und es werden so viele Hauptprozesse wie Teilprozesse ausgewiesen.

> Die Zusammenfassung von Teilprozessen mit der gleichen Maßgröße zu Hauptprozessen wird als Vereinfachung betrachtet. Dies ist nur sinnvoll, wenn gleichzeitig eine inhaltliche Zusammengehörigkeit zwischen den Teilprozessen besteht.

(2) **Sachliche Zugehörigkeit als Kriterium eines Hauptprozesses**

Die zweite Meinung, die sich in der Literatur finden lässt, besagt, dass nicht identische Maßgrößen entscheidend sind, sondern die **sachliche Zugehörigkeit eines Teilprozesses zu dem entsprechenden Hauptprozess**. Diese Vorgehensweise ist notwendig, damit die „Kostenantriebskräfte", die hinter den Prozessen stehen, identifiziert werden können. *Berkau* vertritt die Ansicht, dass „die Verdichtung von Teilprozessen zu Hauptprozessen ausschließlich ablauforientiert zulässig" (Berkau, C.: Prozeßkostenrechnung, S.191) ist, denn nur durch diese Vorgehensweise wird die inhaltliche Zugehörigkeit der Teilprozesse zu den Hauptprozessen deutlich.

Nach dem Kriterium der sachlichen Zugehörigkeit muss keine Identität zwischen dem Cost Driver der Hauptprozesse und den Maßgrößen der Teilprozesse bestehen. Die Teilprozesse sollten auf die Hauptprozesse entsprechend der Beanspruchung verteilt werden. Die Art der Maßgröße des Teilprozesses ist dafür ohne Belang. Auch Teilprozesse, die unterschiedliche Maßgrößen aufweisen, können zu einem Hauptprozess zusammengefasst werden, sofern der **Cost Driver des Hauptprozesses** für alle Teilprozesse eine korrekte Kosteneinflussgröße darstellt.

> Die übergeordneten **Cost Driver** charakterisieren die Kosteneinflussgrößen, die für das Kostenvolumen der Hauptprozesse verantwortlich sind.

Die zusammengefassten Teilprozesse sollten sich in Struktur, Ablauf, Arbeitsaufwand und Inanspruchnahme der Ressourcen ähnlich sein, damit der Hauptprozesskostensatz kein zu grober Durchschnittswert ist.

> Da Hauptprozesse als eine Reihe von Teilprozessen definiert sind, die gemeinsam die Erfüllung einer definierten, abgrenzbaren Arbeitsaufgabe zum Ziel haben, müssen alle Teilprozesse, die notwendig zur Erledigung einer Arbeitsaufgabe sind, einbezogen werden. Es sollten möglichst homogene Teilprozesse zu einem Hauptprozess zusammengefasst werden.

Dabei können Teilprozesse, die **von untergeordneter Bedeutung** sind und deren Erfassung unwirtschaftlich wäre, vernachlässigt oder auf Basis pauschaler Schätzungen zugerechnet werden. Diese Vorgehensweise birgt aber das Problem, festzustellen beziehungsweise einzuschätzen, welche Teilprozesse von untergeordneter Bedeutung sind. Es besteht hier die Versuchung, sich Arbeit zu ersparen, wenn auf den ersten Blick keine geeigneten Maßgröße für den Teilprozess zu finden ist. Dies würde zu Ungenauigkeiten führen, die bei genaueren Analysen ausgeschlossen werden könnten.

### 3.2.6.3 Ermittlung der Hauptprozesskostensätze

Berechnung der Hauptprozesskostensätze

Die Übernahme sämtlicher Maßgrößen von den Kostenstellen auf die Unternehmensebene würde die Prozesskostenrechnung sehr aufwendig, schwerfällig und intransparent machen. Viele Fragen, ebenso auch die oben genannten strategischer Art, lassen sich mit verhältnismäßig wenigen, komprimierten Informationen beantworten. Die Prozessverdichtung führt daher gleichzeitig zu einer **Reduzierung der Maßgrößen** auf wenige auserwählte Kostentreiber. Im Idealfall wird für jeden Hauptprozess nur ein einziger

Kostentreiber identifiziert. Die Transparenz der Abläufe erhöht sich, d.h., bisher nicht sichtbare, kostenstellenüberschreitende Zusammenhänge werden erkennbar. Die Prozesskostenrechnung entspricht damit eher als die traditionelle Kostenrechnung der Tendenz zu einem bereichsübergreifenden, das Ganze betrachtenden Denken. Dieses wird gelegentlich auch als *vernetztes Denken* bezeichnet.

Je nach gewählter Methode zur Verdichtung der Teilprozesse zu Hauptprozessen werden zwei Vorgehensweisen zur Ermittlung der Hauptprozesskostensätze unterschieden.

(1) **Maßgröße als Kriterium eines Hauptprozesses**

Ebenso wie bei der Zusammenfassung der Teilprozesse zu Hauptprozessen kann man auch bei den Prozesskostensätzen vorgehen. Werden mehrere (Teil-)Prozesskostensätze **über eine bestehende Prozesshierarchie addiert**, ergeben sich abteilungsübergreifende Prozesskostensätze.

---

Die **Hauptprozesskostensätze** erhält man durch Addition der Prozesskostensätze aller Teilprozesse, die in den Hauptprozess eingehen.

$$\text{Hauptprozesskostensatz} = \sum \text{Teilprozesskostensätze}$$

---

Der Hauptprozesskostensatz gibt an, wie viel es kostet, den Hauptprozess genau einmal durchzuführen.

Alternativ wäre es auch möglich entsprechend der Prozesshierarchie die Teilprozesskosten zu Hauptprozesskosten und die Teilprozessmengen zu Hauptprozessmengen zusammenzufassen. Durch Division der beiden berechneten Größen erhält man dann den Hauptprozesskostensatz. Beide Wege führen zum gleichen Ergebnis.

> Der **Hauptprozesskostensatz** wird durch Division der Hauptprozesskosten durch die Anzahl des jeweiligen Cost Drivers ermittelt.
>
> $$\text{Hauptprozesskostensatz} = \frac{\text{Hauptprozesskosten}}{\text{Hauptprozessmengen}}$$

Voraussetzung dieser Vorgehensweise ist, dass die Teilprozesse denselben Kostentreiber aufweisen bzw. Teilprozesse zusammengefasst werden, deren Kostentreiber in einem festen Verhältnis zueinander stehen (erste Methode).

(2) **Sachliche Zugehörigkeit als Kriterium eines Hauptprozesses**

Werden unterschiedliche Maßgrößen verschiedener Teilprozesse zu einem Hauptprozesskostensatz zusammengefasst, ist eine schlichte Addition der Teilprozesskostensätze nicht mehr möglich. In einem solchen Fall sind die gesamten Prozesskosten des Hauptprozesses zu ermitteln und durch den gewählten Kostentreiber zu dividieren.

> Der **Hauptprozesskostensatz** wird durch Division der Hauptprozesskosten durch die Anzahl des gewählten Cost Drivers ermittelt.
>
> $$\text{Hauptprozesskostensatz} = \frac{\text{Hauptprozesskosten}}{\text{Hauptprozessmengen}}$$

<u>Behandlung der leistungsmengenneutralen Prozesse</u>

Im Rahmen der ersten Methode werden die Gesamtprozesskostensätze der Teilprozesse addiert, die in den jeweiligen Hauptprozess eingehen. Die Summe aller Hauptprozesskosten entspricht der Summe aller Kostenstellenkosten – differenziert nach Prozessen. Da die leistungsmengenneutralen Prozesskosten bereits proportional zu den leistungsmengeninduzierten Prozessen umgelegt worden sind, sind sie im Gesamtprozesskostensatz mit enthalten. Die leistungsmengenneutralen Prozesskosten werden insofern nur indirekt berücksichtigt. Es werden nur die leistungsmengeninduzierten Prozesse aufgelistet.

Eine Alternative besteht darin, die Prozesse, für die sich keine Maßgrößen finden lassen, als „leistungsunabhängige" Hauptprozesse zu erfassen.

Die Kostenberechnung sollte getrennt nach leistungsmengeninduzierten Kosten und Gesamtkosten vorgenommen werden, da nur so die relevanten Kosten zur Verfügung stehen.

Beispiel: Verdichtung der Teilprozesse zu Hauptprozessen

Das folgende Beispiel zur Verdichtung der Teilprozesse zum Hauptprozess „Materialbeschaffung" geht vereinfacht von vier Kostenstellen aus. Dies sind der Einkauf, der technische Dienst, die Warenannahme und die Finanzbuchhaltung. Die nachstehenden vier Tabellen enthalten die Prozesskostenstellenplanung der jeweiligen Kostenstelle.

| Kostenstelle: Einkauf | | | | | | | KoSt: 2210 | |
|---|---|---|---|---|---|---|---|---|
| Teilprozesse | lmi/ lmn | Maßgrößen Anzahl | Prozessmenge | Prozesskosten in € | Prozesskostensatz | Prozessumlage | Gesamtprozesskostens. |
| Bedarfsanforderung prüfen | lmi | der zu bestellenden Positionen | 500.000 | 100.000 | 0,20 | 0,04 | 0,24 |
| Angebote einholen | lmi | der Angebote | 750.000 | 600.000 | 0,80 | 0,16 | 0,96 |
| Lieferantenauswahl | lmi | der Angebote | 750.000 | 75.000 | 0,10 | 0,02 | 0,12 |
| Bestellung schreiben | lmi | der zu bestellenden Positionen | 500.000 | 650.000 | 1,30 | 0,26 | 1,56 |
| Bestellung durchführen | lmi | der Bestellungen | 166.670 | 150.000 | 0,90 | 0,18 | 1,08 |
| Auftragsbestätigung prüfen | lmi | der zu bestellenden Positionen | 500.000 | 100.000 | 0,20 | 0,04 | 0,24 |
| Einkauf leiten | lmn | | | 335.000 | | | |

Die Kosten pro Bestellposition belaufen sich beispielsweise auf 1,56 €, um den Teilprozess „Bestellung schreiben" einmal durchzuführen (1,30 € leistungsmengeninduziert und 0,26 € leistungsmengenneutral pro zu bestellender Position).

| Kostenstelle: Technischer Dienst | | | | | | | KoSt: 4260 |
|---|---|---|---|---|---|---|---|
| Teilprozesse | lmi/ lmn | Maßgrößen Anzahl | Prozess- menge | Prozess- kosten in € | Prozess- kosten- satz | Prozess- umlage | Gesamt- prozess- kostens. |
| Materialstammsatz- nummer erstellen | lmi | der zu bestellenden Positionen | 500.000 | 325.000 | 0,65 | 0,13 | 0,78 |
| Katalogisieren | lmi | der Zeichnungen | 250.000 | 925.000 | 3,70 | 0,74 | 4,44 |
| Techn. Dienst leiten | lmn | | | 250.000 | | | |

| Kostenstelle: Warenannahme | | | | | | | KoSt: 5210 |
|---|---|---|---|---|---|---|---|
| Teilprozesse | lmi/ lmn | Maßgrößen Anzahl | Prozess- menge | Prozess- kosten in € | Prozess- kosten- satz | Prozess- umlage | Gesamt- prozess- kostens. |
| Ausladen | lmi | Stück in 1.000 | 900.000 | 1.620.000 | 1,80 | 0,18 | 1,98 |
| Qualitätsprüfung | lmi | zu prüfende Stück | 750.000 | 150.000 | 0,20 | 0,02 | 0,22 |
| Warenannahme | lmi | der Lieferschein- positionen | 500.000 | 550.000 | 1,10 | 0,11 | 1,21 |
| Warenannahme leiten | lmn | | | 232.000 | | | |

| Kostenstelle: Finanzbuchhaltung | | | | | | | KoSt: 1020 |
|---|---|---|---|---|---|---|---|
| Teilprozesse | lmi/ lmn | Maßgrößen Anzahl | Prozess- menge | Prozess- kosten in € | Prozess- kosten- satz | Prozess- umlage | Gesamt- prozess- kostens. |
| Rechnungsprüfung | lmi | bestellte Positionen | 500.000 | 100.000 | 0,20 | 0,08 | 0,28 |
| Fakturierung Rechn. | lmi | der Rechnungen | 300.000 | 225.000 | 0,75 | 0,30 | 1,05 |
| Rechnungsverwaltung | lmi | der Rechnungen | 300.000 | 75.000 | 0,25 | 0,10 | 0,35 |
| Leitung FiBu | lmn | | | 160.000 | | | |

(1) Zusammenfassung der Teilprozesse, welche dieselbe Maßgröße aufweisen

Da es sich bei der Materialbeschaffung um viele unterschiedliche Tätigkeiten handelt, liegen unterschiedliche Maßgrößen vor. Damit können lediglich Teilbereiche der Beschaffung zu einem Hauptprozess zusammengefasst werden, wenn die erste Methode angewandt wird.

Es werden nur die Teilprozesse zu dem Hauptprozess „Materialbeschaffung" aggregiert, welche die Maßgröße „Anzahl der zu bestellenden Positionen" aufweisen. Der Cost Driver des Hauptprozesses ist „Anzahl der zu bestellenden Positionen". Die Maßgrößen der Teilprozesse entsprechen dem Cost Driver des Hauptprozesses. Damit ist der Hauptprozesskostensatz kein Durchschnittswert, da sich die Kosten auf die gleiche Maßgröße beziehen. Die Teilprozesse „Warenannahme" und „Rechnungsprüfung" werden mit in den Hauptprozess einbezogen, da man davon ausgehen kann, dass die zu bestellenden Positionen der Anzahl der gelieferten und der in Rechnung gestellten Positionen entsprechen, dass also keine Teillieferungen oder -rechnungen erfolgen.

| Hauptprozess: Materialbeschaffung | | | | Cost Driver: Anzahl der zu best. Positionen | | | |
|---|---|---|---|---|---|---|---|
| Teilprozesse | KoSt | Maßgröße Anzahl der | Prozessmenge | Prozesskostensatz | Prozessumlage | Gesamtprozesskostens. | Prozesskosten in € |
| Bedarfsanforderung prüfen | 2210 | Positionen | 500.000 | 0,20 | 0,04 | 0,24 | 120.000 |
| Mat.-Nr. erstellen | 4260 | Positionen | 500.000 | 0,65 | 0,13 | 0,78 | 390.000 |
| Bestellung schreiben | 2210 | Positionen | 500.000 | 1,30 | 0,26 | 1,56 | 780.000 |
| Auftragsbestätigung prüfen | 2210 | Positionen | 500.000 | 0,20 | 0,04 | 0,24 | 120.000 |
| Warenannahme | 5210 | Positionen | 500.000 | 1,10 | 0,11 | 1,21 | 605.000 |
| Rechnungsprüfung | 1020 | Positionen | 500.000 | 0,20 | 0,08 | 0,28 | 140.000 |
| Gesamt | | Positionen | 500.000 | | | 4,31 | 2.155.000 |

Der Hauptprozess „Materialbeschaffung" kostet 4,31 € pro Bestellposition. Diese 4,31 € entsprechen der Summe der Spalte „Gesamtprozesskostensatz" oder lassen sich aus 2.155.000 € / 500.000 Positionen errechnen. Beide Vorgehensweisen führen zum gleichen Ergebnis. Die Interpretation kann wie folgt lauten: Wird eine Position bestellt, kostet die Beschaffung von der Überprüfung der Bedarfsanforderung bis zur endgültigen Rechnungsprüfung 4,31 €. Allerdings sind die Kosten für das Drucken und Versenden der Bestellung hierbei nicht erfasst.

Die Teilprozesse „Bestellung durchführen" und „Qualitätsprüfung" sind „unechte" Hauptprozesse, da sie lediglich aus einem Teilprozess bestehen und nicht durch Zusammenfassung mehrerer Hauptprozesse entstanden sind.

| Hauptprozess: Bestellung durchführen | | | | | | Cost Driver: Anzahl der Bestellungen | |
|---|---|---|---|---|---|---|---|
| Teilprozess | KoSt | Maßgröße | Prozess-menge | Prozess-kosten-satz | Prozess-umlage | Gesamt-prozess-kostens. | Prozess-kosten in € |
| Bestellung durchführen | 2210 | Anzahl der Bestellungen | 166.670 | 0,90 | 0,18 | 1,08 | 180.000 |

Der Hauptprozess „Bestellung durchführen" mit dem Cost Driver „Anzahl der Bestellungen" kostet 1,08 € pro Bestellung.

| Hauptprozess: Qualitätsprüfung | | | | | | Cost Driver: Anzahl zu prüfender Stücke | |
|---|---|---|---|---|---|---|---|
| Teilprozess | KoSt | Maßgröße | Prozess-menge | Prozess-kosten-satz | Prozess-umlage | Gesamt-prozess-kostens. | Prozess-kosten in € |
| Qualitätskontrolle | 5210 | Anzahl zu prüfende Stück | 750.000 | 0,20 | 0,02 | 0,22 | 165.000 |

Der Hauptprozess „Qualitätsprüfung" kostet 0,22 € für jedes zu prüfende Stück. Der Cost Driver ist „Anzahl zu prüfender Stücke".

Würde die Prämisse aufgehoben, dass die Anzahl der bestellten Positionen der Anzahl der gelieferten und der in Rechnung gestellten Positionen entspricht, müssten die Teilprozesse „Warenannahme" und „Rechnungsprüfung" als zwei weitere unechte Hauptprozesse berücksichtigt werden. Damit wird ersichtlich, dass bei strikter Anwendung der ersten Methode eine Vielzahl unechter Hauptprozesse entstehen kann.

(2)  Zusammenfassung der Teilprozesse nach der sachlichen Zugehörigkeit

Es ist meines Erachtens zu befürworten, die Teilprozesse, welche andere Maßgrößen aufweisen, aber logisch zum jeweiligen Hauptprozess gehören und die eine Arbeitsaufgabe erfüllen, mit in den Hauptprozess einzubeziehen. Da die Prozesskostenrechnung zum Ziel hat, das betriebliche Geschehen auf der Vorgangsebene zu behandeln, würde gegen diesen Grundsatz verstoßen werden, wenn ein Hauptprozess aufgrund verschiedener Maßgrößen der Teilprozesse „künstlich zerrissen" wird.

Der Hauptprozess „Materialbeschaffung" wird im Beispiel durch den Cost Driver „Anzahl der zu bestellenden Positionen" bestimmt. Durch diese Vorgehensweise werden die unterschiedlichen Einflussfaktoren der Gemeinkostenentstehung auf einen Einflussfaktor beschränkt. Dieser Cost Driver ist ohnehin die Maßgröße der Teilprozesse: „Bedarfsanforderung prüfen", „Bestellung schreiben", „Auftragsbestätigung prüfen", „Materialstammsatznummer erstellen". Die Teilprozesse „Warenannahme" und „Rechnungsprüfung" gehören sachlich mit zu dem Hauptprozess „Materialbeschaffung". Der Cost Driver „Anzahl der zu bestellenden Positionen" gilt für diese Teilprozesse unter der Prämisse, dass die Positionen auf dem Lieferschein und auf der Rechnung der Anzahl der zu bestellenden Positionen entsprechen. Wie oben bereits erwähnt, ist dies nicht der Fall, wenn Teilmengen geliefert und gesondert in Rechnung gestellt werden.

Die Teilprozesse „Bestellung durchführen" und „Qualitätsprüfung" stehen in einem sachlichen Zusammenhang mit dem Hauptprozess „Materialbeschaffung". Die Bestellung zu drucken, zu versenden und abzulegen gehört zweifelsfrei mit zur Aufgabe Material zu beschaffen. Die Prüfung der gelieferten Ware stellt sicher, dass die Produkte in ordnungsgemäßem Zustand geliefert wurden. Somit gehört dieser Teilprozess ebenso zur Materialbeschaffung. Es wird an diesen beiden Beispielen deutlich, dass bei strikter Anwendung der ersten Methode der sachliche Zusammenhang des Hauptprozesses nicht mehr gewahrt werden kann, da entscheidende Teilprozesse nicht mit berücksichtigt werden dürfen.

Entsprechend den Anforderungen an den Cost Driver besteht eine proportionale Beziehung zwischen den Prozessgemeinkosten und dem Cost Driver. Zumindest in langfristiger Sicht sind alle Teilprozesse von der Anzahl der zu bestellenden Positionen abhängig. Auch die Prozessgemeinkosten für das Versenden der Bestellung und die Qualitätsprüfung sind in einem längeren Zeitraum abhängig von der Positionsanzahl. Die Anzahl der zu bestellenden Positionen bestimmt also wesentlich die Kosten des Hauptprozesses „Materialbeschaffung". Diese Größe ist geeignet, das Kostenverhalten aller Teilprozesse des Hauptprozesses hinreichend genau zu beschreiben. Der Cost Driver „Anzahl der zu bestellenden Positionen" ist leicht meßbar und aus dem Datenverarbeitungssystem ableitbar. Allerdings repräsentiert er die Kostenabhängigkeiten nur pauschal, da alle Teilprozesskosten addiert werden.

Die Teilprozesse „Angebote einholen" und „Lieferantenauswahl" werden zu einem gesonderten Hauptprozess „Angebotsbearbeitung" zusammengefasst. Diese beiden Teilprozesse gehören nicht mit in den Hauptprozess „Materialbeschaffung", da nicht bei jedem Zukauf von Material oder Leistungen Angebote eingeholt werden müssen. In den meisten Fällen bestehen feste Beziehungen zu Lieferanten. Beide Teilprozesse weisen die Maßgröße „Anzahl der Angebote" auf. Diese Maßgröße ist gleichzeitig der Cost Driver für den Hauptprozess „Angebotsbearbeitung". Bei diesem Hauptprozess wird deutlich, dass sich erste und zweite Methode entsprechen können - es werden Teilprozesse zu Hauptprozessen zusammengefasst, die dieselbe Maßgröße aufweisen und die sachlich zusammengehören.

| Hauptprozess: Materialbeschaffung | | | | | | Cost Driver: Anzahl der zu best. Positionen | |
|---|---|---|---|---|---|---|---|
| Teilprozesse | KoSt | Maßgröße Anzahl der | Prozess-menge | Prozess-kosten-satz | Prozess-umlage | Gesamt-prozess-kostens. | Prozess-kosten in € |
| Bedarfsanforderung prüfen | 2210 | Positionen | 500.000 | 0,20 | 0,04 | 0,24 | 120.000 |
| Mat.-Nr. erstellen | 4260 | Positionen | 500.000 | 0,65 | 0,13 | 0,78 | 390.000 |
| Bestellung schreiben | 2210 | Positionen | 500.000 | 1,30 | 0,26 | 1,56 | 780.000 |
| Bestellung durchführen | 2210 | Bestellungen | 166.670 | 0,90 | 0,18 | 1,08 | 180.000 |
| Auftragsbestätigung prüfen | 2210 | Positionen | 500.000 | 0,20 | 0,04 | 0,24 | 120.000 |
| Qualitätsprüfung | 5210 | zu prüfenden Stück | 750.000 | 0,20 | 0,02 | 0,22 | 165.000 |
| Warenannahme | 5210 | Positionen | 500.000 | 1,10 | 0,11 | 1,21 | 605.000 |
| Rechnungsprüfung | 1020 | Positionen | 500.000 | 0,20 | 0,08 | 0,28 | 140.000 |
| Gesamt | | Positionen | 500.000 | | | 5,00 | 2.500.000 |

Der Hauptprozess „Materialbeschaffung" kostet 5,00 € pro Bestellposition (2.500.000 € / 500.000 Positionen). Eine Addition der Gesamtprozesskostensätze ist bei dieser Methode übrigens nicht möglich, da abweichende Maßgrößen zugrunde gelegt werden. Wenn 100 Stück des gleichen Teils bestellt werden, kostet die Materialbeschaffung 0,05 € pro Stück. Durch diese Vorgehensweise sind Produkte, für die viele unterschiedliche Materialien beschafft werden müssen, höher mit Materialgemeinkosten belastet. Dadurch ist die Verrechnung der Gemeinkosten entsprechend der Inanspruchnahme der betrieblichen Ressourcen gesichert.

| Hauptprozess: Angebotsbearbeitung | | | | | | Cost Driver: Anzahl Angebote | |
|---|---|---|---|---|---|---|---|
| Teilprozesse | KoSt | Maßgröße Anzahl der | Prozess-menge | Prozess-kosten-satz | Prozess-umlage | Gesamt-prozess-kostens. | Prozess-kosten in € |
| Angebote einholen | 2210 | Angebote | 750.000 | 0,80 | 0,16 | 0,96 | 720.000 |
| Lieferantenauswahl | 2210 | Angebote | 750.000 | 0,10 | 0,02 | 0,12 | 90.000 |
| Gesamt | | | 750.000 | | | 1,08 | 810.000 |

„Anzahl der Angebote" ist der Cost Driver für den Hauptprozess „Angebotsbearbeitung". Der Hauptprozess kostet für die geplanten 750.000 einzuholenden Angebote 810.000 €. Das bedeutet, die Einholung und die Auswertung verursacht 1,08 € Gemeinkosten pro Angebot.

## 3.2.7 Kostenträgerkalkulation mit Prozesskosten

### 3.2.7.1 Methodik der prozessorientierten Kalkulation

Vorgehensweise der Produktkalkulation

Im siebten Schritt erfolgt die Kalkulation der Kostenträger anhand der ermittelten Plan-Prozesskosten bzw. Prozesskostensätze. Die prozessorientierte Kalkulation hat das Ziel, möglichst viele indirekte Kosten **prozessanteilig** den jeweiligen Produkten bzw. Leistungen zuzurechnen; die übrigen Kosten, die nicht prozessanteilig zugerechnet werden können, werden analog zur traditionellen Vollkostenrechnung durch **pauschale Zuschläge** auf eine Wertbasis, z.B. Einzel- oder Herstellkosten, dem Erzeugnis zugerechnet.

Im Allgemeinen wird für die prozessorientierte Kostenträgerstückrechnung eine Variante der differenzierenden **Zuschlagskalkulation** verwendet. Zuordnungskriterium sind die Prozesskostensätze und die Anzahl der benötigten und verrechneten Prozesse.

Als Datenbasis können im Rahmen der prozessbezogenen Kalkulation entweder die **Teilprozesskostensätze** oder die über die Hauptprozessverdichtung ermittelten **Hauptprozesskostensätze** herangezogen werden. Da bestimmte ablaufbedingte Einflüsse mit Hilfe der Hauptprozesskalkulation, die lediglich die Durchschnittswerte des Gesamtspektrums widerspiegelt, nicht abgebildet werden können, sind manchmal für die Realisierung der prozessbezogenen Kalkulation die Teilprozesskostensätze vorteilhafter (vgl. hierzu Hardt, R.: Logistik-Controlling für industrielle Produktionsbereiche auf der Basis der Prozeßkostenrechnung am Beispiel der Mercedes-Benz AG, S.203).

Formal hat die prozessorientierte Kalkulation folgendes Aussehen (vgl. auch Glaser, H.: Prozeßkostenrechnung, S.282 f.):

> Prozesskosten je Einheit = Plan-Prozesskostensatz * Plan-Prozesskoeffizienten

Die pro Einheit eines bestimmten Erzeugnisses auszuweisenden Prozesskosten im Sinne prozessbezogener Stückkosten errechnen sich durch Multiplikation des Plan-Prozesskostensatzes mit einem Plan-Prozesskoeffizienten. Der geplante Prozesskoeffizient gibt die pro Produkteinheit benötigte Prozessmenge hinsichtlich des betrachteten Prozesses an. Im Mittelpunkt dieser Betrachtung steht somit die Definition von Beziehungszusammenhängen zwischen Produkt und den dafür erforderlichen Prozessen.

Bei der **amerikanischen Version der Prozesskostenrechnung** wird im Zusammenhang mit der Festlegung der Prozessinanspruchnahme seitens eines Erzeugnisses in der Regel eine direkte bzw. isolierte Beziehung zwischen der jeweils benötigten Prozessmenge und dem Los bzw. der Ausbringungsmenge eines bestimmten Erzeugnisses unterstellt (vgl. Glaser, H.: Prozeßkostenrechnung, S.282):

$$\text{Prozesskoeffizient} = \frac{\text{Prozessmenge}}{\text{Losgröße}}$$

Multipliziert mit dem Prozesskostensatz ergibt sich:

$$\text{Prozesskosten} = \text{Prozesskostensatz} * \frac{\text{Prozessmenge}}{\text{Losgröße}}$$

Das nachstehende Beispiel möge die Zusammenhänge verdeutlichen.

Beispiel: Direkte Prozesskalkulation

| | |
|---|---|
| Prozess: | Materialausgabe |
| Kostentreiber: | Anzahl der Produktionsläufe |
| Prozesskostensatz: | 100 € pro Produktionslauf |
| Ausbringungsmenge von Produkt X: | 5.000 Stück |
| Anzahl der Produktionsläufe (Lose) Zwecks Erstellung der 5.000 Stück: | 5 |

Prozessbezogene Stückkosten = 100 € * 5 / 5.000 Stück = 0,1 €

Im einfachsten Fall, nämlich dann, wenn zur Erstellung eines Loses genau eine Prozesseinheit, z.B. eine Materialausgabe benötigt wird, gilt für den Plan-Prozesskoeffizienten:

$$\text{Prozesskoeffizient} = \frac{1}{\text{Losgröße}}$$

Gemäß dieser amerikanischen Version erfolgt für jedes Erzeugnis eine unmittelbare Kalkulation, d.h. eine Kalkulation, die hinsichtlich der jeweils ausgewiesenen Prozessinanspruchnahme ausschließlich auf den Produktionsdaten des betreffenden Produktes basiert.

Beispiel: Prozessorientierte Produktkalkulation am Beispiel „Materiallager"

Die gesamten Prozesskosten für die Kostenstelle 587 „Materiallager" betragen 1.400.000 €. Diese setzen sich aus Personal-, Energie-, Raum- und Büromaterialkosten zusammen. Die Aufteilung der gesamten Kosten auf die einzelnen Teilprozesse und die dazugehörigen Prozesskostensätze kann man der nachstehenden Tabelle entnehmen.

| Kostenstelle: 587 „Materiallager" | | | | | |
|---|---|---|---|---|---|
| Teilprozesse | lmi | Maßgröße (pro Jahr) | Prozessmenge (Anzahl) | Prozesskosten (€) | Prozesskostensatz (lmi) |
| Annahme und Einlagerung von Rohstoffen | lmi | Anzahl einzulagernder Paletten | 20.000 | 400.000 | 20 €/Pal. |
| Annahme und Einlagerung von Hilfs- und Betriebsstoffen | lmi | Anzahl einzulagernder Paletten | 10.000 | 300.000 | 30 €/Pal. |
| Annahme und Einlagerung von Zukaufteilen | lmi | Anzahl einzulagernder Paletten | 5.000 | 200.000 | 40 €/Pal. |
| Warenausgabe | lmi | Anzahl der Produktionsläufe | 5.000 | 500.000 | 100 €/Lf. |
| Summe | | | | 1.400.000 | |

Für ein Produkt X mit der geplanten Ausbringungsmenge von 10.000 Stück pro Jahr werden folgende Annahmen getroffen:

Paletten mit Rohstoffen pro Jahr: 50 Paletten
Paletten mit Hilfs- und Betriebsstoffen pro Jahr: 20 Paletten
Paletten mit Zukaufteilen pro Jahr: 30 Paletten
Produktionsläufe pro Jahr: 20 Läufe

Ausgangsbasis für die Produktkalkulation sind die in der obigen Tabelle angegebenen Prozesskalkulationssätze. Es ergeben sich folgende Prozessgesamtkosten für Produkt X:

| Prozess | Einheiten | Kostensatz | Kostenanteil |
|---|---|---|---|
| Paletten mit Rohstoffen | 50 Pal./Jahr | 20 €/Pal. | 1.000 €/Jahr |
| Paletten mit Hilfs- und Betriebsst. | 20 Pal./Jahr | 30 €/Pal. | 600 €/Jahr |
| Paletten mit Zukaufteilen | 30 Pal./Jahr | 40 €/Pal. | 1.200 €/Jahr |
| Produktionsläufe | 20 Lf./Jahr | 100 €/Lf. | 2.000 €/Jahr |
| | | | 4.800 €/Jahr |

4.800 €/Jahr / 10.000 Stück von X = 0,48 €/Stück

Das Ergebnis kann so interpretiert werden, dass zusätzlich zu den üblichen Einzelkosten des Produktes X noch weitere verursachungsgerechte Kosten kommen. Betrachtet man nur die indirekten Kosten aus dem Materiallager, so erhöhen sich die bisherigen Einzelkosten um 0,48 €/Stück.

Eine Verrechnung von leistungsmengenneutralen Prozesskosten, wie etwa „Materiallager leiten", ist im Beispiel nicht erfolgt. Sind derartige Tätigkeiten installiert, können sie entweder über einen Gesamtprozesskostensatz prozessanteilig berücksichtigt werden oder unverschlüsselt auf der Kostenstelle verbleiben und kostenstellenübergreifend verrechnet werden.

Die Kosten für die Inanspruchnahme leistungsmengeninduzierter Prozesse können über Teilenummern bzw. deren Teilestammsatz anhand von Stücklisten oder über Schätzungen der Inanspruchnahme dem Produkt als Einzelkosten direkt zugerechnet werden (vgl. Olshagen, Chr.: Prozeßkostenrechnung, S.55).

Das folgende Beispiel demonstriert noch einmal anschaulich die Unterschiede zwischen Zuschlagskalkulation und Prozesskostenkalkulation.

Beispiel: Vergleich Zuschlagskalkulation und Prozesskostenkalkulation

Ein Unternehmen bezieht die beiden Rohstoffe A und B. Von Rohstoff A werden 250.000 Stück zu einem Einstandspreis von 10 € und von Rohstoff B wird die gleiche Menge zu einem Preis von 100 € bestellt. Die Materialgemeinkosten betragen 2.500.000 €.

Aus den Informationen errechnen sich für die Zuschlagskalkulation Materialeinzelkosten in Höhe von 250.000 Stück * 10 € + 250.000 Stück * 100 € = 27.500.000 €. Daraus ergibt sich ein Materialgemeinkostenzuschlagssatz in Höhe von 2.500.000 € / 27.500.000 € ≈ 9,09 %. Die Zuschlagskalkulation hat damit folgendes Aussehen:

| Zuschlagskalkulation | Rohstoff A | Rohstoff B |
|---|---|---|
| Materialeinzelkosten | 10,00 € | 100,00 € |
| Materialgemeinkosten (9,09 %) | 0,91 € | 9,09 € |
| Materialkosten | 10,91 € | 109,09 € |

Bei der Prozesskostenkalkulation wird auf die zu bestellenden Positionen als Bezugsgröße zurückgegriffen. Diese betragen 250.000 Stück + 250.000 Stück = 500.000 Stück. Die Materialgemeinkosten pro bestelltem Stück belaufen sich also auf 2.500.000 € / 500.000 Stück = 5 €/Pos. Die Prozesskostenkalkulation hat demnach folgendes Aussehen:

| Prozesskostenkalkulation | Rohstoff A | Rohstoff B |
|---|---|---|
| Materialeinzelkosten | 10,00 € | 100,00 € |
| Materialgemeinkosten (5,00 € pro Pos.) | 5,00 € | 5,00 € |
| Materialkosten | 15,00 € | 105,00 € |

Aus dem Beispiel wird sofort der typische Fehler der Vollkostenrechnung deutlich. Weil in der Zuschlagskalkulation die Gemeinkosten mit immer den gleichen Sätzen verrechnet werden, hängt es ausschließlich von der Höhe der Zuschlagsbasis ab, wie viele Gemeinkosten auf einen Rohstoff entfallen. Aus den Zahlen und Ergebnissen der Kalkulation wird ebenfalls ersichtlich, dass teure Rohstoffe viel zu teuer und preiswerte Rohstoffe viel zu billig kalkuliert werden. In der prozessorientierten Kalkulation fließen dagegen die einzelnen Aktivitäten, die für die jeweilige Bestellung getätigt werden, mit ihren tatsächlichen Kosten ein. Eine ganz andere Frage bleibt selbstverständlich nach wie vor, ob man die so kalkulierte Preisstruktur zwischen Rohstoff A und B am Markt durchsetzen kann.

### Trennung von Volumen- und Variantenabhängigkeit

Die Besonderheit der **deutschen Version der Prozesskostenrechnung** liegt darin, dass neben produktionsvolumenabhängigen Kosten auch variantenabhängige Mehrkosten berücksichtigt werden können. Unter einer Variante versteht man eine Modifikation eines bereits bestehenden Produktes, um dadurch speziellen Kundenwünschen gerecht zu werden. Die dadurch entstehenden Mehrkosten werden als variantenabhängige Prozesskosten bezeichnet. Voraussetzung der Spaltung in volumen- und variantenabhängige Prozesskosten ist, dass man zumindest schätzen kann, wie viel Prozent der Plan-Prozesskosten durch die Menge und wie viel durch die Variantenzahl verursacht werden. Nach Maßgabe des jeweiligen Anteils werden einem Erzeugnis dann sowohl produktionsvolumen- als auch variantenabhängige Prozesskosten zugerechnet. Für die produktionsvolumenabhängigen Prozesskosten pro Einheit eines bestimmten Produktes gilt die folgende Bestimmungsgleichung:

$$\text{Volumenabhängige Prozesskosten} = \frac{\text{Prozessmenge} * \text{Volumenanteil} * \text{Prozesskostensatz}}{\text{Produktionsvolumen aller Varianten}}$$

Die variantenabhängige Berechnungsformel lautet:

$$\text{Variantenabhängige Prozesskosten} = \frac{\text{Prozessmenge} * \text{Variantenanteil} * \text{Prozesskostensatz}}{\text{Variantenanzahl} * \text{Mengenvolumen je Variante}}$$

Unter Beachtung der angeführten Relationen sind einem Erzeugnis hinsichtlich eines bestimmten Prozesses folgende prozessbezogene Stückkosten anzulasten:

$$\text{Prozesskosten je Einheit} = \text{volumenabh. Prozesskosten} + \text{variantenabh. Prozesskosten}$$

Ein Beispiel soll die Vorgehensweise verdeutlichen.

Beispiel: Prozessorientierte Produktkalkulation am Beispiel "Innerbetrieblicher Transport"

Ausgangssituation: geplant sind 3 Varianten A, B, C mit insgesamt 10.000 Stück
davon Variante A = 6.500 Stück
davon Variante B = 3.250 Stück
davon Variante C = 250 Stück

Auf Basis dieser geplanten Ausgangsmengen wird für jeden Teilprozess der volumen- und variantenabhängige Anteil der Planprozessmenge geschätzt. Die Ergebnisse kann man der folgenden Tabelle entnehmen.

| Kostenstelle: Innerbetrieblicher Transport | | | | |
|---|---|---|---|---|
| lmi-Prozess | Prozessmenge (Anzahl) | Prozesskostensatz | Prozentsatz der Abhängigkeit vom Produktionsvolumen | Prozentsatz der Abhängigkeit von der Variantenanzahl |
| Transport mit Gabelstapler | 1.100 | 500 | 25 % | 75 % |
| Manuelle Warenbereitstellung | 850 | 376,47 | 60 % | 40 % |

Quelle: In Anlehnung an Reichmann, Th.: Controlling mit Kennzahlen und Managementberichten, S.414

Beispielhaft soll der Produktkostenanteil bzw. der Kalkulationssatz für Variante A und Prozess „Transport mit Gabelstapler" vorgerechnet werden:

Kalkulationssatz Variante A: 1.100 Anzahl * 500 €/Anzahl * 0,25 = 137.500 €
137.500 € / 10.000 Stück = **13,75** €/Stück
1.100 Anzahl * 500 €/Anzahl * 0,75 = 412.500 €
412.500 € / 3 Varianten = 137.500 €
137.500 € / 6.500 Stück = **21,15** €/Stück

Die weiteren Kalkulationsergebnisse können der folgenden Tabelle entnommen werden.

| Kostenstelle: Innerbetrieblicher Transport | | |
|---|---|---|
| *Variante A* | *Variante B* | *Variante C* |
| 13,75 (25 %) + 21,15 (75 %) | 13,75 (25 %) + 42,31 (75 %) | 13,75 (25 %) + 550 (75 %) |
| 19,20 (60 %) + 6,56 (40 %) | 19,20 (60 %) + 13,13 (40 %) | 19,20 (60 %) + 170,66 (40 %) |
| 32,95 + 27,71 = **60,66** | 32,95 + 55,44 = **88,39** | 32,95 + 720,66 = **753,61** |

Quelle: In Anlehnung an Reichmann, Th.: Controlling mit Kennzahlen und Managementberichten, S.414

Aus dem Beispiel ist ersichtlich, dass die kalkulierten Gesamtkosten für den innerbetrieblichen Transport bei der Variante C mit geringer Stückzahl im Vergleich zu den beiden anderen Varianten erheblich höher sind.

Die leistungsmengenneutralen Prozesse wie „Leiten des Transports" und ihre Kosten werden in dem im Beispiel zugrunde liegenden Unternehmen nicht berücksichtigt. Lmn-Prozesse können entweder über die Prozessumlagesätze wertmäßig in der Kalkulation der Fabrikate Berücksichtigung finden oder auf einem Sammelkonto kostenstellenübergreifend zusammengefasst werden.

Erweiterung der Kosteneinflussgrößen

In der bisher vorgestellten Kalkulationsform sind Produktionsvolumen und Variantenzahl die wesentlichen Kosteneinflussgrößen für das Entstehen indirekter Kosten. Jedoch können in der prozessorientierten Kalkulation auch andere Abhängigkeitsbeziehungen abgebildet werden.

Hauptprozesskostenkalkulation

Analog zur beschriebenen Prozesskostenkalkulation der Teilaktivitäten kann auch zur Beantwortung der strategischen Fragen eine Hauptprozesskostenkalkulation durchgeführt werden. Im Rahmen der Hauptprozesskostenkalkulation werden – nach der ersten Methode – die Gesamtprozesskostensätze der Teilprozesse addiert, die in den jeweiligen

Hauptprozess eingehen. Bei der zweiten Methode müssen genauere Informationen über die Art und Menge der Kostentreiber der aggregierten Prozesse zusammengetragen werden (vgl. Schritt 6 bzw. Kapitel 3.2.6.2 und 3.2.6.3).

### 3.2.7.2 Wirkungen der Prozesskostenrechnung

<u>Auswirkungen der Prozesskostenrechnung auf die Produktkalkulation</u>

Die Einführung der Prozesskostenrechnung führt i.d.R. zu einer grundlegenden **Verschiebung der Herstellkostenstrukturen**. Besonders betroffen sind davon Produktionen mit geringer Auflage und komplexen Produkten.

Bei der traditionellen Zuschlagskalkulation auf Basis von Wertgrößen werden Aufträge mit niedrigen Stückzahlen durch den konstanten Gemeinkostenzuschlagssatz pro Stück zu gering und Aufträge mit großen Stückzahlen zu hoch ausgewiesen. Tatsächlich verringern sich aber die Kosten für die Ressourcennutzung je Stück mit zunehmendem Volumen. Kostet die Abwicklung eines Auftrages beispielsweise 600 Euro, so fällt dieser Betrag bei einem Auftrag von einem Stück wie auch bei einer Bestellung von 1.000 Stück an.

<u>Übersicht 3/12</u>: Degressionseffekt in der Prozesskostenrechnung

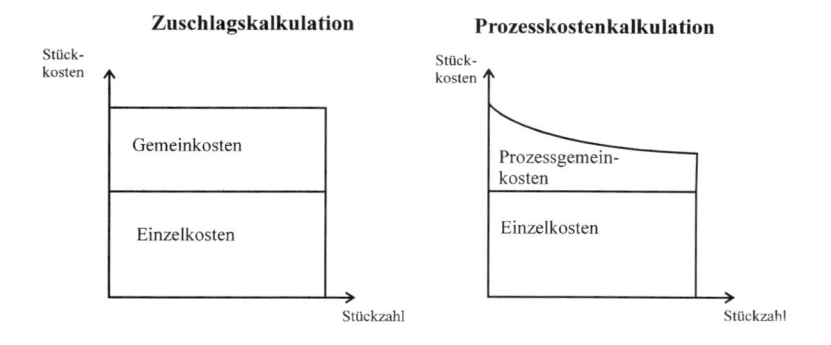

Mit Hilfe der Prozesskostenrechnung können diese Kostenverschiebungen transparent gemacht werden. Bei Teilen mit kleinen Auftragsstückzahlen kommen die gemeinkostentreibenden Faktoren in den Stückkosten entsprechend stärker zum Ausdruck. Umgekehrt verhält es sich mit großen Stückzahlen. Bei großen Stückzahlen errechnen sich im Vergleich zur traditionellen Zuschlagskalkulation insgesamt verringerte Voll-Herstellkosten (vgl. Olshagen, Ch.: Prozeßkostenrechnung, S.64 ff.). Dieser Effekt der prozessorientierten Kalkulation wird auch als **Degressionseffekt** bezeichnet (siehe auch Übersicht 3/12).

Der Degressionseffekt wird durch einen **Komplexitätseffekt** ergänzt (vgl. Grafik 3/13). Bei der Herstellung von komplexen Produktvarianten ist gegenüber einfachen Erzeugnissen ein deutlich höherer Bedarf an gemeinkostenverursachenden Aktivitäten erforderlich. Nach der traditionellen Zuschlagskalkulation auf der Basis von Wertgrößen werden demnach Produkte mit hoher Komplexität zu billig und Produkte mit niedriger Komplexität zu teuer am Markt angeboten, so dass sich gravierende Fehlsteuerungen im Produktmix ergeben können. Der Ausweis von Komplexitätskosten kann also dazu beitragen, verlustträchtige Strategien zu vermeiden. Komplexe Teile werden durch Anwendung der Prozesskostenrechnung teurer und weniger komplexe Produkte preiswerter (vgl. Olshagen, Ch.: Prozeßkostenrechnung, S.62 f.).

Übersicht 3/13: Komplexitätseffekt in der Prozesskostenrechnung

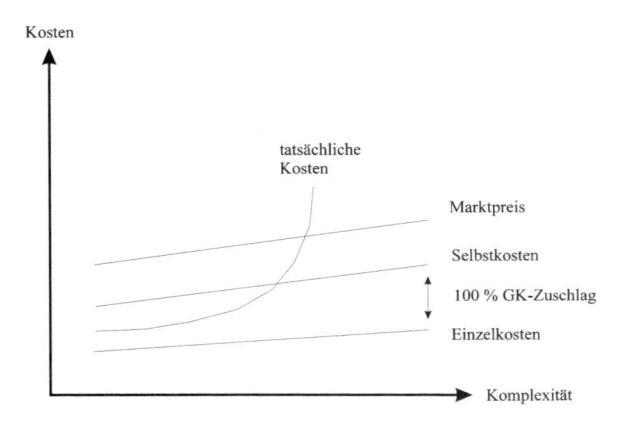

Quelle: In Anlehnung an Graßhoff, J.: Rechnungswesen und Controlling, S.344

Auswirkungen der Prozesskostenrechnung auf die Betriebsergebnisrechnung

Durch die verbesserte Gemeinkostenverrechnung werden die Kostenzuordnung und der Kostenfluss verändert. Daraus werden sich – bei unverändertem Gesamtergebnis – **Verschiebungen in den Positionen der Kostenträgerzeitrechnung** ergeben, aber auch Verlagerungen der Erfolge zwischen den einzelnen Erzeugnissen bzw. Erzeugnisgruppen.

Im Zuge der Prozesskostenrechnung werden oft Kostenbestandteile einbezogen, die üblicherweise zu den Verwaltungskosten zählen. Man denke nur an die Kosten der Debitorenbuchhaltung in der Prozesskette „Absatz" oder die Kosten der Kreditorenbuchhaltung in der Prozesskette „Beschaffung". Statt des Ausweises als Verwaltungsgemeinkosten werden sie im Rahmen der innerbetrieblichen Leistungsverrechnung mit Hilfe der Prozesskostenrechnung in die Herstellkosten bzw. in die Vertriebskosten verlagert. Hinsichtlich der Bilanzierung und handelsrechtlichen Bestandsbewertung ist in einem solchen Fall übrigens sicherzustellen, dass alle nicht aktivierungsfähigen Kostenanteile aus den Herstellungskosten eliminiert werden.

## 3.3 Die Prozesskostenrechnung als Instrument des Gemeinkostenmanagements

Ziele des Gemeinkostenmanagements

Das Gemeinkostenmanagement soll als gezieltes Einwirken auf die Erkennbarkeit, die Höhe, den Verlauf und die Struktur der in dem betrachteten Unternehmen anfallenden Gemeinkosten verstanden werden. Die Ziele liegen also darin, die **Kosten transparent zu machen**, **Kostenreduzierungspotenziale zu identifizieren** und die **Gemeinkosten im Unternehmen dauerhaft zu senken**. Dies geschieht dadurch, dass die im Unternehmen anfallenden Tätigkeiten in sogenannte *value und nonvalue activities* differenziert werden.

> Unter **value activities** sind diejenigen Aktivitäten zu verstehen, die den vom Kunden gewünschten Nutzen schaffen.

Diese Tätigkeiten sind für ein Unternehmen kritische Aktivitäten, da sie mitentscheidend für die Höhe der Gesamtkosten sind. Hingegen sind mit nonvalue activities solche Tätigkeiten zu beschreiben, die nicht unmittelbar einen Beitrag zur betrieblichen Wertschöpfung leisten. Ein Beispiel ist die Lagerhaltung.

> Unter **nonvalue activities** sind diejenigen Aktivitäten zu verstehen, die keinen direkten Beitrag zur betrieblichen Wertschöpfung leisten.

Zur nachhaltigen Sicherung der Wettbewerbsfähigkeit sind im Rahmen der Prozesskostenrechnung identifizierte nonvalue activities gezielt zu reduzieren bzw. zu eliminieren. Unterstützend kann dabei gegebenenfalls auf die Ergebnisse einer *Gemeinkostenwertanalyse* oder des *Zero-Base-Budgeting* aufgebaut werden.

Es ist jedoch wichtig, die indirekten Leistungsbereiche nicht einseitig als Gemeinkostenverursacher zu tadeln, sondern sie auch als Leistungserbringer zu sehen. Sie können eine ebenso wichtige Quelle von Wettbewerbsvorteilen darstellen wie die direkten Leistungsbereiche. Man denke nur an verbesserte Serviceleistungen und Qualität oder Lieferflexibilität. Das Ziel der Maßnahmen besteht also vielmehr darin, eine Optimierung der Infrastruktur der Unternehmung hinsichtlich des dazugehörigen **Kosten-/Nutzenverhältnisses** anzustreben und ein **effizienten Ressourcenverbrauch** sicherzustellen. Leider kommt es in der betrieblichen Praxis viel zu häufig vor, dass Kosteneinsparungen durchgeführt werden, ohne vorher festzustellen, ob die Einsparungen überhaupt sinnvoll sind: „Sparen, koste es, was es wolle".

### 3.3.1 Bildung und Auswertung prozessorientierter Kennzahlen

Begriffsabgrenzung „Kennzahlen"

Unter Kennzahlen (oder Kennziffern) werden betriebswirtschaftlich relevante, konzentrierte Informationen in Form von Grund- oder Verhältniszahlen mit einem betriebswirtschaftlichen Erkenntniswert verstanden. Der Zweck der Kennzahl ist die Erhöhung der Transparenz des Unternehmensgeschehens und eine verbesserte Beurteilung der Unternehmenssituation. Kennzahlen generieren grundsätzlich keine neuen Informationen, sondern konzentrieren eine unübersehbare Anzahl von betriebswirtschaftlichen

Daten auf eine überschaubare und informative Menge von für die Betriebsanalyse relevanten Größen. Mit Hilfe von Kennzahlen lassen sich Prozesse expost beschreiben oder exante festlegen.

Kritik an traditionellen Kennzahlen

In der Vergangenheit konzentrierte sich die Kennzahlenbildung auf finanzielle Größen wie Gewinn oder Umsatzerlöse. Kritisch zu betrachten ist, dass diese Größen von multikausaler Natur sind und sich als Aggregat verschiedener Faktoren entwickeln. Sie geben zwar Ausdruck über Erfolg oder Misserfolg der gesamten unternehmerischen Tätigkeit in einer Periode, der Einfluss einzelner Aktivitäten und deren gegenseitige Abhängigkeiten werden jedoch nicht erkennbar.

Nicht selten unterliegen heute noch viele Manager dem Irrtum, dass ein guter Gewinn auch gleichzeitig ein Beweis für Wirtschaftlichkeit und Produktivität ist. Um einer Irreführung zu entgehen, bedarf es einer Ursachenforschung, bei der alle Prozesse entlang der Wertschöpfungskette eines Unternehmens und die eingesetzten Ressourcen analysiert und zu der erbrachten Leistung in Beziehung gesetzt werden. Diesem Ziel folgend werden allerdings zusätzliche Kennziffern, die nicht im klassischen Katalog der Bilanz-Kennzahlen zu finden sind, benötigt.

Prozessorientierte Kennzahlen

Da beim Aufbau der Prozesskostenrechnung neben den Kosten zusätzliche Prozessmerkmale wie beispielsweise die Qualität und die Zeit erfasst werden, ist die Bildung entsprechender nicht-finanzieller bzw. prozessorientierter Kennzahlen denkbar. Dazu gehören beispielsweise Kennziffern zur Termintreue, zu Reklamationen, zur Prozessgeschwindigkeit, Auftragsdurchlaufzeit und Lieferzeit sowie zur Ressourcenauslastung. Dadurch wird zugleich die Basis für Betriebsvergleiche im Sinne des *Benchmarking* geschaffen.

In der Unternehmenspraxis werden bereits vielfältige prozessorientierte Kennzahlen eingesetzt. Eine beispielhafte Zusammenstellung prozessorientierter Kennzahlen unterschiedlicher Unternehmensbereiche zeigt die Tabelle 3/14.

Übersicht 3/14: Prozessorientierte Kennzahlen

| Bereich | Kennzahl | Bemerkungen |
|---|---|---|
| Einkauf | Bestellkosten je Sonderanfertigung ------- Bestellkosten je Standardteil | zeigt den überdurchschnittlichen Verwaltungsaufwand mit Sonderanfertigungen |
|  | Anzahl der bearbeiteten Angebote ------- Anzahl der Vertragsabschlüsse | gibt Hinweise auf die Intensität der Beschaffungsmarktbearbeitung |
| Produktion | Rüstzeit ------- Produktionszeit | liegt häufig schon im Rahmen einer Maschinenstundensatzrechnung vor |
|  | Kosten für Probeläufe ------- gepl. HK der Produktion | liefert wichtige Hinweise auf die Reife der Konstruktion |
| Vertrieb | Anzahl der Reklamationen ------- Anzahl der Auslieferungen | liefert wertvolle Hinweise zur Qualität und zur Kundenzufriedenheit |
|  | Anzahl der Kundenbesuche ------- Anzahl der Kundenaufträge | gibt Hinweise für die Außendienstplanung |
| Logistik | Anzahl der Materiallieferungen ------- Anzahl der Materialeinsätze in Prod. | hier zeigen sich Schwächen in der Disposition |
|  | Liegezeit eines Kundenauftrages ------- Durchlaufzeit bis Auslieferung | ist Ausdruck der Prozessoptimierung |
| Verwaltung | Anzahl der Rückfragen ------- Anzahl der Buchungen | gibt Hinweise auf Kontierungskenntnisse der Fachabteilungen |
|  | Anzahl der Kundenmahnungen ------- Anzahl der Kunden | zeigt die Zahlungsmoral der Kunden |

Der Einsatzschwerpunkt der prozessorientierten Kennzahlen liegt bisher noch auf den Produktivitätskennziffern. Sie sollen im Folgenden kurz vorgestellt werden.

Kennziffern zur Produktivität

Qualifizierte Kostentreiber, denen repetitive und homogene Vorgänge zugrunde liegen, eignen sich besonders als Produktivitätsmaßstab. Mit der Gegenüberstellung von Ressourcen-Input und Leistungs-Output wird eine im Gemeinkostenbereich bisher nicht sehr verbreitete Messung der Produktivität möglich.

Die Produktivität lässt sich in allgemeiner Form und im Rahmen der Prozesskostenrechnung wie folgt ermitteln:

$$\text{Produktivität} = \frac{\text{Output}}{\text{Input}} \text{ oder } \frac{\text{Prozessmenge}}{\text{Prozesskosten}}$$

Dem zweiten Quotienten in der abgedruckten Gleichung liegt die Überlegung zugrunde, dass der Input der betrieblichen Prozesse in den Kosten der verbrauchten Ressourcen, z.B. Personal oder Maschinen, zu sehen ist und der entsprechende Output in der erbrachten Leistung, die über die Prozessmenge quantifiziert werden kann.

Betrachtet man die zweite Definition der Produktivität genauer, so stellt man fest, dass diese auch durch den – bereits weiter oben angesprochenen – Prozesskostensatz bestimmt werden kann. Zur Erinnerung sei die Ermittlung des Prozesskostensatzes für leistungsmengeninduzierte Prozesse noch einmal aufgeführt.

$$\text{Prozesskostensatz} = \frac{\text{Prozess-Gesamtkosten}}{\text{Menge der Prozess-Bezugsgröße}}$$

Demnach ergibt sich für die Produktivität:

$$\text{Produktivität} = \frac{1}{\text{Prozesskostensatz}}$$

Mit Hilfe der Prozesskostensätze können also die betriebsinternen Tätigkeiten einer Produktivitätsanalyse unterzogen werden, da der Kehrwert des Prozesskostensatzes die Produktivität angibt. Produktivitätskennzahlen können auf Teil- und Hauptprozessebene gebildet werden und ermöglichen somit auch eine abteilungsübergreifende Analyse.

Die Bedeutung der Produktivitätskennziffern ist vorrangig darin zu sehen, dass sich die Reduzierung der Komplexität und die Entflechtung von Prozessen oft zuerst in einer Produktivitätssteigerung zeigt. Das Management erhält so erste Signale für das Wirksamwerden einzelner Steuerungsmaßnahmen.

### 3.3.2 Prozessorientierte Kostenkontrolle

Vergleichsmaßstäbe

Die prozessbezogenen Kalkulationssätze und Kennzahlen können ohne geeignete Beurteilungs- bzw. Vergleichsmaßstäbe keine Hinweise zur Kontrolle und letztendlich zur Steuerung der Gemeinkosten liefern. Als Vergleichsmaßstäbe kommen – wie in der traditionellen Kennzahlenanalyse – Zeitvergleiche, Objektvergleiche und Soll-Ist-Vergleiche in Frage.

Zeitvergleiche

Durch Zeitvergleiche werden Tendenzen hinsichtlich der Entwicklung einzelner Prozesse erkennbar, indem Kennziffern ausgewählter betrieblicher Prozesse in gleichmäßigen Zeitabständen gebildet und miteinander verglichen werden. Dadurch erhält man eine Art *Frühwarnsystem*, mit dessen Hilfe potenzielle Schwierigkeiten frühzeitig erkannt werden können und welches Hinweise auf mögliche Rationalisierungspotenziale gibt. Durch Zeitvergleiche einzelner Kennzahlen erhält man ebenfalls die Möglichkeit der Überwachung und gegebenenfalls der Korrektur von bereits getroffenen Maßnahmen. Dabei kann die konkrete Wirkung der Maßnahmen und die Geschwindigkeit des Wirksamwerdens analysiert werden.

Objektvergleiche

Eine weitere Möglichkeit prozessorientierte Kennzahlen zu analysieren, bietet sich in Form von Objektvergleichen – der Ausdruck *Quervergleiche* ist hier allerdings passender. Mit Quervergleichen können Kennzahlen von Prozessen mit gleichen oder ähnlich gearteten Tätigkeiten in anderen Betriebsteilen oder Betrieben verglichen werden. Im Sinne des *Benchmarking* kann man dabei den Abstand zum „Branchenprimus" identifizieren und erhält wertvolle Anhaltspunkte zur Beurteilung der Effizienz der betrieblichen Prozesse. Durch ein solcher Gegenüberstellen der Kennziffern gleicher oder ähnlicher Prozesse können somit Hinweise auf die Ressourcenbeanspruchung einzelner Prozesse gewonnen und durch gezielte Steuerungsmaßnahmen schrittweise abgebaut werden.

Soll-Ist-Vergleiche

Die dritte Vergleichsmöglichkeit stellt der Soll-Ist-Vergleich dar. Die im Rahmen des Soll-Ist-Vergleichs benötigten Sollzahlen sind Vorgabezahlen, die aufgrund von Normalisierungen, Optimierungen, Simulationen oder empirisch ermittelten Richtwerten gebildet werden können. Der Soll-Ist-Vergleich ist somit ein Verfahren zur Beurteilung der Übereinstimmung von Zielsetzungen (Sollzahlen) und Zielerreichung (Istzahlen).

In den folgenden Ausführungen wird schwerpunktmäßig der Soll-Ist-Vergleich untersucht.

Erfassung und Aufspaltung der Istkosten

Voraussetzung für eine prozessorientierte Kostenkontrolle ist die Erfassung der Istkosten je Aktivität. Diese Istkosten können dann, z.B. in bekannter Weise mit den Plankosten der Prozesskostenrechnung, verglichen und anschließend ausgewertet werden.

Ein Problem besteht allerdings darin, dass die klassische Istkostenerfassung in erster Linie verantwortungsbezogen, also auf Kostenstellenebene, erfolgt, die Teil- oder Hauptprozesse sich aber nicht mit dieser Einteilung decken. Daher ist es notwendig die Kostenstellenkosten auf die dort stattfindenden Teilprozesse aufzuspalten und diese Teilprozesse auf Hauptprozesse zu verdichten.

Die Aufspaltung der Kostenstellenkosten auf die Teilprozesse kann auf zwei Arten erfolgen:

1. Am genauesten wäre die **doppelte Kontierung** der Kosten auf Kostenstellen und Teilprozesse. Dieses scheitert aber oft an dem zu treibenden hohen Aufwand.

2. Damit die Kosten nicht zweimal erfasst werden müssen, kann auch eine Umwertung der Kostenarten einer Kostenstelle auf Teilprozesse erfolgen, d.h., die Kostenarten der Kostenstellen werden prozentual auf die Kostenarten der Teilprozesse aufgeteilt. Dieses wäre der einfachste Weg der Zurechnung, wirft aber das Problem der **Schlüsselung** mit all seinen Unwägbarkeiten auf.

Moderne Prozesskostenrechnungssysteme unterstützen beide Varianten der Aufspaltung (vgl. Schauenberg, U.: Die Prozeßkostenrechnung, S.222).

Abweichungsebenen

Eine prozessorientierte Kostenkontrolle kann entweder kostenstellenbezogen oder hauptprozessbezogen durchgeführt werden. Während bei **kostenstellenbezogener Betrachtung** Soll-Ist-Vergleiche einzelner Kostenarten durchgeführt werden, werden bei **hauptprozessbezogener Betrachtung** sachlich zusammengehörige Aktivitäten kostenstellenübergreifend analysiert.

Abweichungsursachen

Eine Abweichung der Prozesskosten kann durch planungs-, kontroll- oder prozessbedingte Ursachen entstehen. **Planungs- und kontrollbedingte Abweichungen** entstehen durch Ungenauigkeiten und Fehler bei der Planung, Kontrolle und Abweichungsanalyse. Diese sind so weit wie möglich zu eliminieren, da sie sonst das Ergebnis der Abweichungsanalyse verzerren. **Prozessbedingte Abweichungen** hingegen sind auf die im Unternehmen ablaufenden Prozesse zurückzuführen. Diese gilt es im Rahmen der prozessorientierten Kostenkontrolle zu identifizieren und zu analysieren.

Kontrollrhythmus

Da die Prozesskostenrechnung langfristige Entscheidungen unterstützen soll, wird als Kontrollrhythmus ein größerer Zeitraum als ein Monat vorgeschlagen. In der Literatur werden Zeitabschnitte von **Quartalen, Halbjahren und Jahren** genannt.

Für eine exakte Abweichungsanalyse ist es aber wichtig, dass **Planungszeitraum und Kontrollzeitraum** übereinstimmen.

Vorgehensweise beim prozessorientierten Soll-Ist-Vergleich

Über die konkrete Vorgehensweise existieren in der Literatur unterschiedliche Ansätze, insbesondere herrscht Uneinigkeit darüber, welche Werte in einen Soll-Ist-Vergleich einzubeziehen und wie die einzelnen Abweichungen zu ermitteln sind. Unabhängig von dem Ablauf der Kostenkontrolle und der Ermittlung der Abweichungen muss aber stets der Vollkostencharakter der Prozesskostenrechnung beachtet werden.

Eine Möglichkeit des prozessorientierten Soll-Ist-Vergleichs soll im Folgenden vorgestellt werden. Die Kostenkontrolle und Abweichungsanalyse erfolgen hiernach analog zur flexiblen Plankostenrechnung. Wie auch dort wird bei der Prozesskostenrechnung zwischen **verschiedenen prozessbedingten Abweichungsursachen** unterschieden. Durch Gegenüberstellung der tatsächlichen und geplanten Prozessmengen, -kostensätze und -kosten lassen sich unterschiedliche Abweichungen ermitteln. Diese Abweichungen zeigen auf, wo unwirtschaftlich mit Ressourcen umgegangen wird und wo Anstrengungen zur Steigerung der Effizienz eingeleitet werden müssen.

Mengenabweichung

Die Mengenabweichung – gelegentlich auch *Beschäftigungsabweichung* genannt – errechnet sich durch Subtraktion der Ist-Prozessmenge von der Plan-Prozessmenge. Normalerweise ist diese Abweichung vom Kostenstellenleiter nicht zu vertreten. Man könnte die Verantwortung – wenn überhaupt – beim Vertrieb oder Management suchen.

> Mengenabweichung = Plan-Prozessmenge - Ist-Prozessmenge

Aufgrund der reinen Mengenbetrachtung zeigt eine solche Abweichung zunächst nur eine Differenz zwischen Plan- und Ist-Prozessmenge. Eine Kostenabweichung lässt sich hieraus noch nicht erkennen. Allerdings deutet eine solche Abweichung auf ungenutzte Kapazitäten hin. Ungenutzte Kapazitäten wiederum bedingen **Leerkosten**, die hinsichtlich eines effizienteren Einsatzes zu überprüfen sind.

> Ziel der **Analyse von Mengenabweichungen** ist es, vornehmlich Aufschluss über die Auslastung der indirekten Leistungsbereiche und damit Hinweise auf erforderliche Kapazitätsanpassungen zu erhalten.

Kapazitätsreduzierungen sollten allerdings nur dann erwogen werden, wenn Ist-Prozessmengen ausgeschlossen werden können, die erheblich über den festgelegten Plan-Prozessmengen liegen, um Qualitätseinbußen bei der Prozessdurchführung zu vermeiden (vgl.Glaser, H.: Prozeßkostenrechnung, S.282).

Im Übrigen ist zu beachten, dass sich durch eine Prozessmengenreduzierung nicht automatisch eine Verringerung der betrieblichen Gemeinkosten ergibt, da letztere überwiegend **Fixkostencharakter** haben. Dies gilt insbesondere für die Personalkosten. In der Regel fehlt es an einer kurzfristigen Beeinflussbarkeit der Gemeinkosten, langfristig können jedoch (fast) alle Kosten als variabel angesehen werden. Die Analyse der Mengenabweichung macht insofern Sinn.

Hinzu kommt das Problem, dass ein Abbau der meisten fixen Kosten aufgrund des **intervall-fixen Charakters** erst von einer bestimmten Grenze der Mengenabweichung ab möglich ist und auch bei weiteren Mengenreduzierungen nur stufenweise erfolgen kann. So können beispielsweise die Gehälter der Mitarbeiter der Gemeinkostenbereiche nicht in ihrer Höhe, sondern nur als Ganzes, d.h. mit dem Gehaltsempfänger, reduziert werden.

Wird durch die Prozesskostenanalyse beispielsweise festgestellt, dass in einem indirekten Bereich Überkapazitäten an Personal vorhanden sind, so können diese aber **in einen anderen Bereich versetzt** werden, der einen Mangel an Mitarbeitern aufweist. Ist zum Beispiel ein Mitarbeiter in der Auftragsabwicklung kurzfristig unterbeschäftigt, so kann er auch zur Reklamationsbearbeitung eingesetzt werden. Ist eine derartige Kapazitätsverschiebung nicht möglich oder handelt es sich um eine langfristige Unterauslastung, sollten Maßnahmen für einen sinnvollen Kapazitätsabbau durchgeführt werden, z.B. flexible Arbeitszeitmodelle oder Entlassungen.

Prozesskostensatzabweichung

Die erste Kostenabweichung, die sich ermitteln lässt, ist die sog. **Prozesskostensatzabweichung**. Die Prozesskostensatzabweichung ist die Differenz zwischen dem Ist- und Plan-Prozesskostensatz.

> Prozesskostensatzabweichung = Ist-Prozesskostensatz - Plan-Prozesskostensatz

Gesamtabweichung

Ausgangspunkt für die Ermittlung der Gesamtabweichung sind die **Plan-Prozesskosten**, die sich aus dem Produkt aus geplantem Prozesskostensatz und Plan-Prozessmenge zusammensetzen.

> Plan-Prozesskosten = Plan-Prozesskostensatz * Plan-Prozessmenge

Aus den Ist-Prozessmengen der Cost Driver werden retrograd die Soll-Prozesskosten ermittelt, denen dann die angefallenen Ist-Prozesskosten gegenübergestellt werden können. Die **Soll-Prozesskosten** ergeben sich insofern aus der Ist-Prozessmenge multipliziert mit dem geplanten Prozesskostensatz. Je nachdem, ob der lmi-Prozesskostensatz oder der Gesamtprozesskostensatz verwendet wird, errechnen sich die Soll-Prozesskosten auf Teil- oder Vollkostenbasis.

> Soll-Prozesskosten = Plan-Prozesskostensatz * Ist-Prozessmenge

Bei der **Gesamtabweichung** werden die Ist-Prozesskosten mit den Soll-Prozesskosten verglichen, wobei als Berechnungsgrundlage der Gesamtprozesskostensatz herangezogen wird.

> Gesamtabweichung = Ist-Prozesskosten - Soll-Prozesskosten auf Vollkostenbasis

Die Ist-Prozesskosten kommen – wie oben erwähnt – im Allgemeinen als Kostenstellensumme aus der Kostenrechnung. Sie werden in der Regel nicht auf die einzelnen Prozesse kontiert, sondern über die im Rahmen der Tätigkeitsanalyse ermittelte Aufteilung diesen einzeln zugeordnet.

Die Gesamtabweichung ist – wie der Name schon zum Ausdruck bringt – eine Gesamtabweichung, die sich nicht weiter in Beschäftigungsabweichung (nicht zu verwechseln mit der Mengenabweichung) und Verbrauchsabweichung aufteilen lässt, um bei den Begriffen der flexiblen Plankostenrechnung zu bleiben. Sie hat insofern Ähnlichkeit mit der Abweichungsanalyse der starren Plankostenrechnung.

Verbrauchsabweichung

Stellt man die Ist-Prozesskosten den Soll-Prozesskosten auf Teilkostenbasis gegenüber, erhält man die sog. **Verbrauchsabweichung**, die, da ausschließlich lmi-Prozesskostensätze herangezogen werden, analog zur flexiblen Plankostenrechnung zu interpretieren ist.

> Verbrauchsabweichung = Ist-Prozesskosten - Soll-Prozesskosten auf Teilkostenbasis

Wegen des Fixkostencharakters der indirekten Gemeinkosten, lassen sich auch hier kurzfristige Anpassungen kaum durchführen. Die Abweichungsanalyse soll daher in erster Linie bestehende Leerkapazitäten bzw. *Leerkosten* aufzeigen. Im Allgemeinen handelt es sich hierbei um nicht genutzte Mitarbeiterressourcen aufgrund des hohen Personalkostenanteils in den indirekten Bereichen.

Zur genaueren Ursachenanalyse ist eine **Aufschlüsselung der Verbrauchsabweichung auf jede Kostenart** wichtig. In der Gesamtbetrachtung kompensieren sich eventuell positive und negative Verbrauchsabweichungen bei den einzelnen Kostenarten, mit der Folge, dass Unwirtschaftlichkeiten unentdeckt bleiben. Die hier gemessenen Kostenabweichungen sind in der Regel vom Kostenstellenleiter zu verantworten. Allerdings gibt es auch Ausnahmen, die extern bedingt sind.

Verantwortlichkeiten für Prozesskosten

Für die durch den Soll-Ist-Vergleich ermittelten Abweichungen sind die **Kostenstellenleiter nur dann verantwortlich, wenn sie Einfluss auf die entstehenden Kosten haben**, z.B. über eine Koordination des Personaleinsatzes in Urlaubszeiten oder über Überstunden. Doch sind gerade in den indirekten Leistungsbereichen die Kostenremanenzen aufgrund des hohen Personalkostenanteils, z.B. Kündigungsfristen, besonders ausgeprägt. Schuldzuweisungen sind also nur sehr eingeschränkt möglich; im Übrigen auch nur wenig hilfreich.

Für eine effiziente Kontrolle der Hauptprozesse ist es ratsam, einen Prozessverantwortlichen – auch „**Process Owner**" genannt – einzusetzen, der sich für diese kostenstellenübergreifenden Vorgänge verantwortlich zeichnet. In der Unternehmenspraxis hat sich nämlich gezeigt, dass durch den Einsatz eines solchen „Process Owners", dem die Verantwortung für einen gesamten Prozess übertragen wurde, die Effizienz der Prozesse – hinsichtlich Zeit, Qualität und Kosten – erheblich gesteigert werden konnte.

> Abweichungen zwischen Soll- und Istwerten sind nur dann von den Kostenstellenleitern respektive Prozessverantwortlichen zu verantworten, wenn diese Einfluss auf die entstandenen Kosten nehmen konnten, was in Unternehmensbereichen mit hohen Fixkosten allerdings nur eingeschränkt der Fall ist.

Werkzeuge für die prozessorientierte Kostenkontrolle

Als Werkzeuge, die den Anforderungen einer leistungsfähigen, prozessorientierten Kontrolle gerecht werden, stehen beispielsweise **Workflow-Management-Systeme** zur Verfügung. Mit ihrer Hilfe werden die Istdaten der definierten Geschäftsprozesse gesammelt, zu aussagekräftigen Kennziffern verdichtet und anschließend den Solldaten gegenübergestellt. Die Daten beinhalten neben quantitativen Mengen- und Zeitangaben auch detaillierte Auswertungen über die beanspruchten Ressourcen wie Maschinen, Personal und Kapital. Eine derartige Prozessanalyse liefert also die Basis für die Prozesskosten- und Leistungsrechnung.

Eine automatisierte Abweichungsanalyse, verbunden mit der Aussage, ob die Istkosten zu hoch oder die entsprechenden Plankosten angemessen sind, kann auch die edv-gestützte Prozesskostenrechnung nicht bieten. Sie soll vielmehr **zu gezielten Prozessanalysen anregen**, indem sie einen messbaren Wert, z.B. den Prozesskostensatz, als Vergleichsmaßstab der Prozesskosten bereitstellt.

### 3.3.3 Nutzung von Prozesskostenrechnungsinformationen zur Verbesserung der Abläufe und Entscheidungsfindung

Die Ziele der Prozesskostenrechnung sind es, zum einen die Abläufe im Unternehmen zu optimieren und zum anderen die Entscheidungsfindung zu unterstützen, um somit Fehlentscheidungen zu vermeiden. Im Folgenden wird daher detaillierter auf die verschiedenen Möglichkeiten der Nutzung von Prozesskostenrechnungsinformationen zur Verbesserung der Abläufe und der Entscheidungsfindung im Unternehmen eingegangen.

#### 3.3.3.1 Optimierung der Prozesse

Ein wichtiges Einsatzfeld der Prozesskostenrechnung ist es, die Prozesse im Unternehmen hinsichtlich Zeit, Qualität und Kosten messbar zu machen und schließlich zu optimieren. Insbesondere die im Zuge der Prozesskostenrechnung durchzuführende Tätigkeitsanalyse kann helfen, nachstehende Fragen zu beantworten (vgl. Verband der Chemischen Industrie e.V.: Einsatzmöglichkeiten der Prozeßkostenrechnung in der Chemischen Industrie, S.126 f.):

- Auf welche Aktivitäten und Teilprozesse kann grundsätzlich verzichtet werden?
- Wie kann man die Prozessdauer merkbar reduzieren?
- Lässt sich die vorhandene Komplexität der Prozesse reduzieren?
- Können Schnittstellen und damit zusammenhängende Probleme und Redundanzen abgebaut werden?
- Kann die Prozessqualität bei gleichbleibender Prozessdauer und gleichbleibenden Porzesskosten erhöht werden?
- Welche Möglichkeiten bestehen, um die Prozesskosten ceteris paribus zu senken?
- Wie kann die Anzahl der prozessauslösenden Kostentreiber verringert werden?
- Lässt sich der DV-Einsatz innerhalb der gesamten Prozesskette verbessern?

Die drei fundamentalen Wettbewerbsfaktoren Zeit, Qualität und Kosten sollen im Folgenden noch einmal aufgegriffen werden.

Prozessdauer

Ein wichtiges Kriterium nach dem Unternehmen vom Kunden beurteilt werden, ist die Schnelligkeit der Leistungserstellung. Der Markt bestraft nicht nur zu lange Entwicklungs- und Produktionszeiten, sondern auch zu lange Durchlaufzeiten – Prozessdauer – in den indirekten Leistungsbereichen, z.B. von der Angebotserstellung bis zur Auftragsabwicklung.

> Unter der Durchlaufzeit eines Prozesses bzw. der **Prozessdauer** wird die gesamte Zeitspanne von der Eingangsschnittstelle bis zur Ausgangsschnittstelle eines (Teil-)Prozesses verstanden.

Ein Prozess beginnt mit der Entgegennahme einer Leistung aus einem vorgelagerten Prozess oder mit der Entgegennahme eines Auftrages. Er endet mit der Übergabe der Leistung an den nachgelagerten Prozess oder an den Endkunden.

Komponenten der Durchlaufzeit sind neben der reinen Bearbeitungszeit die **Liegezeiten**, die an den Prozessschnittstellen oder an einer beliebigen Stelle des Prozesses auftreten können, und die **Transferzeiten**, die durch den Transport der Waren und Informationen entstehen (vgl. Grafik 3/15). Auch die reine **Bearbeitungszeit** muss nicht immer produktiv, d.h. werterhöhend sein. Während die *werterhöhenden Aktivitäten* zusätzlichen Nutzen für den Kunden stiften und entsprechend entlohnt werden sollten, verursachen die *nicht werterhöhenden Aktivitäten*, wie z.B. Nachbesserung bei fehlerhaften Erzeugnissen, nur Kosten und sollten deshalb auf ein Minimum reduziert werden.

Übersicht 3/15: Komponenten der Prozessdauer

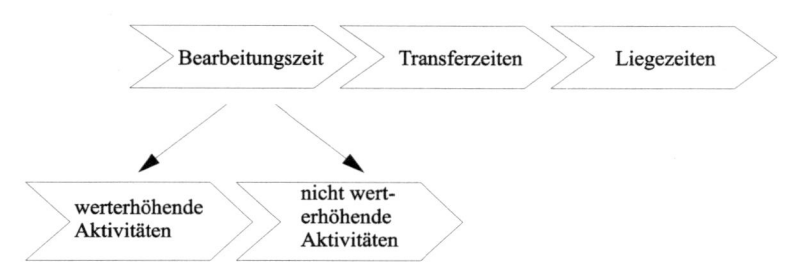

```
  Bearbeitungszeit  >  Transferzeiten  >  Liegezeiten

  werterhöhende       nicht wert-
  Aktivitäten         erhöhende
                      Aktivitäten
```

Beispiele aus der Unternehmenspraxis zeigen, dass die eigentliche wertsteigernde Bearbeitungszeit eines Prozesses, z.B. die tatsächliche Auftragsbearbeitung, oft nur bei rund 10 % der gesamten Prozessdauer liegt (vgl. Wäscher, D.: Komplexitäts- und Gemeinkostenmanagement, S.310). Der Rest entfällt auf unproduktive Liege- und Transferzeiten, die Folge von Unzulänglichkeiten, mangelndes Verantwortungsbewusstsein, schlechte Aufgabenverteilung, Warteschlangen oder sonstigen Störgrößen sein können, um nur einige Möglichkeiten anzusprechen.

Da die Prozesskostenrechnung per Definition wertkettenorientierte Kosteninformationen liefert, liegt es nahe, diese Informationen auch zur Analyse der Durchlaufzeit eines Prozesses heranzuziehen. Damit können Kostensenkungspotenziale gezielt aufgespürt und umgesetzt werden.

Prozessqualität

Die Prozessqualität bezeichnet die Fehlerrate eines Prozesses. Die Überprüfung der Prozessqualität erfolgt in zweierlei Hinsicht. Zum einen sind die Wünsche des nachgelagerten Prozessbeteiligten zu erfüllen, zum anderen ist eine Orientierung am Endkunden notwendig, weil er über den Absatzerfolg der kompletten Wertschöpfungskettte abschließend entscheidet. Je weniger Fehler in einem Prozess entstehen, desto höher ist der Nutzen für die Prozessbeteiligten bzw. den Endkunden.

Da die Prozesskostenrechnung **Transparenz hinsichtlich der aktivitätsorientierten Kosten und Leistungen** schafft, wird es möglich, sich am konkreten Leistungsbedarf des nachfolgenden Prozessbeteiligten und am konkreten Leistungsbedarf des Endkunden zu orientieren.

Die Prozessqualität steht im engen Zusammenhang mit der Prozessdauer. So bewirkt jede Nachbesserung der Prozessergebnisse zwangsläufig eine Erhöhung der Prozesszeit.

Prozesskosten

Die Prozessdauer und die Prozessqualität haben eine unmittelbare Auswirkung auf die Prozesskosten. Unnötige Prozessschritte und schlechte Prozessqualität führen zu erhöhten Prozesskosten.

Durch die erhöhte Prozesstransparenz und die entscheidungsrelevanten Kosteninformationen ermöglicht die Prozesskostenrechnung gezielt Kostentreiber und Schwachstellen im Ablauf zu erkennen und liefert somit erste Ansatzpunkte für Prozessverbesserungen.

### 3.3.3.2 Bildung interner Verrechnungspreise

Da die Prozesskostensätze die durchschnittlichen Kosten für die einmalige Inanspruchnahme eines Teil- bzw. Hauptprozesses wiedergeben, ist es möglich, die Prozesskostensätze als Verrechnungspreise für Leistungen im innerbetrieblichen Leistungsaustausch zu verwenden. Diese Verrechnungspreise werden daher parallel zu den Prozessen kalkuliert.

Die Aufgabe der indirekten Leistungsbereiche besteht darin, Dienste zu erbringen, die für die Entstehung des Endproduktes erforderlich sind und ansonsten von „außen" bezogen werden müssten. In der Unternehmenspraxis besteht jedoch häufig eine Diskrepanz zwischen den Wünschen der unternehmensinternen Nachfrager und den Möglichkeiten des internen Angebotes, da die internen Anbieter oftmals eine Monopolstellung genießen. Deshalb erscheint es zweckmäßig, den internen Nachfragern – dort wo es möglich ist – entgegenzukommen und eine „Eigenerstellung" und einen „Fremdzukauf" zuzulassen, um dadurch die unternehmensinternen Anbieter unter Wettbewerbsdruck zu setzen.

Die Prozesskostenrechnung kann nun helfen, mittels solcher Verrechnungspreise (Lenkpreise) *Make-or-Buy-Entscheidungen* zu fundieren. Notwendige Voraussetzung für eine Make-or-Buy-Entscheidung ist das Vorhandensein von vergleichbaren Marktpreisen. Für eine Vielzahl von innerbetrieblichen (nicht marktfähigen) Leistungen – wie z.B. Unternehmensleitung und Controlling – existieren leider keine vergleichbaren Marktpreise, was eine Effizienzbeurteilung erheblich erschwert. Für andere interne Dienstleistungen – wie z.B. Transport, EDV und Kantine – bietet die Prozesskostenrechnung allerdings eine wertvolle Orientierungshilfe, denn hier steht das Unternehmen in Anbetracht des unternehmensexternen Angebotes vor echten Make-or-Buy-Entscheidungen.

Neben einer Gegenüberstellung von Preisen und Kosten für eine Make-or-Buy-Entscheidung, sind allerdings auch unternehmenspolitische Gesichtspunkte, wie Unabhängigkeit, Strategie, Kontrollierbarkeit etc., zu berücksichtigen, die im Allgemeinen eher qualitativer, d.h. nicht monetarisierbarer Art sind.

Gezielt eingesetzt, können über die Bildung von internen Verrechnungspreisen mit Hilfe der Prozesskostenrechnung geeignete Anreizmechanismen und damit eine effizientere Nutzung vorhandener Ressourcen erreicht werden.

Prozesskostenrechnung

### 3.3.3.3 Budgetierung mit Kaizen Costing

Charakteristika von Kaizen

Das japanische Wort *Kaizen* bedeutet das Streben nach ständiger, schrittweiser und systematischer Verbesserung. Die Umsetzung des Kaizen-Konzeptes wird in Europa als *Kontinuierlicher Verbesserungsprozess* (kurz KVP) bezeichnet. Lag das Augenmerk zunächst auf Kaizen im Produktionsbereich, so liegt es heute mehr und mehr in den indirekten Leistungsbereichen.

Charakteristika von Kaizen Costing

Verknüpft man die Idee des Kaizen mit der Budgetierung gelangt man zum Kaizen Costing. Kaizen Costing ist die Ergänzung der traditionellen Budgetierung um den prozessbezogenen Aspekt der kontinuierlichen Verbesserung. Es werden hier Prozesse und nicht wie bei den bisherigen Methoden der Budgetierung funktional gegliederte Kostenstellen auf Schwachstellen analysiert. Anschließend werden Maßnahmen entwickelt und realisiert, um die Schwachstellen zu beseitigen. Die Maßnahmen beruhen entweder auf Optimierungsvorschlägen der Beschäftigten oder auf speziellen Prozessanalysen. Aus den Maßnahmen wiederum werden monetäre Delta-Ziele auf Kostenstellenebene und Änderungen der Budgetwerte abgeleitet.

Die Entstehung des Kaizen Costing zeigt, dass die Bedeutung der traditionellen, auf ein Geschäftsjahr bezogenen Budgetierung abnimmt.

### 3.3.3.4 Unterstützung der Preis- und Sortimentspolitik

Da der Erfolg oder Misserfolg eines Unternehmens am Markt im wesentlichen von den angebotenen Produkten und Dienstleistungen bestimmt wird, soll in diesem Kapitel untersucht werden, inwieweit mit Hilfe der Prozesskostenrechnung die Preis- und Sortimentspolitik unterstützt werden kann. Zunächst sollen jedoch für die Verständlichkeit der nachstehenden Ausführungen die Begriffe „Preispolitik" und „Sortimentspolitik" definiert und erläutert werden.

Preispolitik

Die Preispolitik gehört zu den Marketinginstrumenten, die einem Unternehmen zur Verfügung stehen, um seine absatzpolitischen Ziele – wie Gewinn, Erlöse, Deckungsbeiträge, Marktanteil, Bekanntheitsgrad, Image usw. – zu erreichen.

> Unter **Preispolitik** werden alle Maßnahmen zur Beeinflussung von Preisen zusammengefasst.

Die Preispolitik ist Teil der Absatzpolitik eines Unternehmens und stützt sich einerseits auf die Ergebnisse der Marktforschung und andererseits auf die Produktkalkulation zur Identifizierung der Preisuntergrenze.

Sortimentspolitik

Da der Absatz der betrieblichen Leistungen am Markt erfolgt und sich nicht alle Marktwiderstände mit Hilfe der Preispolitik überwinden lassen, muss auch das vom Unternehmen angebotene Sortiment an die sich im Zeitablauf verändernden Nachfragepräferenzen angepasst werden.

> Unter einem **Sortiment** versteht man die Menge der verschiedenen Produkte und Dienstleistungen, die ein Unternehmen aus eigener Produktion oder über Fremdbezug auf dem Markt zum Kauf anbietet.

Die im Sinne der gewählten absatzpolitischen Zielsetzung erforderlichen Maßnahmen und Entscheidungen zur Gestaltung des Sortiments werden unter dem Begriff „Sortimentspolitik" zusammengefasst.

> Unter **Sortimentspolitik** versteht man die im Sinne der gewählten absatzpolitischen Zielsetzung erforderlichen Maßnahmen und Entscheidungen zur Gestaltung des Sortiments.

Die zur Anpassung des Sortiments erforderlichen Maßnahmen und Entscheidungen weisen prinzipiell zwei Gestaltungsrichtungen auf: erstens im Hinblick auf die Breite (Zahl der deutlich unterscheidbaren Produktarten) und zweitens im Hinblick auf die Tiefe (Anzahl der Varianten bzw. Sorten innerhalb einer Produktart) des angebotenen Sortiments.

Begriff „Variante"

Der Begriff „Variante" hat im Rahmen der Prozesskostenrechnung eine besondere Bedeutung und tauchte bereits an anderer Stelle mehrfach auf. Er soll hier der Vollständigkeit halber nochmals definiert werden.

> Unter einer **Variante** versteht man eine Modifikation eines bereits bestehenden Produktes, um dadurch speziellen Kundenwünschen gerecht zu werden.

Prozesskostenrechnung versus Zuschlagskalkulation

Konsequenzen für die Preis- und Sortimentspolitik ergeben durch den Einsatz der Prozesskostenrechnung aus den unterschiedlichen Ergebnissen der prozessorientierten Kalkulation im Vergleich zur traditionellen Kalkulation mit Hilfe der Zuschlagskalkulation. An dieser Stelle kann auf die beiden bereits vorgestellten Effekte *Degressionseffekt* und *Komplexitätseffekt* verwiesen werden.

Durch die prozessorientierte Produktkalkulation werden im Vergleich zu dem traditionellen Kalkulationsverfahren die Sonderprodukte und Varianten – gekennzeichnet durch niedrige Auftragsstückzahlen und hohe Komplexität – höher, Standardprodukte dagegen niedriger belastet. Die Prozesskostenrechnung bietet also die Chance, einen Teil der durch die traditionelle Kostenrechnung nur pauschal zugerechneten Gemeinkosten leistungsorientierter auf die Kostenträgern zu verteilen. Dadurch kommt es zu einer **verursachungsgerechteren Kostenverteilung**.

Ziel der prozessorientierten Kalkulation sollte es mittel- bis langfristig sein, alle Kosten von Sonderprodukten und Varianten über die Absatzpreise abzudecken, ausgenommen, die Deckungsbeiträge der Standarderzeugnisse sollen bewusst die Kleinaufträge subventionieren. Ein Unternehmen erhält mit der Prozesskostenrechnung somit ein **strategisch wirksames Entscheidungsinstrument**, das dazu beiträgt, dass die gemeinkostentreibende Vielfalt nur dann in Kauf genommen wird, wenn sie auch vom Markt entsprechend honoriert wird oder aus sonstigen Gründen gewollt ist.

Häufig erscheint es kostenrechnerisch ratsam auf die Fertigung von Sonderprodukten oder einem besonderen Variantenreichtum ganz zu verzichten. Infolge der Verminderung der Vielfalt und Komplexität verringert sich die Anzahl der durchzuführenden Prozesse, da komplexe Produkte in der Regel auch komplexe Prozesse beanspruchen. Dadurch wiederum kann die Höhe der Gemeinkosten positiv beeinflusst werden. Da es sich in den indirekten Leistungsbereichen allerdings vorwiegend um Fixkosten handelt, ist zu bedenken, dass eine Gemeinkosteneinsparung nicht automatisch eintritt. Die sich ergebenden **Kostensenkungspotenziale** – aufgrund der Veränderung der Prozessstruktur oder -volumina – müssen durch entsprechende Managemententscheidungen erst herbeigeführt werden. Um die Höhe oder Struktur der Gemeinkosten mittel- bis langfristig beeinflussen zu können, müssen administrative Entscheidungen somit den Abbau oder die anderweitige effizientere Verwendung der nicht mehr benötigten Ressourcen zum Ziel haben.

### 3.3.3.5 Identifizierung interner Erfolgspotenziale

<u>Grundkonzept der prozessgestützten Portfolio-Analyse</u>

Eine weitere wichtige Aufgabenstellung der Prozesskostenrechnung im Rahmen der Verbesserung der Entscheidungsfindung ist das Identifizieren von internen Erfolgspotenzialen, um in Zukunft die Wettbewerbsposition halten oder verbessern zu können. Um dieses Ziel zu erreichen und die strategische Entscheidungsfindung im Unternehmen zu unterstützen, wird in der Literatur vorgeschlagen, das Instrument der **Portfolio-Analyse** auf unternehmensinterne Leistungen zu übertragen. Zur Erkennung und Messung der unternehmensinternen Leistungen können die Ergebnisse der Prozesskostenrechnung herangezogen werden.

Eine Verknüpfung zwischen Portfolio-Analyse und Prozessinformationen muss als Baustein des strategischen Controlling verstanden und konzipiert werden. Das strategische Controlling, unterstützt durch das System der Prozesskostenrechnung, könnte dabei wie in der nachstehenden Übersicht 3/16 aufgebaut sein.

Übersicht 3/16: Prozessgestützte Portfolio-Analyse

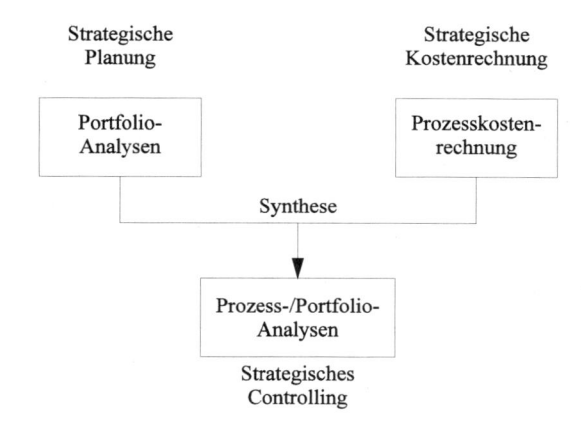

```
         Strategische                    Strategische
          Planung                       Kostenrechnung

        ┌────────────┐                ┌────────────────┐
        │ Portfolio- │                │ Prozesskosten- │
        │  Analysen  │                │    rechnung    │
        └─────┬──────┘                └────────┬───────┘
              └──────────┬─────────────────────┘
                      Synthese
                         │
                         ▼
                ┌──────────────────┐
                │ Prozess-/Portfolio-│
                │     Analysen     │
                └──────────────────┘
                    Strategisches
                     Controlling
```

Quelle: Fröhling, O.: Strategisches Management von Wettbewerbsvorteilen, S.195

Zentrale Fragen, die durch die Kombination der Instrumente beantwortet werden sollen sind beispielsweise: Wo liegen im Betrieb ungenutzte Ressourcen, die auf der Inputseite Rationalisierungsspielräume eröffnen und auf der Outputseite möglicherweise strategische Vorteile bewirken können? (vgl. Fröhling, O.: Strategisches Management von Wettbewerbsvorteilen, S.193)

*Witt* entwickelte das Basisgerüst der **prozessorientierten Portfolio-Planung** (vgl. Witt, F.-J.: Portfolios für unternehmensinterne Leistungen, S.156 ff.). Sein Konzept basiert auf der Idee, die internen Leistungen des Unternehmens stärker marktbezogen zu betrachten, um damit die Struktur der internen Prozesse hinsichtlich ihrer Kosten und ihres internen Marktgewichtes darzustellen. Dabei liegt die Annahme zugrunde, dass die angestrebte Kosteneffizienz im Unternehmen mit der Qualität und Quantität des innerbetrieblichen Leistungsangebotes im Zusammenhang steht. Dadurch wird es möglich, die Kriterien offenzulegen, nach denen innerbetriebliche Leistungen beurteilt werden können.

Die Prozess-Portfolio-Analysen können auf Teil- oder Hauptprozessebene ansetzen oder kostenstellenspezifisch erfolgen. Dementsprechend werden in der Literatur verschiedene prozessgestützte Portfolios für den internen Dienstleistungsmarkt aufgezeigt. Eines davon ist das „Interner Prozessvorteil/Internes Marktwachstum-Portfolio", das im Folgenden näher vorgestellt werden soll.

Interner Prozessvorteil/Internes Marktwachstum-Portfolio

Das „Interner Prozessvorteil/Internes Marktwachstum-Portfolio" enthält – wie der Name schon zum Ausdruck bringt – zwei grundlegende Dimensionen: der „Interne Prozessvorteil" und das „Interne Marktwachstum". Die dritte Dimension ist die Zeitachse, um Zeitvergleiche zu ermöglichen und Entwicklungen zu verdeutlichen.

Die Portfolio-Dimension „**Interner Prozessvorteil**" ist als die operative oder strategische Bedeutung eines Prozesses zu verstehen. Die Frage lautet also hier: Ist der Prozess eher operativer (z.B. Aufrechterhaltung des betrieblichen Leistungsflusses) oder strategischer (z.B. Unterstützung der strategischen Planung) Art?

Mit der Portfolio-Dimension „**Internes Marktwachstum**" wird auf das Nachfragewachstum nach internen Prozessen abgestellt. Die Messung könnte zum Beispiel durch den Zeitbedarf zur Leistungserstellung und durch die Nachfrageanzahl erfolgen. Durch diese Portfolio-Dimension werden Entwicklungen einzelner Prozesse im Unternehmen transparent und eine Trennung in stark und weniger nachgefragte Prozesse möglich. Die Ergebnisse können Ansatzpunkte für Rationalisierungsmaßnahmen oder Make-or-Buy-Entscheidungen sein.

Die nachstehende Übersicht 3/17 zeigt eine prozessorientierte Portfolio-Planung, die auf diesen beiden Schlüsselkombinationen beruht.

Die Positionierung der verschiedenen Prozesse/Leistungen eines Unternehmens erfolgt durch Kreise, wobei diese um so größer sind, je höher die Prozesskosten (bzw. Deckungsbeiträge) sind.

Bezugnehmend auf die in der Abbildung dargestellten Positionierungen A, B, C und D können die in Übersicht 3/18 beispielhaften Aktivitäten genannt werden.

Übersicht 3/17: Interner Prozessvorteil/Internes Marktwachstum-Portfolio

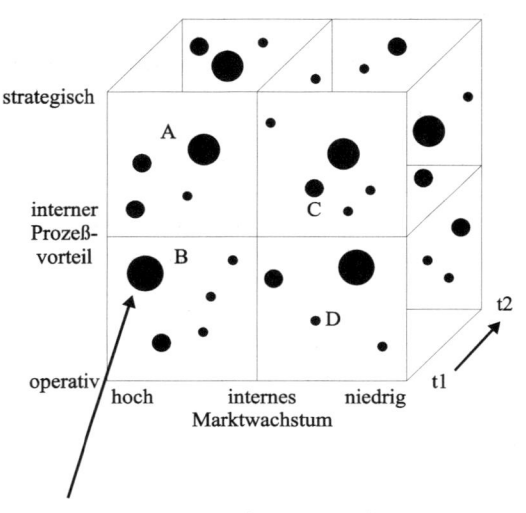

[Figure: Dreidimensionales Portfolio mit Achsen "interner Prozeßvorteil" (strategisch/operativ), "internes Marktwachstum" (hoch/niedrig), und Zeitachse (t1, t2). Positionen A, B, C, D sind markiert. Ein Pfeil weist auf: "Ausprägung gem. produktspez. Prozeßkosten (oder gem. DB über Prozeßkosten)"]

Quelle: Fröhling, O.: Strategisches Management von Wettbewerbsvorteilen, S.197

Als Beispiele für die Positionierung A wurden Weiterbildungsaktivitäten und interne Schulungen genannt. Diese Aktivitäten sichern einen qualifizierten Personalbestand und unterstützen die langfristige Personalentwicklung. Grund für die gewählte Positionierung ist, dass diese Aktivitäten insbesondere im Hinblick auf die Globalisierung der Märkte an Bedeutung gewinnen werden.

Die unter der Positionierung B genannten Servicetätigkeiten tragen in erster Linie zur Sicherung des kurzfristigen betrieblichen Leistungsprozesses bei. Im Allgemeinen werden sie daher auch als „Prozess-Cash Cows" bezeichnet.

Auf die Darstellung der Positionierungen C und D wird an dieser Stelle verzichtet.

Übersicht 3/18: Aktivitäten der Portfolio-Felder

| A  strategischer Prozessvorteil/ hohes internes Marktwachstum | C  strategischer Prozessvorteil/ niedriges internes Marktwachstum |
|---|---|
| ♦ Weiterbildungsmaßnahmen und interne Schulungen | ♦ F&E-Aktivitäten oder Marktforschungsaktivitäten |
| B  operativer Prozessvorteil/ hohes internes Marktwachstum | D  operativer Prozessvorteil/ niedriges internes Marktwachstum |
| ♦ Servicetätigkeiten wie Kopieren oder Kfz-Dienste | ♦ Kantinienservice<br>♦ betriebsärztliche Betreuung |

Quelle: In Anlehnung an Fröhling, O.: Strategisches Management von Wettbewerbsvorteilen, S.196

Zielsetzungen der prozessbezogenen Portfolio-Planung

Durch die prozessorientierte Portfolio-Analyse können folgende Wirkungen erreicht werden (vgl. Fröhling, O.: Strategisches Management von Wettbewerbsvorteilen, S.195 f.):

- Schaffung von Transparenz in den indirekten Leistungsbereichen (Welches Leistungsspektrum deckt beispielsweise die Marketingabteilung konkret ab?);
- Fundierung von Make-or-Buy-Entscheidungen (Ist es beispielsweise zweckmäßig, die EDV-Abteilung oder einige Serviceleistungen extern zu beschaffen?);
- Durchführung einer Stärken-/Schwächenanalyse bezüglich nicht wettbewerbsgerechter Dimensionierung einzelner Prozesse, z.B. überdimensionierte Controllingabteilung in einem mittelständischen Unternehmen;
- Aufzeigen von Entwicklungstendenzen in der Beanspruchung interner Leistungen;
- Erschließung von Rationalisierungspotentialen in indirekten Leistungsbereichen;
- Durchführung einer Verbundanalyse der vielfältigen betrieblichen Leistungsverflechtungen. Dadurch wird die Leistungsverflechtung innerhalb des Unternehmens

ersichtlich und die Trennung bzw. Zusammengehörigkeit einzelner Leistungsgruppen aufgezeigt;
- mittel- bis langfristige Anpassung der internen Dienstleistungsmärkte an strategische Notwendigkeiten und Zielsetzungen des Unternehmens. Diese Anpassung ermöglicht das Aufzeigen von Lücken bzw. schwach besetzten Portfolio-Feldern und umgekehrt die Fokussierung von „Wasserköpfen".

Durch die aufgezeigten Wirkungen einer prozessorientierten Portfolio-Analyse ist langfristig mit einer besseren Planung, Kontrolle und Steuerung der indirekten Leistungsbereiche zu rechnen. Sie kann somit ein effizientes Gemeinkostenmanagement unterstützen.

## 3.4 Beurteilung und kritische Betrachtung der Prozesskostenrechnung

Ihrem Charakter nach gehört die Prozesskostenrechnung zu den Kostenrechnungssystemen auf Vollkostenbasis. Sie ist kein völlig neues Kostenrechnungsinstrument, sondern baut auf der traditionellen Einteilung in Kostenarten-, Kostenstellen- und Kostenträgerrechnung auf.

Einige Vor- und Nachteile sollen hier stichwortartig herausgestellt werden (vgl. auch Glaser, H.: Prozeßkostenrechnung, S.275 ff., Olshagen, Ch.: Prozeßkostenrechnung, S.71 ff. und Verband der Chemischen Industrie e.V.: Einsatzmöglichkeiten der Prozeßkostenrechnung in der Chemischen Industrie, S.113 ff.):

Vorteile

☺ Die **Gesamtansicht des betrieblichen Handels** bleibt erhalten und wird nicht wie bei der funktionsorientierten Organisation zerschlagen:

Als neuartig an dem Prozesskostenansatz ist die kostenstellenübergreifende Betrachtung hervorzuheben. Diese kann insbesondere dazu beitragen, die Schnittstellenprobleme zwischen verschiedenen Abteilungen zu überwinden. Durch die stellenübergreifende Sichtweise ist langfristig zu erwarten, dass das stellenbezogene Denken zugunsten einer abteilungsübergreifenden, ganzheitlichen Perspektive des Gemeinkostenmanagements in den Hintergrund tritt.

☺ **Verursachungsgerechtere Verteilung der Gemeinkosten und Kalkulation:**

Die Gemeinkosten der einbezogenen indirekten Leistungsbereiche können verursachungsgerechter verrechnet werden und bilden infolgedessen eine aussagefähigere Grundlage für die Kalkulation. Die Zuordnung der Gemeinkosten erfolgt nach der Inanspruchnahme der betrieblichen Ressourcen. Wertzuschlagsbasen zur Gemeinkostenumlage werden weitgehend abgelehnt. Damit leistet die Prozesskostenrechnung dem Management Hilfestellung beim Vermeiden strategischer Fehlentscheidungen.

Es sei aber an dieser Stelle noch einmal darauf hingewiesen: Der Prozesskostenrechnung wird zwar im Allgemeinen eine verursachungsgerechtere Verrechnung der Gemeinkosten als den traditionellen Kalkulationsverfahren zugeschrieben, dennoch kommt auch die prozessorientierte Produktkalkulation nicht ohne eine mehrfache Schlüsselung der Gemeinkosten aus. Es ist also sinnvoll von „verursachungsgerechter" und nicht von „verursachungsgerecht" zu sprechen.

☺ Berücksichtigung von **Volumen- und Variantenabhängigkeit** der Kosten:

Durch die merkmalsbezogene Differenzierung der Kalkulation in Volumen- und Variantenabhängigkeit ist eine exaktere Zurechnung der Gemeinkosten möglich. Der Komplexitätseffekt einer Variantenvielfalt kommt in den klassischen Verfahren nicht zum Ausdruck.

☺ **Verhaltenssteuernde Wirkung** bei den verantwortlichen Mitarbeitern:

Infolge der Kosten- und Leistungstransparenz kann die Verhaltensweise der Mitarbeiter beeinflusst und ein verantwortungs- und kostenbewusstes Handeln im Hinblick auf die Inanspruchnahme gemeinkostenverursachender Ressourcen und im Hinblick auf die konkrete Durchführung der Leistungen erwartet werden. Dabei dürfte es sich nicht nur um einmalige, vorübergehende Effekte handeln, sondern um einen dauerhaften Prozess, der zu nachhaltigen Veränderungen des Kostenbewusstseins führt. Die verhaltenssteuernde Wirkung ist um so größer, je transparenter die Kostenzusammenhänge dargestellt und vermittelt werden und je intensiver der Dialog mit den betroffenen Personen geführt wird (vgl. auch Verband der Chemischen Industrie e.V.: Einsatzmöglichkeiten der Prozeßkostenrechnung in der Chemischen Industrie, S.113).

☺ **Versachlichung der Kostenstellenplanung:**

Durch die prozessbezogene Sichtweise wird die Diskussion im Rahmen der Kostenstellenplanung in den fertigungsunterstützenden Bereichen versachlicht. Die geplante Kostenhöhe richtet sich nach den Prozessmengen der leistungsmengeninduzierten Prozese und nicht nach dem Argumentationsgeschick des Kostenstellenverantwortlichen.

☺ **Prozessbezogene Kostenkontrolle**, die über die Kostenstellengrenzen hinausgeht:

Ebenso wie die flexible Plankostenrechnung auf Teil- oder Vollkostenbasis ermöglicht auch die Prozesskostenrechnung eine effektive Kostenkontrolle und Abweichungsanalyse. Der Vorteil der Prozesskostenrechnung besteht darin, dass eine Kontrolle auf Teil- oder Hauptprozessebene durchgeführt werden kann und somit über die Kostenstellengrenzen hinausgeht. Ferner wird es durch eine prozessorientierte Kostenrechnung möglich, die Kosten der Ressourcennutzung abzubilden, und nicht wie bei der flexiblen Plankostenrechnung, die Kosten der Ressourcenbereitstellung.

☺ Prozesskostenansatz bietet die Möglichkeit zur **Rationalisierung**:

Die Prozesskostenrechnung bietet dem Controller die Möglichkeit, den Grad der Kapazitätsauslastung, die durch die einzelnen Aktivitäten verbrauchten Produktionsfaktoren und letztendlich die Kosten überschaubarer zu machen und damit gezielt Kostensenkungsmaßnahmen zu ergreifen. Unwirtschaftliche Prozesse werden transparent und können umgestaltet werden. Sie kann mit den unterschiedlichsten Verfahren der Gemeinkostenwertanalyse kombiniert werden.

☺ **Wiederholbarkeit**:

Im Gegensatz zu einmalig durchgeführten Kostensenkungsmaßnahmen, die nach ihrer Durchführung schnell wieder an Wirkung verlieren, kann mit der Prozesskostenrechnung ein wichtiger Schritt in Richtung kontinuierlicher Kostensenkung und kontinuierlichem Verbesserungsprozess gegangen werden.

☺ **DV-technische Realisierbarkeit:**

Die Prozesskostenrechnung lässt sich in bestehende Standardsoftware zur Kostenstellenrechnung, Kalkulation und Betriebsergebnisrechnung einpassen (vgl. Back-Hock, A.: Implementierung und Nutzung der Prozeßkostenrechnung, S.37).

Nachteile

Zur Prozesskostenrechnung gehören allerdings nicht nur die vorstehend skizzierten, positiven Aspekte, sondern ebenso eine Reihe von Nachteilen, die gleichfalls beachtet werden müssen. Dazu zählen:

☹ **Hoher Arbeits- und Kostenaufwand:**

Die Prozesskostenrechnung erfordert einen hohen Arbeits- und Kostenaufwand bei der Einführung und bei der konsequenten Anwendung. Erhebliche Mühe bereitet die Erfassung der Istkosten und Leistungen auf Teilprozessebene sowie die Ermittlung der Kostentreiber, die, wenn sie wirklich exakt sein soll, eine genaue Dokumentation der Aktivitäten und eventuell auch eine Zeiterfassung erforderlich macht. Eine solche Vorgehensweise treibt zusätzlich die Gemeinkosten in die Höhe. Nach einer empirischen Untersuchung von *Stoi* liegt der erforderliche jährliche Pflegeaufwand bei durchschnittlich 15 Manntagen pro abgebildetem Funktionsbereich (vgl. Stoi, R.: Prozeßkostenmanagement erfolgeich einsetzen, S.97).

Aber: Wenn man einige Jahre zurückschaut und überlegt, welche Probleme die Einführung und kontinuierliche Pflege von Betriebsdatenerfassungssystemen im Produktionsbereich mit sich gebracht hat, heute aber gute Ergebnisse liefert, so muss man darüber nachdenken, ob eine prozessbezogene Zeiterfassung nicht auch in den indirekten Leistungsbereichen zweckmäßig ist, um hier zu einer akzeptablen Transparenz zu kommen.

⊗ **DV-Aufwand:**

Für die Umsetzung des Konzeptes der Prozesskostenrechnung in die praktische Anwendung wird ein geeignetes DV-Instrumentarium benötigt. Ohne DV-Unterstützung ist es nicht möglich, die Vielzahl der erforderlichen Daten zu berücksichtigen und zu verarbeiten. Der DV-technische Aufwand ist hierbei abhängig von den Zielen, dem Inhalt und dem Umfang der zu implementierenden Prozesskostenrechnung sowie dem Grad der Integration in das Gesamtsystem der Kosten- und Leistungsrechnung. Soll die Prozesskostenrechnung als integraler Bestandteil des Internen Rechnungswesens fungieren, müssen die prozessorientierten Daten reibungslos in die Kostenstellenrechnung, die Produktkalkulation und die Betriebsergebnisrechnung einfließen können. Dies ist wiederum mit einem hohen DV-technischen Aufwand verbunden.

⊗ **Schulungsaufwand:**

Die Schulung von Mitarbeitern einschließlich Geschäftsführung zum Prozesskostenmanagement ist nicht nur für dessen Einführung, sondern auch für die erzielbaren positiven Auswirkungen von großer Bedeutung. Zwischen der Intensität der durchgeführten Schulungsmaßnahmen und der Senkung des Gemeinkostenanteils wurde in einer empirischen Untersuchung von *Stoi* ein hoher signifikanter Zusammenhang festgestellt (vgl. Stoi, R.: Prozeßkostenmanagement erfolgeich einsetzen, S.97). Bei allen Beschäftigten muss daher ein Denken in Prozessen erreicht werden, um die Prozessstruktur pflegen und ständig neue Verbesserungen anstoßen zu können.

⊗ **Kostenschlüsselung:**

Die Prozesskostenrechnung kommt ebenso wie die traditionelle Kostenrechnung nicht ohne eine Schlüsselung der Kosten aus. Im Extremfall kann die Prozesskostenrechnung eine fünffache direkte bzw. indirekte Schlüsselung von Kostengrößen einschließen (vgl. hierzu Glaser, H.: Prozeßkostenrechnung, S.287 f.). Für *Glaser* liegt damit der Schluss nahe, dass gerade die prozessorientierte Kalkulation bei einer entsprechend schematischen Anwendung nicht zu „verursachungsgerechten", sondern zu „verzerrten" Produktkosten führen kann (vgl. Glaser, H.: Prozeßkostenrechnung, S.288).

⊗ **Volumen- und Variantenanteilsschätzung:**

Bei der deutschen Version der Prozesskostenrechnung findet zwecks Festsetzung der Prozessinanspruchnahme neben dem Mengenvolumen zusätzlich die Variantenzahl Berücksichtigung. Dieses hat zur Folge, dass für jeden Prozess der prozentuale Anteil der Planprozessmenge zu schätzen ist, der volumenabhängig und variantenabhängig entsteht. Es bleibt allerdings ungeklärt, aufgrund welcher empirischen respektive theoretischen Basis die Schätzparameter Volumenanteil und Variantenanteil zu bestimmen sind. Bei einer verhältnismäßig willkürlichen Festlegung dieser Daten müssen nach *Glaser* die Kalkulationsergebnisse als „Zufallsprodukt" angesehen werden (vgl. Mayer, R./Glaser, H.: Die Prozeßkostenrechnung als Controllinginstrument, S.300).

⊗ **Vollkostenrechnung:**

Die Prozesskostenrechnung ist ein Kostenrechnungssystem auf Vollkostenbasis, da einem Kostenträger sämtliche Kosten zugeschlüsselt werden. Die an der Vollkostenrechnung geäußerte Kritik trifft also auch uneingeschränkt für die Prozesskostenrechnung zu: Die überwiegende Mehrheit der Kosten in den Gemeinkostenbereichen betreffen Personalkosten, genauer Gehälter, und damit aufgrund der Kostenremanenzen Fixkosten. Wie bei der klassischen Vollkostenrechnung werden diese fixen Gemeinkosten proportionalisiert. Treten bei der Bestimmung der Planprozessmengen oder der Plankosten Fehler oder Ungenauigkeiten auf, kommt es zu falschen Prozesskostensätzen und damit zwangsläufig zu Unter- oder Überdeckungen von Gemeinkosten (vgl. Olshagen, Ch.: Prozeßkostenrechnung, S.71). Sowohl bei der traditionellen Vollkostenrechnung als auch bei der prozessorientierten Kalkulation führen also fehlerhafte Annahmen zu falschen Daten für die Preisfindung.

⊗ **Unerwünschte Ausweichreaktionen:**

Je nach gewählten Kostentreiber kann es zu nicht unternehmenszielkonformen Ausweichreaktionen kommen. Eine solche Ausweichreaktion liegt immer dann vor, wenn der eingesetzte Kostentreiber mengenmäßig so gesteuert werden kann, dass daraus zwar aus der Sicht der mit dem entsprechenden Prozesskostensatz belasteten Bereichen ein Vorteil resultiert, dieser jedoch mit den übergeordneten Unternehmenszielen kollidiert. Würden beispielsweise die Kosten der Lehrlingsausbildung den Kostenstellen nach der Zahl der von ihnen übernommenen Auszubildenden umgelegt, so könnte sich gegebenenfalls ein Widerstand gegen die Lehrlingsausbildung aufbauen. (Vgl. auch Verband der Chemischen Industrie e.V.: Einsatzmöglichkeiten der Prozeßkostenrechnung in der Chemischen Industrie, S.115 f.)

Daher muss stets geprüft werden, ob die ausgewählten Bezugsgrößen eine Tendenz zu derartigen unerwünschten Lernprozessen sowie Ausweich- und Anpassungsreaktionen auslösen können. Wo diese Gefahr besteht, muss überlegt werden, ob ihr durch eine andere Verrechnungsmethodik oder durch ergänzende Regelungen begegnet werden kann (vgl. auch Verband der Chemischen Industrie e.V.: Einsatzmöglichkeiten der Prozeßkostenrechnung in der Chemischen Industrie, S.116).

☹ **Ungeeignet für operative Zwecke:**

Bei der Prozesskostenrechnung handelt es sich um eine die strategische Planung unterstützende strategische (Voll-)Kostenrechnung. Für operative Entscheidungen wie die kurzfristige Programmplanung oder Preisfindung ist sie ungeeignet, weil sie nicht zeigt, welche Kosten durch ein Erzeugnis zusätzlich induziert werden bzw. welche Kosten im Fall des Verzichts auf die Herstellung des Produktes nicht anfallen. Hier helfen ausschließlich Teilkostenrechnungen weiter.

☹ **Unzulänglich für strategische Entscheidungen:**

Die Eignung der Prozesskostenrechnung für strategische Entscheidungen ist prinzipiell zu bezweifeln, da sie von gegebenen Kapazitäten der Potenzialfaktoren ausgeht (vgl. Rogalski, M.: Prozeßkostenrechnung im Rahmen der Einzelkosten- und Deckungsbeitragsrechnung, S.95). Ferner entspricht der Planungszeitraum der Prozesskostenrechnung üblicherweise dem Fristigkeitsgrad der Kostenrechnung von einem Jahr. In Bezug auf die strategische Entscheidungsunterstützung ist damit keine Kongruenz von Planungs- und Entscheidungszeitraum gegeben. „Langfristige bzw. strategische Planungsprobleme lassen sich weder mittels der Prozeßkostenrechnung noch durch ein anderes Vollkostenrechnungssystem zufriedenstellend lösen. Hierzu bedarf es vielmehr der Anwendung von Verfahren der Investitions- und Finanzrechnung, die dann durch Vornahme von Plankostenkalkulationen sinnvoll ergänzt werden könnten" (Glaser, H.: Prozeßkostenrechnung, S.288). Die genannten Effekte der Prozesskostenrechnung sind somit nur für einen mittelfristigen Planungshorizont relevant.

☹ **Suboptimal für unmittelbare Fertigungsbereiche:**

Für reine Fertigungsbereiche ist die flexible Plankostenrechnung mit ihrem hochentwickelten Instrumentarium besser geeignet. Der Einsatz der Prozesskostenrechnung macht hier keinen Sinn.

☹ **Innovationsschädlich:**

Die Prozesskostenrechnung lädt neuen Produkten mit noch niedriger Kapazität hohe Gemeinkosten auf und bedroht damit erfolgreiche Investitionen in der Zukunft.

Ebenso besteht die Gefahr, dass die Prozesskostenrechnung eine dynamische Organisationsstruktur im Unternehmen behindert, weil eine ständige Anpassung der Prozesskostenrechnung zu untragbar hohen Informationskosten führen würde (vgl. Weber, J.: Prozeßkostenrechnung und Veränderung von Organisationsstrukturen, S.29 f.).

☹ **Ungeeignet für inhomogene, nicht wiederkehrende Tätigkeiten:**

Eine weitere Schwierigkeit bereitet die Tatsache, dass in den Gemeinkostenbereichen die geistige Arbeit oder der Arbeitserfolg nicht nur nach objektiven Messgrößen beurteilt werden kann. So ist beispielsweise die Leistung eines Schriftstellers kaum über die Anzahl der verfassten Seiten zu beurteilen. Die Prozesskostenrechnung versucht infolgedessen die Kosten nur für homogene und repetitive Tätigkeiten in den indirekten Leistungsbereichen verursachungsgerecht zuzuordnen. Für indirekte Leistungsbereiche mit nicht homogenen bzw. repetitiven Tätigkeiten, wie z.B. Controlling oder die Unternehmensführung selbst, ist die Prozesskostenrechnung ungeeignet.

☹ **Unzureichende Prozessorientierung:**

In der Praxis findet aus Praktikabilitätsgründen, d.h. aus Gründen der einfachen Datenbeschaffung und -pflege, häufig eine Umwidmung der konventionellen, also bereits vorhandenen Kostenstellen in Prozesskostenstellen statt. Hier liegt eine große Gefahr der Intransparenz, weil der schnelle Aufbau einer Prozesskostenrechnung mit dem äußerst hohen Preis einer unzulänglichen Kostenzuordnung erkauft wird. „Nur in den seltensten Musterfällen bzw. nur auf sehr hoher Aggregationsebene spiegelt eine etablierte Kostenstelle nun plötzlich auch einen entsprechenden Prozeß wider und ist lediglich dann auch seriöserweise entsprechend mit Prozeßkosten bebuchbar" (Witt, F.-J.: Prozeßgrundrechnung als Datenbasis für das Prozeßcontrolling, S.31 f.). Einen Ausweg bietet nach *Witt* eine gemäß dem Verursachungsprinzip aufgebaute originäre Prozesshierarchie mit entsprechenden eigenständigen Prozesskostenstellen, die keineswegs mit den klassischen Kostenstellen identisch sein müssen (vgl. Witt, F.-J.: Prozeßgrundrechnung als Datenbasis für das Prozeßcontrolling, S.32).

☹ **Kein umfassendes Kostenrechnungssystem**:

Da die Prozesskostenrechnung die Einzelkosten nicht berührt und sich lediglich auf die Gemeinkostenverrechnung konzentriert, handelt es sich bei ihr nicht um ein umfassendes Kostenrechnungssystem, das ein traditionelles Basissystem ersetzen kann.

☹ **Verzicht auf stufenweise Zuordnung der Fixkosten**:

Durch den Verzicht der erzeugnisorientierten Zuordnung der Fixkosten im Rahmen der Prozesskostenkalkulation kann es zu Kostenverzerrungen kommen. In der Prozesskostenrechnung werden erzeugnisfixe Kosten, z.B. Gehalt eines Produktbetreuers, oder produktgruppenfixe Kosten, z.B. Gehalt eines Außendienstarbeiters, der nur eine bestimmte Produktgruppe vertreibt, nicht dem Produkt bzw. der Produktgruppe, sondern dem gesamten Produktangebot zugerechnet. Eine stufenweise Deckungsbeitragsrechnung ist in dieser Beziehung der Prozesskostenrechnung überlegen.

Eine stufenweise Deckungsbeitragsrechnung im Rahmen einer Grenzplankostenrechnung ist nach herrschender Auffassung in vielen Bereichen ebenso aussagefähig wie die Prozesskostenrechnung. Insofern kann es nicht das Ziel der Prozesskostenrechnung sein, diese vielfach bewährten Instrumente zu ersetzen, sondern diese in solchen Bereichen zu ergänzen, in denen die genannten Systeme an ihre Grenzen stoßen. Die Prozesskostenrechnung eignet sich vor allem zur Bewertung und Beurteilung der indirekten Leistungsbereiche und insbesondere dort, wo häufig wiederkehrende Tätigkeiten stattfinden.

## 3.5 Einbindung der Prozesskostenrechnung in vorhandene Kostenrechnungssysteme

Bei der Umsetzung des Konzeptes der Prozesskostenrechnung in die praktische Anwendung muss entschieden werden, inwieweit sie in die laufende Kosten- und Leistungsrechnung eingebunden werden soll. In der Literatur und in der Praxis wird die Einbindung der Prozesskostenrechnung in bereits vorhandene Systeme der Kosten- und Leistungsrechnung sehr unterschiedlich gehandhabt. Diskutiert werden u.a. folgende Integrationsmöglichkeiten:

(1) Die Prozesskostenrechnung als statistische Nebenrechnung;
(2) Die Prozesskostenrechnung als Erweiterung der Zuschlagskalkulation;
(3) Die Prozesskostenrechnung als Ersatz für die Vollkostenrechnung;
(4) Die Prozesskostenrechnung als Ergänzung einer Grenzplankostenrechnung und Fixkostendeckungsrechnung.

(1) Die Prozesskostenrechnung als **statistische Nebenrechnung**

Die einfachste Variante zur Integration der Prozesskostenrechnung ist ihre Organisation als statistische Nebenrechnung. D.h., es werden zwar Prozesskostensätze für die ausgewählten Kostentreiber ermittelt, diese werden aber bei der Gemeinkostenverrechnung nicht verwendet.

Die verhaltenssteuernde Wirkung der prozessorientierten Rechnung wird in der Literatur bei dieser Variante im Allgemeinen als am Geringsten angesehen (vgl. auch Verband der Chemischen Industrie e.V.: Einsatzmöglichkeiten der Prozeßkostenrechnung in der Chemischen Industrie, S.117 f.). Dennoch kann die statistische Nebenrechnung sinnvoll sein, wenn nur mit sporadisch auftretenden Problemen, die mit Hilfe der Prozesskostenrechnung zu lösen sind, gerechnet wird oder wenn sich nur Prozesse mit geringen Kosten identifizieren lassen, bei denen der Aufwand zur Durchführung einer integrierten Prozesskostenrechnung im Vergleich zu ihrem Erkenntniswert unverhältnismäßig hoch ist (vgl. auch Verband der Chemischen Industrie e.V.: Einsatzmöglichkeiten der Prozeßkostenrechnung in der Chemischen Industrie, S.118). Ebenso lohnt sich eine statistische Nebenrechnung bei Teilprozessen, deren Kostentreiber aus Vereinfachungsgründen bei der Komprimierung auf Hauptprozessen untergehen, gleichwohl aber in ihrer kostenmäßigen Wirkung von Interesse sind.

(2)    Die Prozesskostenrechnung als **Erweiterung der Zuschlagskalkulation**

Ist ein bestimmtes Kostenrechnungssystem – zum Beispiel aufgrund der Unternehmensgröße – noch nicht installiert bzw. soll das bestehende System modifiziert werden, weil es die kostenrechnerischen Anforderungen nicht mehr erfüllt, ist eine **Kombination aus Prozesskostenrechnung und differenzierter Zuschlagskalkulation** zu prüfen. Eine den gesamten Betrieb umfassende Prozesskostenkalkulation würde zu erheblichen Datenerfassungs- und -aufbereitungskosten führen und wäre daher prinzipiell abzulehnen (vgl. Reichmann, Th.: Controlling mit Kennzahlen und Managementberichten, S.417).

Es ist also zwischen Kosten zu differenzieren, die nach der bekannten Zuschlagskalkulation zu verrechnen sind, und Kosten, die nach der Prozesskostenrechnung zugerechnet werden. In der Kostenstellenrechnung insbesondere im Betriebsabrechnungsbogen könnten zum Beispiel die Kosten ausgesondert werden, die bestimmten Prozessen zugerechnet werden sollen. Diese prozessabhängigen Kosten werden dann über Prozesse verteilt, die verbleibenden Restkosten sind nach traditioneller Kostenrechnung zuzurechnen. Diese Vorgehensweise ähnelt der bekannten Unterscheidung im Rahmen der Maschinenstundensatzrechnung in maschinenabhängige und maschinenunabhängige Kosten.

(3)    Die Prozesskostenrechnung als **Ersatz für die Vollkostenrechnung**

Ist in einem Unternehmen eine Grenzplankostenrechnung implementiert und wird diese durch eine parallel laufende auf Vollkosten basierende Rechnung ergänzt, so könnte die Prozesskostenrechnung die **Vollkostenrechnung** komplett ersetzen. Eine Grenzplankostenrechnung allein kann insbesondere in den indirekten Leistungsbereichen nicht die Möglichkeiten bieten, welche die Prozesskostenrechnung zur Verfügung stellt.

(4) Die Prozesskostenrechnung als **Ergänzung einer Grenzplankostenrechnung und Fixkostendeckungsrechnung**

Misst man die Prozesskostenrechnung an einem vergleichbaren Kostenrechnungskonzept wie beispielsweise die **Grenzplankostenrechnung** in Verbindung mit einer **stufenweisen Deckungsbeitragsrechnung**, so bietet letzteres System in vielen Belangen grundsätzlich keine schlechteren Informationen als die Prozesskostenrechnung. Für Unternehmen mit einer derartigen kostenrechnerischen Ausstattung besteht ergo keine Notwendigkeit ihr System umzustellen (vgl. auch Kurtkowiak, K.: Die Prozeßkostenrechnung, S.1528 oder Wilden, K.: Die Prozeßkostenrechnung – Alter Wein in neuen Schläuchen?, S.884). Hier sollte die Prozesskostenrechnung für die indirekten Leistungsbereiche ergänzend hinzugezogen und schrittweise ausgebaut werden.

Damit der Integrationsaufwand möglichst gering gehalten wird, sollte weitgehend auf die vorhandenen Stammdaten zurückgegriffen und eine **parallele Prozesskostenrechnung** aufgebaut werden. Die Kostenarten-, Kostenstellen und Kostenträgerrechnung kann grundsätzlich beibehalten werden. Bei einem parallelen Einsatz zur bestehenden Kostenrechnung besteht allerdings die Gefahr, dass gleiche Sachverhalte von beiden Systemen unterschiedlich beurteilt werden, was zu Verwirrung und Unzufriedenheit bei den Betroffenen führen kann.

Da es kein standardisiertes Vorgehen für die Prozesskostenrechnung gibt und auch nicht geben kann, werden sich in praxi viele Umsetzungsalternativen und Varianten der prozessbezogenen Kostenrechnung in Kombination mit den klassischen Kostenrechnungssystemen wiederfinden.

Eventuell ist es sinnvoll, beim Aufbau einer Prozesskostenrechnung **externe Unternehmensberater** hinzuzuziehen. Sie müssen dann in jedem Fall die volle Unterstützung der Unternehmensleitung haben.

## Kontrollfragen zu Kapitel 3

3/1. Inwiefern hat sich der Prozess der Leistungserstellung und damit die Kostenstruktur in Industrieunternehmen in den letzten Jahrzehnten verändert?

3/2. Was bedeutet CIM?

3/3. Welche Ursachen bzw. Unzulänglichkeiten der Zuschlagskalkulation haben zur Idee der Prozesskostenrechnung geführt?

3/4. Das mittelständische Bestattungsunternehmen „Das war`s" aus Altenheim an der Tod rechnet im Rahmen der differenzierenden Zuschlagskalkulation für die Sargherstellung mit Fertigungsgemeinkosten von 800 % auf den Fertigungslohn. Welche Bedenken hätten Sie als Controller gegen einen derartigen Zuschlagssatz?

3/5. Kann die Maschinenstundensatzrechnung oder die Platzkostenrechnung einen Ausweg aus dem Dilemma der Kostenverrechnung in den indirekten Leistungsbereichen darstellen?

3/6. Nennen Sie Synonyme für den Begriff „Prozesskostenrechnung"!

3/7. Nennen Sie die Zwecke der Prozesskostenrechnung!

3/8. Was ist ein Prozess?

3/9. Was wird in der Prozesskostenrechnung als Aktivität bezeichnet?

3/10. Handelt es sich bei der Prozesskostenrechnung um ein neues Kostenrechnungssystem?

3/11. Was ist das Neue am Prozesskostenansatz?

3/12. Stellen Sie die wesentlichen Unterschiede einer Prozesskostenrechnung und einer flexiblen Plankostenrechnung gegenüber!

3/13. Worin sehen Sie die Einsatzgebiete der Prozesskostenrechnung?

3/14. Führen Sie die Ziele der Prozesskostenrechnung im Einzelnen auf!

3/15. Nennen Sie die Schritte bei der Einführung und Durchführung der Prozesskostenkalkulation!

3/16. Worum geht es beim ersten Schritt der Prozesskostenrechnung „Festlegung der in die Prozesskostenrechnung einzubeziehenden Bereiche"?

3/17. Nennen und beschreiben Sie die Kriterien für den Einsatz der Prozesskostenrechnung!

3/18. Nennen Sie Synonyme für „Indirekte Leistungsbereiche"!

3/19. Geben Sie Beispiele für indirekte Leistungsbereiche!

3/20. Warum hat das Kostenvolumen einer Kostenstelle eine Bedeutung für den Einsatz der Prozesskostenrechnung?

3/21. Warum ist der Einsatz der Prozesskostenrechnung in der Fertigung im Allgemeinen nicht sinnvoll?

3/22. Welche Aufgabe hat die Tätigkeitsanalyse?

3/23. Was bezeichnet man als Teilprozess?

3/24. Gelegentlich trifft man in der Praxis die Vorgehensweise an, pro Kostenstelle nur einen Teilprozess zu definieren. Was halten Sie davon?

3/25. Was sind leistungsmengeninduzierte und leistungsmengenneutrale Kosten? Geben Sie jeweils ein Beispiel!

3/26. Unterscheidet die Prozesskostenrechnung zwischen variablen und fixen Kosten?

3/27. Was sind Kostentreiber? Geben Sie ein Beispiel!

3/28. Welche Anforderungen sind an Kostentreiber zu stellen?

3/29. Wie könnte der Hauptprozess „Qualitätssicherung" in der Chemischen Industrie aussehen? Welche Funktionsbereiche sind von der Qualitätssicherung betroffen? Welche Teilprozesse lassen sich vermutlich unterscheiden und welche Kostentreiber lassen sich diesen Teilprozessen zuordnen?

3/30. Ist die Qualitätssicherung für den Einsatz der Prozesskostenrechnung geeignet?

3/31. Erklären Sie, was unter der Prozessmenge zu verstehen ist?

3/32. Was bezeichnet man als Planprozessmenge?

3/33. Was besagt Gutenbergs „Ausgleichsgesetz der Planung"?

3/34. Beschreiben Sie das Fixkostenproblem in der Prozesskostenplanung!

3/35. Zur Planung der (jährlichen) Prozesskosten gibt es drei verschiedene Möglichkeiten. Wie lauten diese?

3/36. Welche Zwecke haben Prozesskostensätze?

3/37. Herr Dr. med. Toll, bekanntgeworden durch die Erfindung der biegsamen Zahnbürste „Dekadent", setzt für Monat Januar erstmalig die Prozesskostenrechnung ein. Für den Vertriebsbereich insbesondere der Auftragsbearbeitung stehen ihm folgende Daten zur Verfügung:

| | |
|---|---|
| Prozess: | Aufträge eingeben |
| Kostentreiber: | Anzahl der Aufträge |
| Planprozessmenge: | 3.000 Aufträge pro Monat |
| Planprozesskosten: | 156.000 € pro Monat |

Errechnen Sie den geplanten Prozesskostensatz für Januar!

3/38. Ein Zwischenhändler von Armaturen für den Sanitär- und Heizungsbau erhält von seinen Kunden (i.d.R. Handwerksmeister) oft Fixtermine zur Auslieferung der Ware. Das bedeutet, bei seinen Materialbestellungen gibt es „normale" und „terminkritische" Bestellvorgänge, die eine entsprechende Bestellüberwachung bedürfen. Eine Prozessanalyse der Tätigkeit „Bestellungen überwachen" ergab, dass im Monatsdurchschnitt etwa 1.200 Bestellungen ausgelöst wurden, davon waren 2/3 terminunkritisch. Durch eine im Rahmen der Tätigkeitsanalyse durchgeführte Mitarbeiterbefragung wurde deutlich, dass für eine „normale" Bestellung etwa 12 Minuten benötigt wurden, eine „kritische" Bestellung dauert dagegen durchschnittlich viermal so lange. Die Personalkosten einschließlich Nebenkosten, der mit der Bestellüberwachung beauftragten Mitarbeiter, belaufen sich auf 9.600 € pro Monat.

Berechnen Sie die Prozesskostensätze (Kosten je „Bestellung überwachen") des Zwischenhändlers!

3/39. Wie können leistungsmengenneutrale Kosten verrechnet werden?

3/40. Wann ergeben sich Gesamtprozesskostensätze?

3/41. Wie wird der Prozessumlagesatz ermittelt?

3/42. Die Krankenschwester Tina Typhus des Krankenhauses „In Vino Veritas" wurde kurzfristig aufgrund eines Personalmangels in die Einkaufsabteilung versetzt. Da sie vor ihrer medizinischen Laufbahn drei Semester lang Betriebswirtschaftslehre studiert hatte und damals schon von den Einsatzmöglichkeiten der Prozesskostenrechnung fasziniert war, versucht sie nun ihre Kenntnisse auf die Krankenhausbeschaffung zu übertragen. Anhand der nachstehenden Informationen möchte sie die Prozesskostensätze, die Prozessumlagesätze und die Gesamtprozesskostensätze berechnen. Die Kostenwerte sind in € angegeben.

| KoSt 643 Einkauf | | Maßgrößen | | | Prozesskosten | | |
|---|---|---|---|---|---|---|---|
| Nr. | Bezeichnung | Anzahl der ... | Prozessmenge | Plankosten | lmi | lmn | gesamt |
| 1 | Angebote einholen | Angebote | 1.000 | 300.000 | | | |
| 2 | Bestellungen aufgeben | Bestellungen | 3.500 | 70.000 | | | |
| 3 | Rechnungen prüfen | Rechnungspositionen | 10.000 | 100.000 | | | |
| 4 | Abteilung leiten | | | 40.000 | | | |
| Σ | | | | 510.000 | | | |

Helfen Sie Frau Typhus! Tragen Sie die Sätze in die dafür vorgesehenen Spalten ein!

3/43. Der ehemalige chinesische Tischtennismeister Herr Ping Pong ist Austauschstudent an der Fachhochschule Wernigerode und während seines halbjährigen Praktikums in der Beschaffungsabteilung eines großen deutschen Sportartikelherstellers beschäftigt. Dort hat er die Aufgabe anhand der nachstehenden Prozesskostenstellenrechnung die Prozessmengen der einzelnen Teilprozesse zu berechnen. Zu welchen Ergebnissen kommt Herr Pong (Werte in €)?

| Nr. | KoSt 643 Einkauf | | Maßgrößen | | |
|---|---|---|---|---|---|
| | Bezeichnung | Anzahl der ... | Prozessmenge | Plankosten | Prozesskostensatz |
| 1 | Angebote bearbeiten | Angebotspositionen | | 24.000 | 40 |
| 2 | Material disponieren | | | | |
| | - Bestellpunkt ist erreicht | Teile | | 98.000 | 70 |
| | - Zu- oder Abgang liegt vor Bestellungen auslösen | Teile | | 30.000 | 10 |
| 3 | | Teile, bei denen Bestellzeitpunkt erreicht ist | | 32.500 | 25 |
| 4 | Termine verfolgen bei - normalen Bestellungen - terminkritischen Bestellungen | Bestellungen | | 16.500 | 15 |
| | | Bestellungen | | 18.000 | 90 |
| Σ | | | | 219.000 | |

3/44. Ermitteln Sie anhand der folgenden Prozesskostenstellenrechnung die Plankosten und die Lmn-Sätze (Werte in €)!

| KoSt 643 Einkauf | | Maßgrößen | | Prozesskosten | | |
|---|---|---|---|---|---|---|
| Nr. | Bezeichnung | Anzahl der ... | Prozessmenge | Plankosten | lmi | lmn | gesamt |
| 1 | Angebote einholen | Angebote | 2.000 | | 100,00 | | 109,6154 |
| 2 | Bestellungen aufgeben | Bestellungen | 3.000 | | 80,00 | | 87,6923 |
| 3 | Reklamationen bearbeiten | Reklamationen | 200 | | 400,00 | | 438,4615 |
| 4 | Abteilung leiten | | | | | | |
| Σ | | | | | | | |

3/45. Im Anschluss an die Prozesskostenstellenrechnung werden die Teilprozesse zu Hauptprozessen zusammengefasst. Definieren Sie den Begriff Hauptprozess!

3/46. Was bezeichnet man als Prozesskostenhierarchie?

3/47. Bei der Verdichtung der Teilprozesse zu Hauptprozessen kann ein Teilprozess in verschiedene Hauptprozesse eingehen. Geben Sie dafür ein praktisches Beispiel!

3/48. Beurteilen Sie die beiden Methoden zur Verdichtung der Teilprozesse zu Hauptprozessen!

3/49. Eine interessante Möglichkeit der Hauptprozessverdichtung ergibt sich, wenn es gelingt, mehrere Prozesse mit unterschiedlichen Kostentreibern zu verknüpfen. Dies ist immer dann möglich, wenn die unterschiedlichen Bezugsgrößen in einer relativ konstanten Abhängigkeit zueinander stehen. Man spricht in diesem Zusammenhang auch von Austauschbarkeit der Maßgrößen. Geben Sie hierfür ein Beispiel!

3/50. Herr Schall ist Kostenstellenleiter der Kostenstelle „455 Fertigungsplanung", Herr Rauch ist Leiter der Kostenstelle „480 Qualitätskontrolle". Für die Kostenstellen von Schall und Rauch werden folgende Daten ermittelt (vgl. Däumler, K.-D./Grabe, J.: Kostenrechnung 3: Plankostenrechnung, S.240 f.):

| KoSt 455 | | | Maßgrößen | | Prozesskosten (in €) | | |
|---|---|---|---|---|---|---|---|
| Nr. | Bezeichnung | Anzahl der ... | Menge | Personen | lmi | lmn | gesamt |
| 1 | Arbeitspläne ändern | Produktänderungen | 100 | 2 | 650.000 | 52.000 | 702.000 |
| 2 | Produktion betreuen | Varianten | 50 | 3 | 850.000 | 68.000 ↑ | 918.000 |
| 3 | Abteilung leiten | | | 1 | | 120.000 | |
| Σ | | | | 6 | | | 1.620.000 |

| KoSt 480 | | | Maßgrößen | | Prozesskosten (in €) | | |
|---|---|---|---|---|---|---|---|
| Nr. | Bezeichnung | Anzahl der ... | Menge | Personen | lmi | lmn | gesamt |
| 1 | Prüfpläne ändern | Produktänderungen | 100 | 2 | 300.000 | 90.000 | 390.000 |
| 2 | Produktqualität sichern | Varianten | 50 | 3 | 700.000 | 210.000 ↑ | 910.000 |
| 3 | Teilnahme Qualitätszirkel | | | 1 | | 150.000 | |
| 4 | Abteilung leiten | | | 1 | | 150.000 | |
| Σ | | | | 7 | | | 1.300.000 |

Die Aufteilung der Gesamtkosten der Kostenstellen auf die einzelnen Teilprozesse erfolgt über die Mitarbeiterzahl.

a) Ermitteln Sie für die Teilprozesse der Kostenstelle von Herrn Schall die lmi-Prozesskostensätze, die Prozessumlagesätze und die Gesamtprozesskostensätze!

b) Ermitteln Sie für die Teilprozesse der Kostenstelle von Herrn Rauch die lmi-Prozesskostensätze, die Prozessumlagesätze und die Gesamtprozesskostensätze!

c) Ermitteln Sie für die Hauptprozesse „Produktänderungen vornehmen" und „Varianten betreuen" die Hauptprozesskostensätze!

3/51. Unterscheiden Sie zwischen der amerikanischen und der deutschen Version der Prozesskostenrechnung!

3/52. Der Zigarettenhersteller „Nikotin"-AG kauft im Abrechnungsmonat Mai die beiden Tabaksorten Nicotiana rustica (kurz R) und Nicotiana tabacum (kurz T) aus Ostindien ein. Vom Rohstoff R werden 10 mal 1 t zum Preis von 50 €/t und von T ebenfalls 10 mal 1 t zum Preis von 500 €/t geliefert. Die Kosten des Beschaffungsvorgangs belaufen sich insgesamt auf 11.000 € für Mai. Der aus dem BAB ermittelte Materialgemeinkostenzuschlagssatz liegt bei 200 %.

Kalkulieren Sie die Materialkosten pro Tonne der beiden Produkte einmal nach der traditionellen Zuschlagskalkulation und ein anderes Mal nach der Prozesskostenrechnung!

3/53. Kalkulieren Sie die Gesamtkosten für die Auftragsbearbeitung (hier Vertriebsgemeinkosten) sowie die Stückselbstkosten (= Herstellkosten + Auftragsbearbeitungskosten) für unterschiedliche Auftragsmengen (siehe Tabelle) einmal nach der Zuschlagskalkulation mit einem Zuschlagssatz von 3 % und ein anderes Mal nach der Prozesskostenrechnung mit einem Prozesskostensatz von 3.348 € je Auftrag! Die Werte in der Tabelle sind in Euro.

| Stück | Herstellkosten | Zuschlagskalkulation | | Prozesskostenrechnung | |
|---|---|---|---|---|---|
| | | Vertr.-GK | Stück-SK | Vertr.-GK | Stück-SK |
| 1 | 500 | | | | |
| 5 | 2.500 | | | | |
| 10 | 5.000 | | | | |
| 100 | 50.000 | | | | |
| 1.000 | 500.000 | | | | |

3/54. Die Einkaufsabteilung eines Unternehmens bestellt drei Varianten eines Rohstoffes. Die Teilprozesse der Kostenstelle, die Planprozessmengen in Stück, der Planprozesskostensatz in € sowie die produktionsvolumenabhängigen und variantenzahlabhängigen Prozesskosten in % können der nachstehenden Tabelle entnommen werden.

| Teilprozesse | Prozess-menge | Prozess-kostensatz | prod.-vol.abh. Prozessmenge | var.-zahlabh. Prozessmenge |
|---|---|---|---|---|
| Angebote einholen | 1.000 | 200,00 | 70 % | 30 % |
| Bestellungen aufgeben | 4.000 | 30,00 | 90 % | 10 % |
| Reklamationen bearbeiten | 200 | 1.000,00 | 10 % | 90 % |

Die Planbestellmengen der drei Varianten betragen für A 7.000 Stück, für B 2.900 Stück und für C 100 Stück.

Berechnen Sie den Prozesskostenanteil in € der drei Varianten für die Produktkalkulation!

Angenommen, die Variante C wird ersatzlos eliminiert, wie verändern sich dann die Prozesskostenanteile in € der Varianten A und B unter sonst gleichen Bedingungen!

3/55. Berechnen Sie anhand der nachstehenden Daten die Qualitätssicherungskosten für die Rohstoffqualität je kg Produkt nach der Prozesskostenrechnung! (Beispiel und Zahlen entnommen aus Verband der Chemischen Industrie e.V.: Einsatzmöglichkeiten der Prozeßkostenrechnung in der Chemischen Industrie, S.99 ff.)

Das Beispiel geht von einem Chemischen Industriebetrieb aus, der aus drei neuen Rohstoffen R1 bis R3 die beiden neuen Produkten P1 und P2 fertigt. In einer bereits durchgeführten Prozessanalyse wurden für die betroffenen sechs Teilprozesse folgende Planprozessmengen und Plankosten (in €) ermittelt:

| Nr. | Teilprozesse | Kostentreiber | Menge | Kosten |
|---|---|---|---|---|
| 1 | Festlegung der Qualitätsmerkmale | Anzahl der betroffenen Rohstoffe | 10 | 10.000 |
| 2 | Erstellung von Fehlerkatalogen je Qualitätsmerkmal | Anzahl der betrachteten Qualitätsmerkmale | 30 | 21.000 |
| 3 | Erstellung und Änderung von Prüfplänen | Anzahl der betroffenen Rohstoffe | 10 | 30.000 |
| 4 | Formulierung von Mindestanforderungen an die Lieferanten | Anzahl der Lieferanten | 15 | 4.500 |
| 5 | Probenahme/Erstellung von Analyseaufträgen | Anzahl der Proben | 1.000 | 25.000 |
| 6 | Durchführung und Bewertung von Prüfungen | Anzahl der Proben | 1.000 | 100.000 |

Teilprozesse können zu einem Hauptprozess verdichtet werden, wenn sie einen gemeinsamen Kostentreiber aufweisen. Im Übrigen liefert die Beschaffungsabteilung folgende Basisdaten für die Rohstoffkalkulation:

| Rohstoffe | Anzahl der Qualitätsmerkmale | Anzahl der Lieferanten | Anzahl der Proben | Beschaffungsmenge |
|---|---|---|---|---|
| R1 | 2 | 2 | 50 | 6.000 kg |
| R2 | 4 | 1 | 60 | 3.500 kg |
| R3 | 1 | 1 | 75 | 1.500 kg |

Aus der Forschungs- und Entwicklungsabteilung ist Ihnen bekannt, dass die beiden Produkte P1 und P2 je kg Produkt aus folgenden Rohstoffanteilen bestehen (Rezeptur):

| Rohstoffe | Produkt 1 | Produkt 2 |
|---|---|---|
| Rohstoff 1 | 0,6 kg | 0,0 kg |
| Rohstoff 2 | 0,3 kg | 0,5 kg |
| Rohstoff 3 | 0,1 kg | 0,5 kg |
|  | 1,0 kg | 1,0 kg |

3/56. Inwieweit ist die Prozesskostenkalkulation eher als die Zuschlagskalkulation geeignet eine Variantenvielfalt zu berücksichtigen?

3/57. Erläutern Sie den Allokationseffekt, den Degressionseffekt und den Komplexitätseffekt der Prozesskostenrechnung!

3/58. Welche Ziele verfolgt das Gemeinkostenmanagement?

3/59. Welcher Kritik unterliegen die traditionellen finanzwirtschaftlichen Kennzahlen?

3/60. Kennen Sie Beispiele für prozessorientierte Kennzahlen?

3/61. Welche Beziehung besteht zwischen dem Prozesskostensatz und der Produktivität?

3/62. Welche Vergleichsmaßstäbe kommen für die prozessorientierte Kostenkontrolle in Frage?

3/63. Welche Abweichungsursachen lassen sich in der prozessorientierten Kostenkontrolle voneinander unterscheiden?

3/64. Welche Zeiträume empfehlen sich für eine prozessorientierte Kostenkontrolle?

3/65. Beschreiben Sie das Prozedere beim prozessorientierten Soll-Ist-Vergleich!

3/66. Sie sind Fachreferent der Zentralabteilung „Kostenrechnung und Controlling" eines größeren Elektogeräteherstellers und haben nachstehende Aufgaben zu lösen (Zahlen entnommen aus: Seeger, R.: Prozeßkostenrechnung, S.103 ff.).

Aus einer durchgeführten Prozessanalyse sind Ihnen die wesentlichen Cost Driver (CD) und deren Planprozessmengen für die beiden Produkte A und B sowie insgesamt bekannt:

| Anzahl Teilprozesse | Produkt A | Produkt B | Σ |
|---|---|---|---|
| Anzahl Bestellungen (CD1) | 100 | 200 | 300 |
| Anzahl Lagervorgänge (CD2) | 600 | 400 | 1.000 |

An diesen beiden Prozessen sind folgende Kostenstellen K1 bis K3 beteiligt:

| CD1 „Bestellungen" | K1 | K2 | K3 |
|---|---|---|---|
| ∅ Stunden je Teilprozess | 2 | 3 | 0 |
| Anzahl Bestellungen (s.o.) | 300 | 300 | 300 |
| ∅ Stunden absolut | 600 | 900 | 0 |

| CD2 „Lagervorgänge" | K1 | K2 | K3 |
|---|---|---|---|
| ∅ Stunden je Teilprozess | 0 | 1 | 4 |
| Anzahl Lagervorgänge (s.o.) | 1.000 | 1.000 | 1.000 |
| ∅ Stunden absolut | 0 | 1.000 | 4.000 |

Die absoluten Stunden, welche die drei Kostenstellen bereitstellen müssen, um die Gesamtmengen von CD1 und CD2 zu realisieren, errechnen sich durch Multiplikation von Stunden je Vorgang und Prozessmengen der Teilprozesse. Die Summen dieser Stunden werden als Plan-Bezugsgrößenmengen der Kostenplanung zugrunde gelegt. Da die Kostenstellen nur Gemeinkosten aufweisen, ergeben sich auch nur Gemeinkostenstundensätze:

| | K1 | K2 | K3 |
|---|---|---|---|
| Plan-Bezugsgrößenmenge in h | 600 | 1.900 | 4.000 |
| geplante Gemeinkosten in € | 600 | 3.800 | 12.000 |
| Gemeinkostenstundensatz in €/h | 1 | 2 | 3 |

a) Führen Sie eine Kostenzuordnung der drei Kostenstellen auf die beiden Teilprozesse durch! Grundlage sind die oben ermittelten absoluten Stunden der drei Kostenstellen. Errechnen Sie anschließend die beiden zugehörigen Teilprozesskostensätze!

b) Welche Prozesskostenanteile entfallen insgesamt und pro Stück auf die Produkte A und B, wenn von A 1.000 Stück und von B 4.000 Stück beschafft werden sollen?
Welche Kostenanteile entfallen insgesamt und pro Stück auf die Produkte A und B, wenn die Einzelkosten pro Stück von A 28 € und von B 75 € betragen und mit einem Gemeinkostenzuschlagssatz von 5 % gearbeitet wird?
Vergleichen Sie die Stückkosten nach traditioneller und prozessorientierter Kalkulation und interpretieren Sie die Ergebnisse!

c) Angenommen die tatsächliche Bezugsmenge von Produkt A beträgt 800 Stück und von B 2.800 Stück. Wie hoch ist die prozentuale Unterbeschäftigung?
Angenommen die Istkosten der drei Kostenstellen K1, K2 und K3 betragen 600 €, 3.800 € und 12.820 €. Wie hoch sind die Gemeinkostenabweichungen (Verbrauchsabweichungen) je Kostenstelle und als Summe?

d) Errechnen Sie die Soll-Gemeinkosten für jedes Produkt und insgesamt sowie die (Gesamt-)Abweichung zu den Ist-Gemeinkosten!

e) Angenommen die Istmengen der Inanspruchnahme der beiden Teilprozesse von den beiden Erzeugnissen sind wie in nachstehender Tabelle gezeigt. Welche Sollkosten (mit Istprozessmengen) für die Erzeugnisse A und B sowie A+B lassen sich daraus ableiten? Die Grundlage der Berechnung sind die beiden in a) ermittelten Teilprozesskostensätze.

| Ist-Anzahl Teilprozesse | Produkt A | Produkt B | Σ |
|---|---|---|---|
| Ist-Anzahl Bestellungen (CD1) | 88 | 168 | 256 |
| Ist-Anzahl Lagervorgänge (CD2) | 528 | 336 | 864 |

Wie hoch ist die (Beschäftigungs-)Abweichung zwischen den gerade ermittelten Sollkosten je Teilprozess und den Plankosten je Teilprozess aus Lösung a)?

f) Berechnen Sie mit Hilfe der prozentualen Unterbeschäftigung aus Lösung c) die Sollprozessmengen der Teilprozesse bzw. Produkte! Welche Sollkosten (mit Sollprozessmengen) für die Erzeugnisse A und B sowie A+B lassen sich daraus ableiten? Grundlage der Berechnung sind die beiden in a) ermittelten Teilprozesskostensätze.

g) Stellen Sie die Sollkosten mit Istprozessmengen aus Aufgabe e) den Sollkosten mit Sollprozessmengen aus Aufgabe f) gegenüber und ermitteln Sie die Abweichungen, sowohl nach Erzeugnissen als auch nach Teilprozessen!

h) Stellen Sie abschließend heraus, aus welchen Teilabweichungen sich die Gesamtabweichung zusammensetzt!

3/67. Wozu dient der „process owner"?

3/68. Aus welchen Komponenten setzt sich die Prozessdauer zusammen?

3/69. Kann die Prozesskostenrechnung bei der Bildung interner Verrechnungspreise helfen?

3/70. Erläutern Sie Kaizen Costing!

3/71. Hat die Prozesskostenrechnung Vorteile für die Preis- und Sortimentspolitik im Unternehmen?

3/72. Beschreiben Sie das Grundkonzept und die Zielsetzungen der prozessgestützten Portfolio-Analyse!

3/73. Erläutern Sie das Interner Prozessvorteil/Internes Marktwachstum-Portfolio!

3/74. Beurteilen Sie die Anwendung der Prozesskostenrechnung!

3/75. Die Verfechter der Prozesskostenrechnung behaupten „one cost system isn`t enough". Begründen Sie diese Aussage!

3/76. Kann bei Einsatz der Prozesskostenrechnung auf traditionelle Systeme der Kosten- und Leistungsrechnung verzichtet werden?

3/77. Wie beurteilen Sie die Alternative, die Prozesskostenrechnung in die Kostenrechnungs-Standardsoftware einzubinden?

3/78. Welche Vorteile hat eine PC-Lösung gegenüber einer Großrechnerinstallation für die Prozesskostenrechnung?

# 4 Target Costing

Neben dem Begriff der Prozesskostenrechnung ist der Termini "Target Costing" ein weiteres Schlagwort im Bereich der betrieblichen Kosten- und Leistungsrechnung.

## 4.1 Einführung

<u>Historische Entwicklung</u>

Kennzeichnend für viele Unternehmen, insbesondere von denen die technische Erzeugnisse anbieten, ist, dass sie sich weit mehr an den technischen Möglichkeiten als an den Kunden und den Märkten orientieren. Sie sind stets bestrebt, technisch perfekte Lösungen anzubieten, die jedoch immer weniger dem tatsächlichen Bedarf des Kunden entsprechen, weder was die Kosten, noch was die Funktionen angeht. Eine verstärkte **Kunden- und Marktorientierung** soll dieser Entwicklung nachhaltig entgegenwirken. Eine Möglichkeit diese Philosophie in die Kostenrechnung umzusetzen, ist das sogenannte Target Costing.

**Target Costing** – oder übersetzt „*Zielkostenrechnung*" oder „*Zielkostenmanagement*" (japanisch: genka kikaku) – ist ein ursprünglich **aus Japan stammender Ansatz** zur Entwicklung von marktpreisgerechten Produkten, der im Zusammenhang mit der Kostenermittlung bei Produktplanung zunehmend an Bedeutung gewonnen hat. Target Costing wurde 1965 von TOYOTA entwickelt und wird seit den 70er Jahren in vielen japanischen Unternehmen mit Erfolg praktiziert.

Erstaunlicherweise wurde das Grundprinzip des Target Costing bereits in den dreißiger Jahren **in Deutschland von *Ferdinand Porsche*** bei der Entwicklung des ersten Volkswagens „Käfer" angewendet. Damals wurde festgelegt, dass das Fahrzeug einen Verkaufspreis von 990 Reichsmark nicht übersteigen dürfe, damit er für einen größeren Teil der Bevölkerung auch erschwinglich bliebe. Durch Anstrengungen der Entwicklungsingenieure und Konstrukteure konnte dieses Ziel dann auch tatsächlich erreicht werden.

Andere Literaturquellen weisen auf noch frühere Anwendungsbeispiele hin (vgl. hierzu Meier, H.: Unternehmensführung, S.73). So wurde die Idee des Target Costing bereits von *Henry Ford* Anfang des 20. Jahrhunderts bei der Herstellung des **Ford-T-Modells** propagiert. Damals sollte ein Ford-T-Modell nach der betrieblichen Kalkulation etwa 1.000 Dollar kosten. Der Preis war nach damaligen Löhnen und Lebenshaltungskosten zu hoch, um als Kunden die Ford-Mitarbeiter anzusprechen. Also dachte *Henry Ford* anders herum: Was kann ein Arbeiter ansparen, um sich einen Ford leisten zu können. Das Resultat war ein Verkaufspreis von 500 Dollar. Daraufhin beauftragte Ford seine Ingenieure und Konstrukteure, das Auto so zu fertigen, dass bei einem Preis von 500 Dollar noch ein Gewinn erwirtschaftet wurde.

In den 90er Jahren wurde die Idee des Target Costing in Europa aufgenommen und hat Eingang vor allem in der Automobilindustrie gefunden. Weitere Branchen wie Maschinenbau, Elektroindustrie und Feinmechanik haben sich angeschlossen. Weitere werden folgen.

Grundidee

Innovativ an diesem Ansatz ist die **konsequente Ausrichtung auf die vom Kunden gewünschten Produktmerkmale**. Die zentrale Frage des Zielkostenmanagements lautet: "Wie viel darf das Produkt höchstens kosten?" und nicht wie beim traditionellen Ansatz: "Was wird das Produkt kosten?". Letztere Vorgehensweise führt nicht selten zu einem Preis, der weit über dem Marktpreis vergleichbarer Produkte liegt, zu dem die Erzeugnisse nur schwer absetzbar sind. Im engen Zusammenhang mit dieser zentralen Fragestellung steht die Frage: "Was muss das Produkt wirklich können?".

> **Target Costing** ist die konsequente Ausrichtung der Produktkosten und -merkmale und letztendlich auch des gesamten Unternehmens an den Markt- und Kundenwünschen.

Übersicht 4/1: Grundkonzept und Ablauf des Target Costing

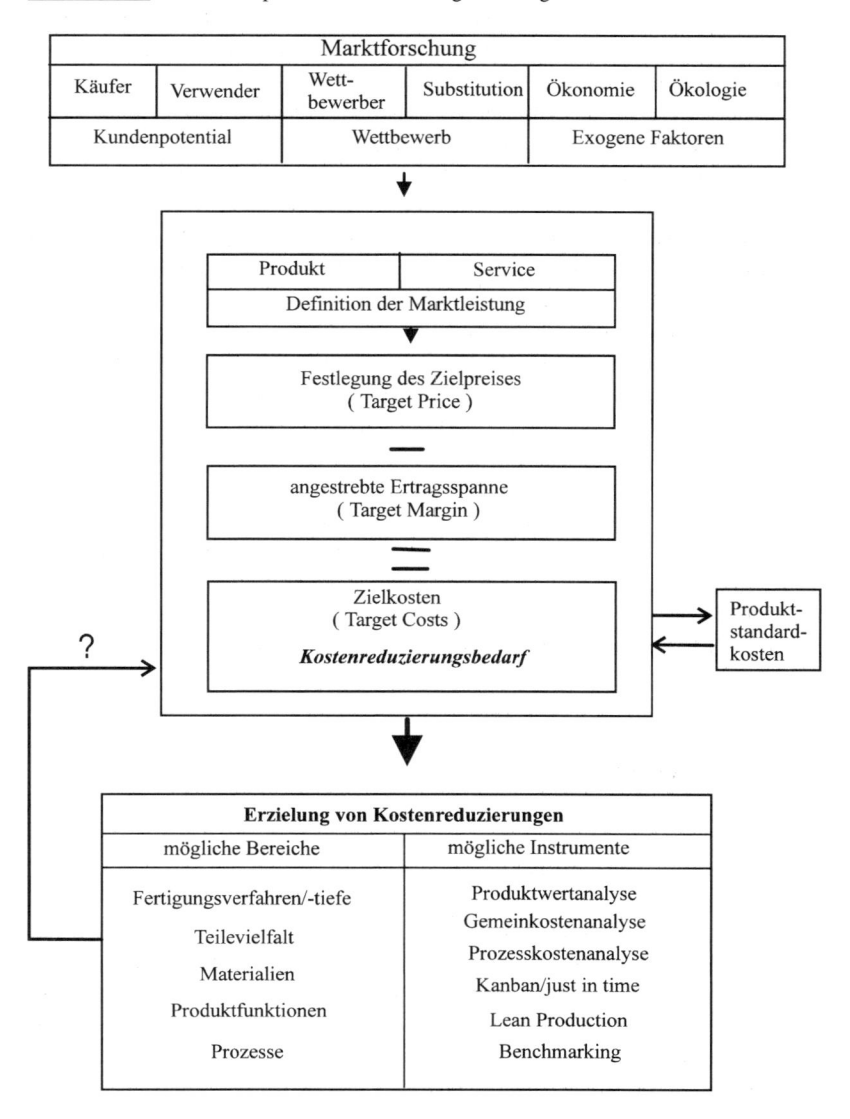

| Marktforschung | | | | | |
|---|---|---|---|---|---|
| Käufer | Verwender | Wett-bewerber | Substitution | Ökonomie | Ökologie |
| Kundenpotential || Wettbewerb || Exogene Faktoren ||

```
        ┌─────────────────────────────────────┐
        │  ┌──────────┬──────────┐            │
        │  │ Produkt  │ Service  │            │
        │  ├──────────┴──────────┤            │
        │  │ Definition der Marktleistung │   │
        │  └─────────────────────┘            │
        │                                     │
        │      Festlegung des Zielpreises     │
        │          ( Target Price )           │
        │                                     │
        │       angestrebte Ertragsspanne     │
        │          ( Target Margin )          │
        │                                     │
        │              Zielkosten             │       Produkt-
?  ──→  │           ( Target Costs )          │ ←──   standard-
        │       Kostenreduzierungsbedarf      │ ──→   kosten
        └─────────────────────────────────────┘
```

| Erzielung von Kostenreduzierungen ||
|---|---|
| mögliche Bereiche | mögliche Instrumente |
| Fertigungsverfahren/-tiefe | Produktwertanalyse |
| Teilevielfalt | Gemeinkostenanalyse |
| Materialien | Prozesskostenanalyse |
| Produktfunktionen | Kanban/just in time |
| Prozesse | Lean Production |
| | Benchmarking |

Quelle: In Anlehnung an Fink, A.: Industriegütermarketing, S.17

Diese Vorgehensweise nennt man in der betriebswirtschaftlichen Literatur *"Target Costing"*. Ausgangspunkte der Produktplanung sind die aufgrund von Marktforschungsergebnissen ermittelte Funktionalität des zukünftigen Produktes und der vom Abnehmer noch akzeptierte Marktpreis dafür. Die Kostenplanung beginnt ergo bereits bei der Produktentwicklung, da bereits bei den ersten Entwürfen entscheidende Weichenstellungen für die spätere Kostensituation erfolgen. Die Preispolitik wird zum untrennbaren Bestandteil der Produktpolitik (vgl. Fink, A.: Industriegütermarketing, S.17).

Das Grundkonzept und der grundsätzliche Ablauf der Zielkostenrechnung sind in der folgenden Abbildung 4/1 anschaulich und überblicksartig festgehalten. Ausgangspunkt ist die konsequente Marktorientierung insbesondere die Ausrichtung auf den Kunden, dessen Wünsche und Bedarfe mit Hilfe der Marktforschung festgehalten werden. Der Kunde gibt insofern den maximalen Verkaufspreis (Zielpreis) und die Ausgestaltung des Produktes vor. Davon werden retrograd die erlaubten Kosten bzw. Zielkosten des Produktes ermittelt. Sind die tatsächlichen und gegenwärtigen Standardkosten im Betrieb höher als die Zielkosten, sind Kostensenkungsmaßnahmen notwendig.

Target Costing ist also ein Kostenmanagementkonzept, dessen Besonderheit in der konsequenten Ausrichtung aller Unternehmensaktivitäten auf die Markt- und Kundenbedürfnisse begründet ist. Es handelt sich dabei um ein umfassendes Kostenplanungs-, -kontroll- und -steuerungsinstrument, das wegen seiner Weitsicht auch als *strategisches Zielkostenmanagement* bezeichnet wird.

## 4.2 Anwendungsbereiche des Target Costing

Anwendungsvoraussetzungen

Die Anwendung des Target Costing eignet sich vorrangig für Unternehmen, die einer hohen Wettbewerbsintensität und starken Preiskämpfen ausgesetzt sind sowie Produkte herstellen, die relativ kurze Lebenszyklen und eine hohe Variantenvielfalt aufweisen. Für solche Unternehmen ist es zwingend notwendig, zur Erhaltung oder Verstärkung ihrer Wettbewerbsfähigkeit höchste Anstrengungen in Bezug auf die **kritischen Erfolgsfaktoren Kosten, Zeit und Qualität** zu verwenden (vgl. Grafik 4/2).

Übersicht 4/2: Kritische Erfolgsfaktoren

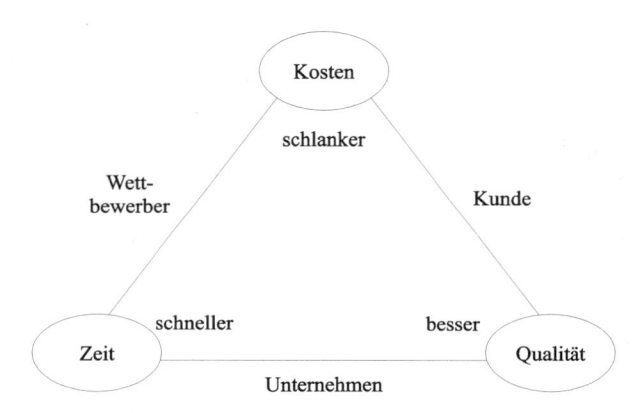

```
                    Kosten
                   /      \
              schlanker
         Wett-  /           \
      bewerber              Kunde
            /                  \
       schneller     besser
      Zeit ─────────────────── Qualität
              Unternehmen
```

Unternehmen mit dieser Voraussetzung können in der Zukunft nur dann erfolgreich bestehen, wenn es ihnen gelingt, **gleichzeitig besser, schneller und schlanker** als die Konkurrenz zu werden.

Branchen

Target Costing empfiehlt sich für Unternehmen der **verarbeitenden Industrie**, gleichgültig, ob es sich bei ihnen um Hersteller kleiner Serien oder um Massenproduzenten handelt. Vorwiegend interessieren sich Firmen der High-Tech-Industrie wie Automobilbau, Maschinenbau, Elektroindustrie und Feinmechanik für dieses Instrument. Aber auch im **Dienstleistungsbereich** gibt es gute Einsatzmöglichkeiten.

Weniger Bedeutung wird Target Costing dagegen in der Veredelungsindustrie wie der Stahl-, Pharma-, Papier- und Nahrungsmittelindustrie erhalten, da hier aufgrund meist kleiner Sortimente und geringer Produktkomplexität vorwiegend eine Prozess- und weniger Produktorientierung betrieben wird.

Die Verbreitung des Target Costing-Ansatzes in japanischen Unternehmen unterschiedlicher Branchen in Prozent zeigt die folgende Tabelle 4/3:

Übersicht 4/3: Verbreitung des Target Costing-Ansatzes

| Branche | Prozent |
|---|---|
| Fahrzeugbau | 100,0 |
| Elektrotechnik | 88,5 |
| Maschinenbau | 83,2 |
| Feinmechanik/Optik | 75,0 |
| Textil/Bekleidung | 66,7 |
| NE-Metall-Industrie | 53,5 |
| Öl/Gummi/Glas | 36,4 |
| Chemie/Pharma | 31,3 |
| Nahrungsmittel | 28,6 |
| Stahl | 23,1 |
| Papier und Zellstoff | 0,0 |
| Sonstige | 33,3 |

Quelle: Füser, K.: Modernes Management, S.135

Einsatzfelder

Target Costing ist ein Instrument, welches vorwiegend bei der Entwicklung von **Neuprodukten** zum Einsatz kommt und hier speziell zum Kostenmanagement der frühen Phasen im Produktlebenszyklus eingesetzt wird. Ebenso kann Target Costing auch bei **existierenden Produkten** sinnvoll eingesetzt werden. Bestehende Produktionsprozesse können optimiert, Gemeinkostenbereiche können transparenter gemacht oder die Funktionalität kann bezüglich Kundenwünsche überprüft werden. Hierbei muss aber gesagt werden, dass Änderungen der Kostenstruktur von bereits am Markt existierenden Produkten erheblich schwieriger sind als bei Neuprodukten.

Anwendungsbeispiele

Die Entwicklungsabteilung der **Siemens AG**, Bereich medizinische Technik, stand trotz jahrelanger harter Kostensenkung bei Computertomographen vor einer enormen Kostenlücke zum besten Mitbewerber. Viele Arbeitsplätze in diesem Unternehmensbereich waren gefährdet. Durch gezielte Anwendung von Target Costing und konsequente Kundenorientierung konnte die Neuentwicklung eines Nachfolgemodells mit nur 44 % des Kostenniveaus des Vorgängers realisiert werden, die Fertigungszeit konnte sogar auf fast ein Drittel des ursprünglichen Wertes gesenkt werden.

## 4.3 Grundprinzipien und Vorgehensweise beim Target Costing

Simultaneous Engineering

Basis des Target Costing ist der **Teamgedanke** im Rahmen des Simultaneous Engineering. Mitarbeiter aus den verschiedensten Unternehmensbereichen wie Forschung und Entwicklung, Einkauf, Marketing, Konstruktion und Fertigung arbeiten gemeinsam an einem neuen Produkt. Außerdem können auch Zulieferer mit einbezogen werden. Auf diese Art und Weise werden sonst an der Tagesordnung stehende Koordinations- und Kommunikationsprobleme im vorhinein vermieden. Es kann frühzeitig und in kurzen Zeitabschnitten geprüft werden, ob das bisher entwickelte Produkt alle Zielvorgaben einhält.

Kostenmanagement

Das marktorientierte Kostenmanagement beginnt nicht erst beim Produktionsstart, wenn wesentliche Kostenblöcke bereits definiert sind, sondern **schon bei der Aufnahme des Entwicklungsprozesses** für das neue Produkt. Bereits hier setzt das Zielkostenmanagement an. Damit kann der Tatsache Rechnung getragen werden, dass bis zum Zeitpunkt der Markteinführung nur zwischen 10 und 15 % der Kosten eines Erzeugnisses aufgelaufen sind, dass aber zwischen 70 und 80 % der Kosten aufgrund der Konstruktionsvorgaben vorbestimmt sind (vgl. Hillmer, H.-J.: Strategisches Kostenmanagement, S.1537 oder Wäscher, D.: CIM als Basis für ein prozeßorientiertes Gemeinkostenmanagement, S.72).

Ferner müssen für die Schlüsselentscheidungen des Konstrukteurs **entscheidungsorientierte Kosteninformationen** verfügbar gemacht werden, die alle Kosteneinflussfaktoren und somit auch die gemeinkostentreibenden Faktoren so abbilden, dass sowohl eine kunden- als auch eine kostenfreundliche Konstruktion ermöglicht wird. Erst dadurch kann das Entwicklungsteam erkennen, was seine Entscheidungen neben den rein technischen und funktionsmäßigen Auswirkungen für ökonomische Konsequenzen auf die Prozessabläufe bei der Herstellung und Auftragsabwicklung des künftigen Erzeugnisses haben.

Vorgehensweise beim Target Costing

Die **Vorgehensweise beim Target Costing** kann man in mehrere Schritte einteilen:

1. Unternehmensplanung

2. Ermittlung des Zielpreises und Festlegung der Zielkosten

3. Zieldekomposition (Zielkostenspaltung)

4. Suchen eines Optimums bezüglich Funktionalität und Kosten

5. Realisierung der Zielkosten

## 4.3.1 Unternehmensplanung

Die Unternehmensplanung bildet den Ausgangspunkt im Prozess des Target Costing. Sie ist ein wichtiger Schritt, der allerdings nicht neu und typisch für die Zielkostenrechnung ist. Insofern soll er an dieser Stelle nur der Vollständigkeit halber erwähnt werden. Der interessierte Leser sei auf die Literatur zum strategischen Controlling bzw. zur strategischen Planung verwiesen.

Die Unternehmensplanung in der Form der **Ausarbeitung einer Strategie** muss dafür Ausdruck sein, inwieweit das Unternehmen seine vorhandenen Stärken und zukünftigen Potenziale zielgerichtet einsetzen kann, um sich veränderten Umweltbedingungen anzupassen. Dabei sind Fragen zu klären, die beispielsweise die Produktauswahl, den zu bearbeitenden Markt, den dort angestrebten Marktanteil, die vorhandene und künftige Konkurrenzsituation oder den Markteintritt des Erzeugnisses betreffen. Dazu wird eine Analyse der eigenen Stärken und Schwächen sowie eine Analyse der Unternehmensumwelt erforderlich. Ein nicht immer einfaches Unterfangen.

### 4.3.2 Ermittlung des Zielpreises und Festlegung der Zielkosten

Grundprinzip

Unternehmen können langfristig nur erfolgreich sein, wenn sie Produkte herstellen, deren **Marktakzeptanz** von vornherein sichergestellt ist. Diese äußert sich in der Notwendigkeit der Beachtung solcher kaufentscheidender Faktoren wie günstiger Preis, optimale Funktionalität, Qualität, Benutzer- und Umweltfreundlichkeit, Service, Zuverlässigkeit, Lebensdauer und Markenimage. Ein vom Kunden als gut eingeschätztes **Preis-Leistungs-Verhältnis** ist ausschlaggebend für den Produkterfolg. Die Kunden beurteilen den Wert eines Produktes daran, inwieweit es zur Erfüllung ihrer subjektiven Nutzenerwartungen beiträgt. Dementsprechend werden sie auch bereit sein, diesen Nutzen zu vergelten. Zusätzliche vorhandene, vom Kunden nicht gewünschte Produkteigenschaften und -funktionen, verursachen zwar weitere Kosten, aber keinen zusätzlichen Nutzen für den Kunden. Den Einbau solcher nicht notwendiger Funktionen allein aufgrund technischer Machbarkeit und/oder nicht ausgelasteter Kapazitäten bezeichnet man auch als *Over Engineering*. Dieses muss unbedingt vermieden werden.

Vermeiden lassen sich solche gravierenden Fehler durch eine vorgeschaltete Marktuntersuchung und Informationserhebung.

Marktforschung

Um die subjektiven Kundenwünsche und den erzielbaren Verkaufspreis (Zielpreis) herauszufinden, kann man sich verschiedener **Marktforschungsmethoden** bedienen, auf die aber im Folgenden nicht weiter eingegangen werden soll. Wichtig ist dabei die **direkte Befragung** von Kunden und Nicht-Kunden, da nur unmittelbare Kontakte mit

Kunden zu anwenderbezogenen Produktkonzepten führen. Ebenfalls mit in den Entscheidungsprozess einzubeziehen sind alle Personen, die am Kaufprozess beteiligt sind oder die Kaufentscheidung maßgeblich beeinflussen. Vor dem Einstieg in ein potenziell erfolgreiches Target Costing steht zudem häufig ein **Benchmarking**, um die Kosten, die Qualität und die Flexibilität der Mitbewerber zu eruieren.

Als Ergebnis einer derart angelegten Informationserhebung erhält man ein umfassendes Produktprofil, das die Basis für weitere Entscheidungen im Rahmen der Produkt- und Kostenpolitik bildet.

Zielpreis

Der **Zielpreis für ein Produkt** – auch *Target Price* genannt – wird unter Berücksichtigung der Kundenanforderungen, des Konkurrenzverhaltens und der geplanten Absatzmengen **retrograd vom Markt ermittelt** und ist somit wichtigster Anhaltspunkt für das marktorientierte Zielkostenmanagement. Er ist derjenige Preis, der in Abhängigkeit von der Produktfunktionalität und dem entsprechenden Marktsegment mit hoher Sicherheit realisierbar sein wird. Er muss die Kostendeckung der vom Kunden gewünschten Eigenschaften und Funktionen sowie eine angemessene Gewinnerzielung gewährleisten. Eventuelle Erlösschmälerungen wie Boni, Skonti und Rabatte dürfen im Zielpreis nicht enthalten sein, da diese dem Unternehmen später auch nicht finanziell zufließen.

Zielkosten

Aus dem erzielbaren Marktpreis gilt es nun die **Zielkosten** abzuleiten. Das geschieht im Allgemeinen nicht direkt, sondern über mehrere Zwischenstufen, für die sich wiederum eigenständige Begriffe herausgebildet haben.

In der Literatur und Praxis diskutierte **Methoden zur Ermittlung der Zielkosten** sind:

1. Market-into-Company-Methode;
2. Out-of-Company-Methode;
3. Into-and-out-of-Company-Methode;
4. Out-of-Competitor-Methode;
5. Out-of-Standard-Costs-Methode.

Die Market-into-Company-Methode gilt als die Ursprungsform der Zielkostenrechnung und ist die am häufigsten angewendete Methode zur Ableitung der Zielkosten. Alle anderen Verfahren weichen von der durch das Target Costing postulierten Marktorientierung mehr oder weniger ab.

In der folgenden Tabelle 4/4 sind die fünf Methoden zusammengestellt und werden nach ihrer Einsetzbarkeit für Neuprodukte und Marktstandardprodukte unterteilt.

Übersicht 4/4: Methoden der Zielkostenbestimmung

| Methoden | Orientierung | Einsetzbarkeit für | |
|---|---|---|---|
| | | innovative Neuprodukte | Marktstandardprodukte |
| Market-into-Company | kunden- und marktorientiert | empfehlenswert | möglich |
| Out-of-Company | unternehmensorientiert | möglich | möglich |
| Into-and-out-of-Comp. | markt- und unternehmensorientiert | möglich | möglich |
| Out-of-Competitor | konkurrenzorientiert | nicht möglich | empfehlenswert |
| Out-of-Standard-Costs | unternehmensorientiert | möglich | möglich |

Quelle: In Anlehnung an Horváth, P./Seidenschwarz, W.: Zielkostenmanagement, S.144

Wie aus der oben stehenden Tabelle hervorgeht ist die Market-into-Company-Methode kunden- und marktorientiert. Sie wird von *Horváth* und *Seidenschwarz* sowohl für innovative Neuprodukte empfohlen als auch für eingeführte Marktstandardprodukte vorgeschlagen. Soll Target Costing ausschließlich für Marktstandardprodukte eingesetzt werden, ist die Out-of-Competitor-Methode zu favorisieren, der ein konkurrenzorientierter Ansatz zugrunde liegt.

Die erste Methode soll im Folgenden schwerpunktmäßig beschrieben werden.

## 1. Market-into-Company-Methode

Die Markt- und kundenorientierte Market-into-Company-Methode hat in vielen europäischen Unternehmen die größte Beachtung gefunden. Mit ihrer **strikten Marktausrichtung** soll sie für den späteren Produkterfolg sorgen. Die Market-into-Company-Methode eignet sich für Unternehmen, die sich in einem starken Wettbewerb befinden und keine Möglichkeit zur Qualitätsdifferenzierung ihrer Produkte und folglich auch zu deren Preisgestaltung haben.

Ausgehend von dem festgestellten Zielpreis werden durch Abzug einer angestrebten Gewinnmarge die vom Markt erlaubten Kosten für das Produkt ermittelt.

> Zielpreis
> - Zielgewinn (Gewinnmarge)
> = Erlaubte Kosten

Der **Zielgewinn** – auch *Gewinnmarge* oder *Target Profit* genannt – sollte nur den Anteil der Gemeinkosten abdecken, der dem Produkt auch über den Weg der Prozesskostenrechnung nicht zugerechnet werden kann. Dieses widerspricht allerdings dem Vollkostengedanken. Es ist bereits an dieses Stelle zu konstatieren, dass der Zielgewinn als feste und unumstößliche Vorgabe zu betrachten ist, um eventuelle Kostenüberschreitungen zu Lasten der Rentabilität von vornherein auszuschließen.

Zieht man von dem Zielverkaufspreis die Gewinnspanne ab, erhält man die sogenannten **erlaubten Kosten**.

> Die **erlaubten Kosten** – *Allowable Costs* – sind die Kosten, die ein Produkt mit gegebener Qualitätsausprägung unter Beachtung von Marktanforderungen und Konkurrenzprodukten maximal verursachen darf.

Um detaillierte Kostenabweichungen zu erhalten, vergleicht man die erlaubten Kosten mit den prognostizierten **Standardkosten** – *Drifting Costs* –, d.h., man stellt die erlaubten Kosten den aufgrund der Verwendung aktueller Technologien und Verfahren derzeit im Unternehmen erreichbaren Plankosten bezogen auf die Lebensdauer für ein Produkt mit vorgegebener Qualität gegenüber. In den meisten Fällen wird es zu einer mehr oder

# Target Costing

weniger großen Differenz – *Kostenlücke* oder *Target Gap* – zwischen diesen beiden Kostengrößen kommen.

| Erlaubte Kosten | ⇒ | Kostenlücke | ⇐ | Standardkosten |

Ziel muss es sein, diese Lücke systematisch zu verringern und letztlich auch zu schließen, was im Allgemeinen nur mit höchsten Anstrengungen erreichbar sein wird.

Die erlaubten Kosten liegen in der Praxis meist weit unter dem Kostenniveau, welches das Unternehmen bei gegebener Technologie und Fertigungsweise erreichen kann, und erscheinen zunächst unrealisierbar. Sie sollten aber nicht überschritten werden, um den Markterfolg nicht zu gefährden, und stellen insofern eine vom Markt vorgegebene Preisobergrenze dar.

Üblich ist es, die erlaubten Kosten als **Zielkosten** – *Target Costs* – des Produktes anzusetzen. Dies ist insbesondere notwendig, wenn der Wettbewerb eine andere Preisfestsetzung nicht zulässt oder eine Strategie der Kostenführerschaft verfolgt wird. Die Angleichung der Zielkosten an die erlaubten Kosten muss dann spätestens bis zum Produktionsstart erreicht sein.

Gelingt eine Angleichung trotz höchster Anstrengungen nicht, können die Zielkosten ausnahmsweise zwischen den erlaubten Kosten und den Standardkosten festgesetzt werden. Sie haben dann den Charakter eines **Zwischenziels**. Die exakte Bestimmung der Zielkosten sollte aber in jedem Fall von der jeweiligen Wettbewerbssituation und der verfolgten Strategie abhängig gemacht werden (vgl. Hardt, R.: Kostenmanagement, S.109). Bei der Ableitung dieser Kosten dürfen technologische Machbarkeitskriterien keine oder nur eine sekundäre Rolle spielen.

> Die vorgegebenen **Targets** sind als ein absolutes und nicht veränderbares Fixum anzusehen!

Beispiel: Market-into-Company-Methode

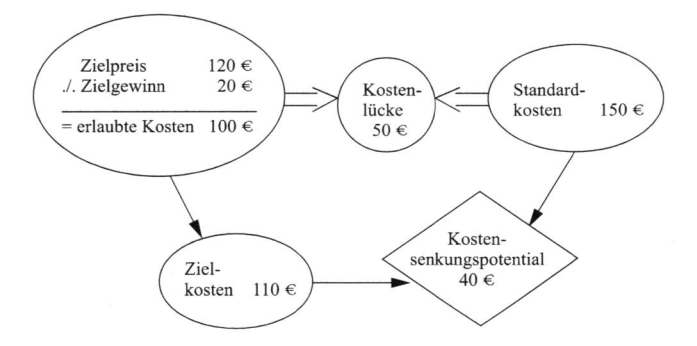

```
Zielpreis        120 €
./. Zielgewinn    20 €              Kosten-        Standard-
─────────────────────    →          lücke    ←     kosten    150 €
= erlaubte Kosten 100 €              50 €

                                    Kosten-
         Ziel-                      senkungspotential
         kosten  110 €      →           40 €
```

| Kein Produkt darf die **Produktionsfreigabe** erhalten, wenn die Zielkosten noch nicht erreicht sind! |
|---|

## 2. Out-of-Company-Methode

Eine andere Art der Zielkostenbestimmung ist das Out-of-Company-Konzept. Hier werden die Zielkosten aus dem Unternehmen heraus bestimmt. Dabei spielen konstruktions- und fertgungstechnische Faktoren eine wichtige Rolle für die Markttauglichkeit. Weitere Informationen über Produkttechnologien und Erfahrungskurveneffekte leisten hier einen guten Beitrag zur Anwendung dieser Zielkostenbestimmung.

Die Zielkostenfestlegung nach dem Out-of-Company-Konzept ist für Unternehmen sinnvoll, die den Markt beherrschen. Ferner bietet es sich an, wenn ein Zielpreis aus welchen Gründen auch immer nicht ermittelbar ist.

## 3. Into-and-out-of-Company-Methode

Die Into-and-out-of-Company-Methode ist eine Mischvariante aus beiden vorangegangenen Zielkostenanalysemethoden. Sie versucht, die Voraussetzungen und Möglichkeiten eines Unternehmens mit den Zielanforderungen des Absatzmarktes zu kombinieren. Eine Gefahr dieser Vorgehensweise besteht darin, dass die Kundenwünsche durch interne Strukturen und Problemfelder „aufgeweicht" werden.

Die Into-and-out-of-Company-Methode wird häufig bei europäischen Unternehmen angewendet (vgl. Hardt, R.: Kostenmanagement, S.111).

4. **Out-of-Competitor-Methode**

Eine ganz andere Sichtweise verfolgt das Out-of-Competitor-Konzept. Bei dieser Methode werden die Zielkosten mit den Kosten der Konkurrenz verglichen und diesen angenähert. Dabei kann man nur auf Informationen von bereits auf dem Markt positionierten Produkten zurückgreifen. „Dieses Verfahren bietet jedoch immer nur die Chance, Zweitbester zu werden und blockiert somit Spitzenleistungen." (Horváth, P.: Target Costing, S.10) Für ein Überholen der Konkurrenz reicht diese Form der Zielkostenfestlegung üblicherweise nicht.

5. **Out-of-Standard-Costs-Methode**

Die fünfte und letzte in der Literatur beschriebene Zielkostenbestimmungsmethode ist das Out-of-Standard-Costs-Konzept. Es setzt an den Standardkosten des Produktes an und versucht, diese den Zielkosten durch Ausnutzung von Kostensenkungspotentialen wie langjährige Produktionserfahrungen, Nutzung bereits vorhandener Produktionsprozesse und Berücksichtigung von bestehendem Know-how anzunähern. Da sich dieses Konzept für den modernen Ansatz des Target Costing kaum eignet, kann man es als eine Art Abrundung der dargestellten Zielkostenanalyse verstehen.

Umfang und Betrachtungszeitraum der Zielkosten

Unbeantwortet blieb bisher die Frage, ob in die Zielkosten nur die durch das Produkt bewirkten Einzelkosten eingehen sollen oder auch anteilige Gemeinkosten? Target Costing ist prinzipiell ein **Instrument der Vollkostenrechnung**. Der Kunde interessiert sich lediglich für den Verkaufspreis und nicht für die Kostenzusammensetzung, insbesondere dessen Anteile an Einzel- und Gemeinkosten oder variable und fixe Kosten. Ferner muss das Unternehmen zumindest langfristig alle anfallenden Kosten decken, d.h., die Produkte müssen kostendeckend kalkuliert und mit einer ausreichenden Gewinnspanne versehen werden.

Weiter oben bei der Beschreibung des Zielgewinns wurde festgehalten, dass dieser nur den Anteil der Gemeinkosten abdecken sollte, der dem Produkt auch über den Weg der Prozesskostenrechnung nicht zugerechnet werden kann. Daraus resultiert, dass **möglichst viele Kosten** mit Hilfe der unterschiedlichsten Kostenrechnungssysteme (aber eben nicht alle Kosten) dem Erzeugnis zugerechnet werden sollten. Dieses widerspricht insofern dem Vollkostengedanken.

Es gibt also zwei Möglichkeiten den Umfang der Zielkosten anzusetzen. Entweder enthalten die Zielkosten die gesamten Einzel- und anteiligen Gemeinkosten oder die Zielkosten enthalten nur die direkt zurechenbaren Kosten, mit der Folge, dass der Zielgewinn die nicht enthaltenen Kostenbestandteile auffangen und entsprechend höher kalkuliert werden muss.

Nachdem die Frage nach dem Umfang der Zielkosten beantwortet ist, ist der **Betrachtungszeitraum** festzulegen. Soll er nur eine Abrechnungsperiode, nur die Produktionsphase oder den gesamten Lebenszyklus eines Produktes umfassen? Letzterer kann sich beispielsweise bei einem Pkw zusammensetzen aus acht Jahre Entwicklung, acht Jahre Fertigung und 16 Jahre Service (vgl. Fischer, J.: Plankostenrechnung, S.102). Von Vorteil ist die Einbeziehung der gesamten Kosten des Produktlebenszyklus. So kann der Trend zu „fetten" Produkten und damit zu „fetten" Unternehmensstrukturen gebremst werden (vgl. Fischer, J.: Plankostenrechnung, S.103).

### 4.3.3 Zieldekomposition (Zielkostenspaltung)

Die Zielkostenfestlegung erfolgt – wie beschrieben – zunächst für das gesamte zu gestaltende Produkt. Da diese Vorgabe allerdings zu pauschal ist, um eine produktfunktionale oder sonstige Budgetierung durchzuführen, ist in weiteren Schritten eine **Zielkostendekomposition notwendig**, die aus der globalen Gesamtvorgabe Detailvorgaben für einzelne Baugruppen oder Funktionen ermittelt.

> Target Costing orientiert sich an den konkreten Marktanforderungen und Kundenbedürfnissen. Es baut daher auf dem **Top Down-Ansatz** auf, bei dem die Zielkosten über mehrere Ebenen heruntergebrochen werden.

Es werden zur Zielkostenspaltung grundsätzlich **zwei Vorgehensweisen** vorgeschlagen:

(1) die Komponentenmethode und
(2) die Funktionsmethode.

### 4.3.3.1 Komponentenmethode

Bei der Komponentenmethode wird in einem ersten Schritt das zu analysierende Produkt **in seine wesentlichen Bestandteile zerlegt**. Ein Röntgengerät lässt sich beispielsweise in die Komponenten Liegesystem, Abtastsystem, Energiequelle, Messsystem, Rechner, Bedienkonsole, Dokumentierkomponente und Zubehörartikel einteilen.

Im zweiten Schritt werden die Zielkosten nach den Kostenrelationen des Vorgängermodells oder, falls ein solches nicht zur Verfügung steht, eines vergleichbaren Produktes von einem Konkurrenten **auf die Komponenten bzw. Baugruppen aufgeteilt**. Kostet ein bestehendes Röntgengerät beispielsweise insgesamt 10.000 € und die Energiequelle darin etwa 1.000 €, dann entfallen auf die Komponente Energiequelle des Neuproduktes 10 % der Zielkosten.

Die Zerlegung der Zielkosten auf die Komponenten ist zum einen für **Kostenvorgaben** für die betroffenen Unternehmensbereiche wie Entwicklung und Produktion und zum anderen für **Preisverhandlungen** mit Lieferanten wichtig.

Die Komponentenmethode ist für bereits bestehende Produkte mit einem geringen Innovationsgrad sowie für Produkte, bei denen Material und Technologie im Vordergrund des Interesses stehen, gut geeignet. Die Gefahr bei der Anwendung besteht darin, sich zu sehr auf die bisherigen Produktstandards und weniger auf die Einbindung spezieller neuer Kundenwünsche zu konzentrieren.

## 4.3.3.2 Funktionsmethode

### 4.3.3.2.1 Grundzüge der Funktionsmethode

Ein Produkt setzt sich stets aus Funktionen zusammen, die durch den Kunden wahrgenommen und als wichtig oder unwichtig eingestuft werden. Darauf baut die bedeutendste in der Literatur vorgeschlagene Methode – die sogenannte Funktionsmethode – auf.

Beispiel: Produktfunktionen mit Gewichtung am Beispiel Pkw

In der folgenden Grafik sind am Beispiel eines Pkw denkbare Produktfunktionen mit entsprechender Gewichtung durch Kunden dargestellt (die Angaben sind frei erfunden).

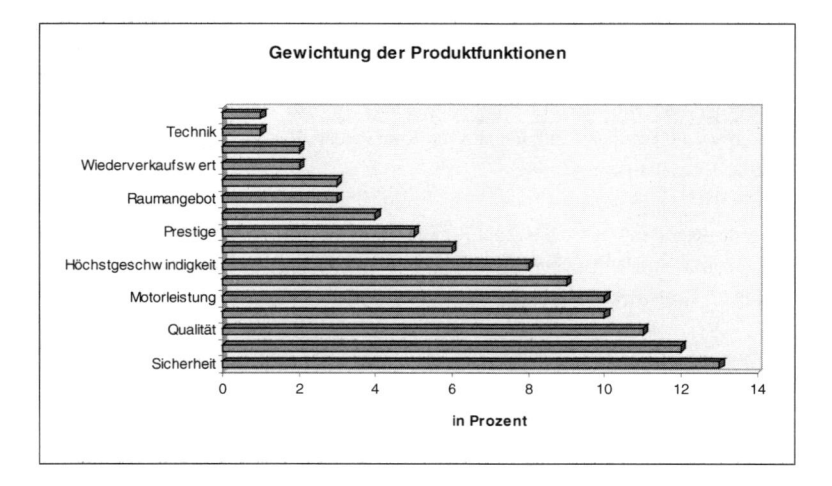

**Gewichtung der Produktfunktionen**

| Funktion | in Prozent |
|---|---|
| Sicherheit | 13 |
| Qualität | 11 |
| Motorleistung | 10 |
| Höchstgeschwindigkeit | 9 |
| Prestige | 5 |
| Raumangebot | 4 |
| Wiederverkaufswert | 2 |
| Technik | 1 |

Bei der Funktionsmethode werden die Gesamtzielkosten primär auf die Produktfunktionen entsprechend ihrer Wertschätzung durch die Kunden und erst sekundär auf die Komponenten bzw. Baugruppen aufgeteilt. Da die Funktionen den Kundennutzen erhöhen sollen, muss die **Zielkostenspaltung an den kaufentscheidenden Faktoren** anknüpfen. Dabei ist darauf zu achten, dass die Funktionskosten so zu ermitteln sind, wie es dem subjektiven Kundenwunsch entspricht, und nicht, wie es betriebswirtschaftlich oder technisch am einfachsten ist. Auch gegenwärtig unrealistisch erscheinende Ansätze sind weiter zu verfolgen.

Beispiel: Überführung von Produktfunktionen in -komponenten am Beispiel Pkw

Die Funktion „Unfallsicherheit eines Pkw" wird von den meisten Autofahrern als besonders wichtiges Kriterium bei der Kaufentscheidung angesehen. Für die Konstruktionsabteilung stellt sich daraus die Frage, welche Komponenten diese Funktion erfüllen. Beispielsweise gehören dazu das ABS- und Gurtsystem, die Sitzverstellbarkeit und die Benutzerfreundlichkeit der Instrumente, um nur einige zu nennen. Die Gesamtzielkosten müssen nun in einem ersten Schritt auf die Funktion „Unfallsicherheit eines Pkw" und in einem zweiten Schritt auf die genannten Komponenten (ABS etc.) aufgeteilt werden.

Die Funktionsmethode wurde aus der Erkenntnis heraus entwickelt, die vorhandenen Ressourcen so einzusetzen, wie dies den vom Kunden gewünschten **Produktwertrelationen**, also dem Verhältnis Leistung zu Preis, entspricht (vgl. Horváth, P./ Seidenschwarz, W.: Zielkostenmanagement, S.145).

Ein praktisch wertvolles Instrument zur Bestimmung dieser Produktwertrelationen ist die **Conjoint-Analyse**. Sie ist eine indirekte Kundenbefragung, die den Preis über den Weg der Beurteilung und Präferenzbildung für konkrete Produkteigenschaften und -funktionen durch die Befragten ableitet. Dabei wird ein bestimmter Grad der Nutzenerfüllung durch die Bildung von Rangordnungen für die einzelnen Funktionen und deren Kombination erkennbar. Es ist darauf zu achten, dass nur kaufentscheidende Merkmalsausprägungen in die Analyse einbezogen werden, um eine eventuelle Überforderung der Befragten zu vermeiden. In der Praxis ist es üblich, nicht mehr als fünf Merkmale mit jeweils neun Merkmalsausprägungen in die Untersuchung aufzunehmen.

## 4.3.3.2.2 Vorgehensweise der Funktionsmethode

Die **Zielkostenspaltung nach der Funktionsmethode** erfolgt in mehreren Schritten, die im Folgenden detailliert und anhand von Fallbeispielen vorgestellt werden sollen (vgl. hierzu insbesondere Horváth, P./Seidenschwarz, W.: Zielkostenmanagement, S.145 ff.):

(1) Bestimmen der Funktionsstruktur des Produktes;
(2) Gewichtung der Produktfunktionen;
(3) Entwicklung eines Grobentwurfs des Produktes (Prototyp);
(4) Kostenschätzung für die Produktkomponenten;
(5) Gewichtung der Produktkomponenten;
(6) Bestimmung des Zielkostenindex der Produktkomponenten.

An die Zielkostenspaltung schließen sich dann die beiden Schritte „Suchen eines Optimums bezüglich Funktionalität und Kosten" und „Realisierung der Zielkosten" an.

Weitere umfangreiche Beispiele und Fallstudien finden sich bei Fischer, J.: Plankostenrechnung S.103 ff.

### (1) Bestimmen der Funktionsstruktur des Produktes

Die Zerlegung des Produktes in seine Funktionen bildet den Ausgangspunkt der Zielkostenspaltung nach der Funktionsmethode. Dabei wird zweckmäßigerweise eine Trennung in „harte" und „weiche" Produktfunktionen vorgenommen. „Harte" Produktfunktionen sind objektiv nachvollziehbare und physische Eigenschaften, z.B. technische Leistung einer Maschine in kWh. Zu den „weichen" Produktfunktionen zählen subjektiv vom Kunden empfundene Eigenschaften wie Benutzerfreundlichkeit, Design, Service und Prestige. Letzteren kommt eine zunehmend höhere Bedeutung bei der Kaufentscheidung zu, so dass es zweckmäßig erscheint, diese nicht zu vernachlässigen.

Target Costing 183

Die Vorgehensweise der Funktionsmethode soll im Folgenden anhand eines Fallbeispiels „Tintenschreiber" vorgestellt werden.

Beispiel: Tintenschreiber

Definition der „harten" Produktfunktionen

| h1: | markieren | h6: | Schaftraum bereitstellen | h11: | Federring befestigen |
|---|---|---|---|---|---|
| h2: | mit Tinte versorgen | h7: | Federhalter ventilieren | h12: | Verschlusskappe befestigen |
| h3: | Tinte führen | h8: | vor Auslaufen schützen | h13: | vor Tintenverdunstung schützen |
| h4: | Spitze befestigen | h9: | Inneres schützen | h14: | Tinte ansaugen |
| h5: | Tinte speichern | h10: | innere Teile versorgen | h15: | Spitze schützen |

Quelle: Horváth, P./Seidenschwarz, W.: Zielkostenmanagement, S.145

Definition der „weichen" Produktfunktionen

| | |
|---|---|
| w1: Schreibgefühl | w4: Schreibbild |
| w1-1: Geschmeidigkeit | w4-1: Farbqualität |
| w1-2: Federstrich | w4-2: Einheitlichkeit der Linienführung |
| w1-3: Tintenversorgung | w4-3: Farbkonsistenz |
| w1-4: Ausgeglichenheit der Spitze | w4-4: Tintenklecksen |
| | w4-5: Farbgleichmäßigkeit |
| w2: Design | |
| | w5: Gebrauchskomfort |
| w3: Aufmachung | w5-1: Kappen- und Federhalterpassform |
| w3-1: Darstellung des Herstellernamens | w5-2: Größenkomfort |
| w3-2: Darstellung des Produktnamens | w5-3: Halterungshandling |
| w3-3: Darstellung der Tintenfarbe | w5-4: Fingerbeschmutzung |
| | w5-5: Handhabbarkeit |

Quelle: Horváth, P./Seidenschwarz, W.: Zielkostenmanagement, S.145

## (2) Gewichtung der Produktfunktionen

Im nächsten Schritt werden die Produktfunktionen aufgrund der Marktforschungsergebnisse auf ihre relative Wichtigkeit hin untersucht. Die Gewichtung beginnt mit einer generellen Gewichtung von „harten" zu „weichen" Funktionen.

Beispiel: Tintenschreiber

Im Fallbeispiel „Tintenschreiber" wurden 1.200 Personen befragt, die sich mit einer Gewichtung von 35 % für die harten Produktfunktionen und mit 65 % für die weichen Funktionen ausgesprochen haben (vgl. Horváth, P./Seidenschwarz, W.: Zielkostenmanagement, S.146). Deshalb müssen die Teilgewichte noch auf diese Zweiteilung transformiert werden. Durch den Transformationsvorgang werden die partiell ermittelten Gewichte auf 100 % über alle Funktionen umgelegt. Ergebnis dieses Gewichtungsprozesses ist eine 100%ige Aufteilung aller Teilfunktionen auf das Gesamtprodukt.

Transformation der Teilgewichte der „harten" Produktfunktionen

| in % | h1 | h2 | h3 | h4 | h5 | h6 | h7 | h8 | h9 | h10 | h11 | h12 | h13 | h14 | h15 | Σ |
|---|---|---|---|---|---|---|---|---|---|---|---|---|---|---|---|---|
| Gewichte | 16,2 | 13,6 | 12,5 | 5,3 | 8,3 | 4,1 | 5,3 | 6,7 | 3,9 | 3,9 | 3,3 | 3,0 | 4,6 | 6,0 | 3,3 | 100 |
| Transformation | 5,67 | 4,76 | 4,38 | 1,86 | 2,91 | 1,44 | 1,86 | 2,34 | 1,37 | 1,37 | 1,16 | 1,05 | 1,61 | 2,10 | 1,16 | 35 |

Quelle: In Anlehnung an Horváth, P./Seidenschwarz, W.: Zielkostenmanagement, S.146

Transformation der Teilgewichte der „weichen" Produktfunktionen

| in % | w1-1 | w1-2 | w1-3 | w1-4 | w2 | w3-1 | w3-2 | w3-3 | w4-1 |
|---|---|---|---|---|---|---|---|---|---|
| Gewichte | 5,5 | 6,6 | 5,9 | 5,8 | 17,4 | 3,7 | 3,6 | 6,1 | 3,8 |
| Transformation | 3,58 | 4,29 | 3,84 | 3,77 | 11,31 | 2,41 | 2,34 | 3,97 | 2,47 |

| in % | w4-2 | w4-3 | w4-4 | w4-5 | w5-1 | w5-2 | w5-3 | w5-4 | w5-5 | Σ |
|---|---|---|---|---|---|---|---|---|---|---|
| Gewichte | 4,9 | 4,6 | 5,5 | 5,0 | 3,7 | 3,9 | 3,5 | 5,8 | 4,7 | 100 |
| Transformation | 3,19 | 2,99 | 3,58 | 3,25 | 2,41 | 2,54 | 2,28 | 3,77 | 3,06 | 65 |

Quelle: In Anlehnung an Horváth, P./Seidenschwarz, W.: Zielkostenmanagement, S.145

Stehen die vom Markt geforderten Funktionen und ihre relative Gewichtung aus der Perspektive der Kunden fest, ist zu generieren, in welchem Umfang die Produktkomponenten zur Realisierung der Funktionen beitragen. Doch zuvor empfiehlt es sich, einen Grobentwurf bzw. einen Prototyp anzufertigen und eine Kostenschätzung auf Basis der Standardkosten durchzuführen.

### (3) Entwicklung eines Grobentwurfs des Produktes (Prototyp)

Der dritte Schritt ist die Ableitung eines Grobentwurfs unter Berücksichtigung der Zielkostenanforderungen der Komponenten und Teilgewichte der Funktionen. Häufig wird in diesem Schritt bereits ein Prototyp angefertigt.

### (4) Kostenschätzung für die Produktkomponenten

In der vierten Phase erfolgt die Planung der Kosten für die einzelnen Baugruppen auf der Basis des vorhandenen Technologie- und Verfahrensstandes (Standardkosten). Die Standardkosten je Produktkomponente werden durch Schätzung abgeleitet.

Beispiel: Tintenschreiber

Ein Tintenschreiber setzt sich aus neun Komponenten zusammen.

| | | | | | |
|---|---|---|---|---|---|
| $K_1$: | Tinte | $K_4$: | Tintensauger | $K_7$: | Abschlusskappe |
| $K_2$: | Federspitze | $K_5$: | Griffel | $K_8$: | Luftraum |
| $K_3$: | Federring | $K_6$: | Federhalter | $K_9$: | Schutzkappe |

Quelle: In Anlehnung an Horváth, P./Seidenschwarz, W.: Zielkostenmanagement, S.146

Durch die Fertigung eines Prototyps können die Standardkosten der Produktion bestimmt werden. Die prozentuale Aufteilung der Fertigungskosten kann den einzelnen Baugruppen des Tintenschreibers wie folgt zugeordnet werden.

| Komponenten | $K_1$ | $K_2$ | $K_3$ | $K_4$ | $K_5$ | $K_6$ | $K_7$ | $K_8$ | $K_9$ | $\Sigma$ |
|---|---|---|---|---|---|---|---|---|---|---|
| Kostenanteil | 6,9 | 18,5 | 6,5 | 11,6 | 1,2 | 36,3 | 3,9 | 1,1 | 14,0 | 100 % |

Quelle: Horváth, P./Seidenschwarz, W.: Zielkostenmanagement, S.145

### (5) Gewichtung der Produktkomponenten

Im fünften Schritt müssen die Anteile der Komponenten an der Erfüllung der einzelnen Funktionen abgeschätzt werden. In einer sog. **Zielkostenmatrix** können nun die gewichteten Produktfunktionen den Komponentenanteilen gegenübergestellt werden.

Die Zielkostenmatrix stellt horizontal die Produktfunktionen und vertikal die Produktkomponenten in einer Tabelle zusammen. In den Ergebniszellen lässt sich der Anteil der einzelnen Komponenten an den Funktionen ablesen.

Beispiel: Tintenschreiber

Ausschnitt aus der Zielkostenmatrix

| | Produktfunktionen | | | |
|---|---|---|---|---|
| | h1 | h2 | h3 | ... |
| Komponenten | 5,67 | 4,76 | 4,38 | ... |
| $K_1$ | 0,35 | 0,40 | 0,34 | ... |
| $K_2$ | 0,35 | 0,60 | 0,33 | ... |
| $K_3$ | 0,10 | 0,00 | 0,10 | ... |
| $K_4$ | 0,00 | 0,00 | 0,05 | ... |
| ... | ... | ... | ... | ... |
| $\Sigma$ | 1,00 | 1,00 | 1,00 | ... |

Target Costing

Die gesamte Zielkostenmatrix hat folgendes Aussehen:

| Komponenten | Funktionen | | | | | | | | | | | | | | | |
|---|---|---|---|---|---|---|---|---|---|---|---|---|---|---|---|---|
| | $h_1$ | $h_2$ | $h_3$ | $h_4$ | $h_5$ | $h_6$ | $h_7$ | $h_8$ | $h_9$ | $h_{10}$ | $h_{11}$ | $h_{12}$ | $h_{13}$ | $h_{14}$ | $h_{15}$ | $\Sigma$ |
| Nutzenanteil | 5,67 | 4,76 | 4,38 | 1,86 | 2,91 | 1,44 | 1,86 | 2,34 | 1,37 | 1,37 | 1,16 | 1,05 | 1,61 | 2,10 | 1,16 | 35,00 % |
| $K_1$ Tinte | 0,35 | 0,40 | 0,34 | - | - | - | - | - | - | 0,53 | - | - | - | - | - | |
| $K_2$ Federspitze | 0,35 | 0,60 | 0,33 | - | - | - | - | - | - | 0,08 | - | - | - | - | - | |
| $K_3$ Federring | 0,10 | - | 0,10 | 1,00 | - | - | - | - | - | 0,21 | - | - | 0,41 | - | - | |
| $K_4$ Tintensauger | - | - | 0,05 | - | 1,00 | - | - | - | - | 0,18 | - | - | - | - | - | |
| $K_5$ Griffel | - | - | 0,04 | - | - | 0,50 | 0,32 | - | - | - | - | - | 0,15 | - | - | |
| $K_6$ Federhalter | 0,20 | - | 0,10 | - | - | 0,50 | 0,32 | 1,00 | 1,00 | - | 1,00 | - | 0,02 | 1,00 | 0,15 | |
| $K_7$ Abschlusskappe | - | - | - | - | - | - | - | - | - | - | - | - | - | - | 0,85 | |
| $K_8$ Luftraum | - | - | 0,04 | - | - | - | 0,36 | - | - | - | - | - | 0,22 | - | - | |
| $K_9$ Schutzkappe | - | - | - | - | - | - | - | - | - | - | - | 1,00 | 0,20 | - | - | |
| $\Sigma$ | 1,00 | 1,00 | 1,00 | 1,00 | 1,00 | 1,00 | 1,00 | 1,00 | 1,00 | 1,00 | 1,00 | 1,00 | 1,00 | 1,00 | 1,00 | 35,00 % |

| Komponenten | Funktionen | | | | | | | | | | | |
|---|---|---|---|---|---|---|---|---|---|---|---|---|
| | $w_{1-1}$ | $w_{1-2}$ | $w_{1-3}$ | $w_{1-4}$ | $w_2$ | $w_{3-1}$ | $w_{3-2}$ | $w_{3-3}$ | $w_{4-1}$ | $w_{4-2}$ | $w_{4-3}$ | $w_{4-4}$ | $w_{4-5}$ |
| Nutzenanteil | 3,58 | 4,29 | 3,84 | 3,77 | 11,31 | 2,41 | 2,34 | 3,97 | 2,47 | 3,19 | 2,99 | 3,58 | 3,25 |
| $K_1$ Tinte | - | - | 1,00 | - | - | - | - | - | 1,00 | - | 1,00 | - | 1,00 |
| $K_2$ Federspitze | 0,64 | 1,00 | - | 0,47 | - | - | - | - | - | 0,84 | - | - | - |
| $K_3$ Federring | - | - | - | 0,53 | - | - | - | - | - | - | - | 0,38 | - |
| $K_4$ Tintensauger | - | - | - | - | - | - | - | - | - | - | - | 0,22 | - |
| $K_5$ Griffel | 0,36 | - | - | - | - | - | - | - | - | - | - | - | - |
| $K_6$ Federhalter | - | - | - | - | 0,48 | 1,00 | - | - | - | - | - | - | - |
| $K_7$ Abschlusskappe | - | - | - | - | - | - | - | 0,28 | - | - | - | - | - |
| $K_8$ Luftraum | - | - | - | - | - | - | - | 0,72 | - | - | - | 0,40 | - |
| $K_9$ Schutzkappe | - | - | - | - | 0,52 | - | 1,00 | - | 0,16 | - | - | - | - |
| $\Sigma$ | 1,00 | 1,00 | 1,00 | 1,00 | 1,00 | 1,00 | 1,00 | 1,00 | 1,00 | 1,00 | 1,00 | 1,00 | 1,00 |

| Komponenten | Funktionen | | | | | |
|---|---|---|---|---|---|---|
| | $w_{5-1}$ | $w_{5-2}$ | $w_{5-3}$ | $w_{5-4}$ | $w_{5-5}$ | $\Sigma$ |
| Nutzenanteil | 2,41 | 2,54 | 2,28 | 3,77 | 3,06 | 65,00 % |
| $K_1$ Tinte | - | 0,69 | - | - | - | |
| $K_2$ Federspitze | - | - | - | - | - | |
| $K_3$ Federring | - | - | - | - | - | |
| $K_4$ Tintensauger | - | - | - | - | - | |
| $K_5$ Griffel | - | - | - | - | - | |
| $K_6$ Federhalter | 1,00 | 0,31 | 1,00 | 1,00 | 1,00 | |
| $K_7$ Abschlusskappe | - | - | - | - | - | |
| $K_8$ Luftraum | - | - | - | - | - | |
| $K_9$ Schutzkappe | - | - | - | - | - | |
| $\Sigma$ | 1,00 | 1,00 | 1,00 | 1,00 | 1,00 | 65,00 % |

An die Zielkostenmatrix schließt sich unmittelbar die Berechnung des Komponentennutzens an. Durch Multiplikation der Nutzenanteile der „harten" und „weichen" Funktionen mit den jeweiligen Komponentenanteilen lässt sich der Komponentennutzen je Funktion berechnen. Man erhält schließlich eine Matrix zur Darstellung des Komponentennutzens. Diese zeigt die prozentuale Aufteilung der Zielkosten auf die einzelnen Produktkomponenten.

Beispiel: Tintenschreiber

Ausschnitt aus der Matrix für Komponentennutzen

Durch Multiplikation der Nutzenanteile der Funktionen (z.B. 5,67 %) mit den Komponentenanteilen (z.B. 0,35 bei $K_1$) lässt sich der Komponentennutzen berechnen (z.B. 1,9845 %). In der letzten Spalte kann man die prozentuale Aufteilung der Zielkosten auf die einzelnen Produktkomponenten ablesen.

| Komponenten | (harte und weiche) Produktfunktionen | | | | Komponentennutzen |
|---|---|---|---|---|---|
| | h1 | h2 | h3 | ... | |
| | 5,67 | 4,76 | 4,38 | ... | |
| $K_1$ | 1,985 | 1,904 | 1,486 | ... | 20,36 % |
| $K_2$ | 1,985 | 2,856 | 1,444 | ... | 17,39 % |
| $K_3$ | 0,567 | 0,000 | 0,438 | ... | 7,20 % |
| $K_4$ | 0,000 | 0,000 | 0,219 | ... | 4,18 % |
| ... | ... | ... | ... | ... | ... |
| $\Sigma$ | 5,67 | 4,76 | 4,38 | ... | 100 % |

Gesamtübersicht des Komponentennutzens

| Komponenten | Funktionen | | | | | | | | | | | | | | | |
|---|---|---|---|---|---|---|---|---|---|---|---|---|---|---|---|---|
| | $h_1$ | $h_2$ | $h_3$ | $h_4$ | $h_5$ | $h_6$ | $h_7$ | $h_8$ | $h_9$ | $h_{10}$ | $h_{11}$ | $h_{12}$ | $h_{13}$ | $h_{14}$ | $h_{15}$ | $\Sigma$ |
| *Nutzenanteil* | 5,67 | 4,76 | 4,38 | 1,86 | 2,91 | 1,44 | 1,86 | 2,34 | 1,37 | 1,37 | 1,16 | 1,05 | 1,61 | 2,10 | 1,16 | 35,00 % |
| $K_1$ Tinte | 1,98 | 1,90 | 1,49 | - | - | - | - | - | - | 0,73 | - | - | - | - | - | 6,06 % |
| $K_2$ Federspitze | 1,98 | 2,86 | 1,45 | - | - | - | - | - | - | 0,11 | - | - | - | - | - | 6,41 % |
| $K_3$ Federring | 0,57 | - | 0,44 | 1,86 | - | - | - | - | - | 0,29 | - | - | 0,66 | - | - | 3,82 % |
| $K_4$ Tintensauger | - | - | 0,22 | - | 2,91 | - | - | - | - | 0,24 | - | - | - | - | - | 3,40 % |
| $K_5$ Griffel | - | - | 0,17 | - | - | 0,72 | 0,59 | - | - | - | - | - | 0,24 | - | - | 1,72 % |
| $K_6$ Federhalter | 1,14 | - | 0,44 | - | - | 0,72 | 0,59 | 2,34 | 1,37 | - | 1,16 | - | 0,04 | 2,10 | 0,17 | 10,08 % |
| $K_7$ Abschlusskappe | - | - | - | - | - | - | - | - | - | - | - | - | - | - | 0,99 | 0,98 % |
| $K_8$ Luftraum | - | - | 0,17 | - | - | 0,68 | - | - | - | - | - | - | 0,35 | - | - | 1,19 % |
| $K_9$ Schutzkappe | - | - | - | - | - | - | - | - | - | - | - | 1,05 | 0,32 | - | - | 1,37 % |
| $\Sigma$ | 5,67 | 4,76 | 4,38 | 1,86 | 2,91 | 1,44 | 1,86 | 2,34 | 1,37 | 1,37 | 1,16 | 1,05 | 1,61 | 2,10 | 1,16 | 35,00 % |

| Komponenten | Funktionen | | | | | | | | | | | |
|---|---|---|---|---|---|---|---|---|---|---|---|---|
| | $w_{1-1}$ | $w_{1-2}$ | $w_{1-3}$ | $w_{1-4}$ | $w_2$ | $w_{3-1}$ | $w_{3-2}$ | $w_{3-3}$ | $w_{4-1}$ | $w_{4-2}$ | $w_{4-3}$ | $w_{4-4}$ | $w_{4-5}$ |
| *Nutzenanteil* | 3,58 | 4,29 | 3,84 | 3,77 | 11,31 | 2,41 | 2,34 | 3,97 | 2,47 | 3,19 | 2,99 | 3,58 | 3,25 |
| $K_1$ Tinte | - | - | 3,84 | - | - | - | - | - | 2,47 | - | 2,99 | - | 3,25 |
| $K_2$ Federspitze | 2,29 | 4,29 | - | 1,78 | - | - | - | - | - | 2,68 | - | - | - |
| $K_3$ Federring | - | - | - | 1,99 | - | - | - | - | - | - | - | 1,36 | - |
| $K_4$ Tintensauger | - | - | - | - | - | - | - | - | - | - | - | 0,79 | - |
| $K_5$ Griffel | 1,29 | - | - | - | - | - | - | - | - | - | - | - | - |
| $K_6$ Federhalter | - | - | - | - | 5,43 | 2,41 | - | - | - | - | - | - | - |
| $K_7$ Abschlusskappe | - | - | - | - | - | - | - | 1,11 | - | - | - | - | - |
| $K_8$ Luftraum | - | - | - | - | - | - | - | 2,86 | - | - | - | 1,43 | - |
| $K_9$ Schutzkappe | - | - | - | - | 5,88 | - | 2,34 | - | - | 0,51 | - | - | - |
| $\Sigma$ | 3,58 | 4,29 | 3,84 | 3,77 | 11,31 | 2,41 | 2,34 | 3,97 | 2,47 | 3,19 | 2,99 | 3,58 | 3,25 |

| Komponenten | Funktionen | | | | | |
|---|---|---|---|---|---|---|
| | $w_{5-1}$ | $w_{5-2}$ | $w_{5-3}$ | $w_{5-4}$ | $w_{5-5}$ | $\Sigma$ |
| *Nutzenanteil* | 2,41 | 2,54 | 2,28 | 3,77 | 3,06 | 65,00 % |
| $K_1$ Tinte | - | 1,75 | - | - | - | 14,30 % |
| $K_2$ Federspitze | - | - | - | - | - | 10,99 % |
| $K_3$ Federring | - | - | - | - | - | 3,38 % |
| $K_4$ Tintensauger | - | - | - | - | - | 0,78 % |
| $K_5$ Griffel | - | - | - | - | - | 1,30 % |
| $K_6$ Federhalter | 2,41 | 0,79 | 2,28 | 3,77 | 3,06 | 20,15 % |
| $K_7$ Abschlusskappe | - | - | - | - | - | 1,11 % |
| $K_8$ Luftraum | - | - | - | - | - | 1,43 % |
| $K_9$ Schutzkappe | - | - | - | - | - | 11,57 % |
| $\Sigma$ | 2,41 | 2,54 | 2,28 | 3,77 | 3,06 | 65,00 % |

Nachdem die prozentualen Anteile alle Bauteile am Komponentennutzen feststehen, werden sie im letzten Teilschritt mit dem erzielbaren Marktpreis multipliziert. Es resultieren aus diesem Rechenschritt die Zielkosten jeder einzelnen Komponente.

Beispiel: Zielkostenanteile der Komponenten des Tintenschreibers

Angenommen, die Marktanalyse hätte Zielkosten in Höhe von 15 € ergeben, dann können die Zielkosten unter Berücksichtigung der Kundenwünsche wie folgt auf die neun Komponenten aufgeteilt werden:

| Komponenten | $K_1$ | $K_2$ | $K_3$ | $K_4$ | $K_5$ | $K_6$ | $K_7$ | $K_8$ | $K_9$ | $\Sigma$ |
|---|---|---|---|---|---|---|---|---|---|---|
| Nutzenanteil | 20,4 | 17,4 | 7,2 | 4,2 | 3,0 | 30,2 | 2,1 | 2,6 | 12,9 | 100% |
| Zielkostenanteil | 3,06 | 2,61 | 1,08 | 0,63 | 0,45 | 4,53 | 0,32 | 0,39 | 1,93 | 15,00 |

Mit der Berechnung des Komponentennutzens (in %) respektive der Ermittlung der Zielkostenanteile (in €) ist die Festlegung der produktbezogenen Zielkosten erreicht. Durch Vergleich des Komponentennutzens bzw. der Zielkostenanteile mit der Kostenschätzung für die einzelnen Produktkomponenten (vgl. Schritt 4) bzw. den Kosten des Prototyps kann vorab entschieden werden, ob eine Komponente oder Baugruppe wie geplant gefertigt werden kann oder tiefergreifende Veränderungen notwendig sind. Ein endgültiges Urteil über die Durchführung der Fertigung insgesamt kann aber erst nach einer Analyse der Zielkostenindize aller Produktfunktionen gefällt werden.

Beispiel: Gegenüberstellung der Nutzen- und Kostenanteile der Komponenten

Die Gegenüberstellung der kundenorientierten Nutzenanteile (Zielkostenanteile) und der effektiven Kostenanteile (Standardkostenanteile) ergibt folgende Abweichungen:

| Komponenten | $K_1$ | $K_2$ | $K_3$ | $K_4$ | $K_5$ | $K_6$ | $K_7$ | $K_8$ | $K_9$ | $\Sigma$ |
|---|---|---|---|---|---|---|---|---|---|---|
| Nutzenanteil | 20,4 | 17,4 | 7,2 | 4,2 | 3,0 | 30,2 | 2,1 | 2,6 | 12,9 | 100% |
| Kostenanteil | 6,9 | 18,5 | 6,5 | 11,6 | 1,2 | 36,3 | 3,9 | 1,1 | 14,0 | 100% |
| Abweichung | 13,5 | - 1,1 | 0,7 | - 7,4 | 1,8 | - 6,1 | - 1,8 | 1,5 | - 1,1 | |

## (6) Bestimmung des Zielkostenindex der Produktkomponenten

Wie bereits anfangs erwähnt, sollen zur Erreichung eines hohen Kundennutzens die anteiligen Standardkosten in einem angemessenen Verhältnis zur Bedeutung der entsprechenden Produktfunktion stehen. Zur Überprüfung dieser Anforderungen wird ein **Zielkostenindex** gebildet, der sich aus der Division von Gewichtungsgrad der Komponenten (vorheriger Schritt) und dem entsprechenden Kostenanteil (aus Schritt 4) ergibt und definitionsgemäß den Wert Eins erreichen soll.

> Der Ressourceneinsatz für eine Produktkomponente soll genau der Gewichtung durch den Kunden für diese Komponente entsprechen (vgl. Hardt, R.: Kostenmanagement, S.117).

Durch die Verwendung des Zielkostenindex wird also das Verhältnis von Zielkostenanteil zu Standardkostenanteil bewertet. Die Kennzahl lässt erkennen, wie weit beide Kostenanteile voneinander entfernt sind.

$$\text{Zielkostenindex einer Komponente} = \frac{\text{Zielkosten in \%}}{\text{Standardkosten in \%}}$$

Ist der Kostenindex kleiner als eins, sind die Standardkosten höher als die Zielkosten und die Produktkomponente wird zu aufwendig produziert. Umgekehrt verhält es sich, wenn der Kostenindex größer als eins ist. Im **Optimum**, d.h. der **Zielkostenindex ist genau eins**, entspricht der Kostenanteil einer Komponente genau dem Gewicht, mit dem diese zur Erfüllung der Produktfunktion beiträgt.

Mit der Ermitlung des Zielkostenindex ist zwar die Funktionsmethode, jedoch nicht das Procedere der Zielkostenrechnung insgesamt abgeschlossen. Das Fallbeispiel „Tintenschreiben" ist somit noch nicht beendet, sondern wird an späterer Stelle fortgeführt. Doch zuvor soll die Funktionsmethode einer kritischen Betrachtung unterzogen werden.

### 4.3.3.3 Beurteilung der Funktionsmethode

Nachdem die Zieldekomposition mit Hilfe der Funktionsmethode vorgestellt wurde, sollen als nächstes die Vor- und Nachteile sowie die Problemfelder der Zielkostenspaltung mit Hilfe der Funktionsmethode untersucht werden.

Die Funktionsmethode eignet sich für **neue und sehr komplexe Produkte**. Ein Vorteil wird auch darin gesehen, dass eine Beurteilung und Bewertung technischer Komponenten durch den Kunden nicht notwendig wird.

Problematisch ist bei einem komplexen Produkt der **Grad der Zielkostenspaltung** auf Komponenten- bzw. Baugruppenebene. Die Kundenwünsche lassen sich einerseits nicht immer zu den einzelnen Baugruppen ermitteln bzw. diesen zuordnen, andererseits eignen sich zu hoch aggregierte Zielsetzungen nicht zur operativen Projektsteuerung in den einzelnen Entwicklungsteams.

Ein weiteres Problem ist die **Veränderung der Marktanforderungen** im Verlauf eines mehrjährigen Entwicklungsprozesses, wodurch ursprüngliche Entwicklungsziele angepasst werden müssen bzw. sogar völlig hinfällig werden können.

Erfahrungen zeigen, dass der Kunde nicht nur das Produkt isoliert wahrnimmt, sondern die gesamte Leistung, die aus physischem Produkt und **begleitenden Dienstleistungen** wie Service, Beratung und Schulung besteht. Daher sind auch diese zusätzlichen industriellen Leistungen in den Target Costing-Prozess zu integrieren. Eine Dienstleistung lässt sich jedoch nicht wie ein greifbares Produkt in Baugruppen zerlegen. Sie setzt sich vielmehr aus einer Menge von Aktivitäten zusammen, die für ein Target Costing zunächst logisch zu gliedern und systematisch darzustellen sind. Aus Kundensicht überflüssige Prozesse sind zu neutralisieren, wertschöpfende Prozesse müssen sich einer Prozessoptimierung unterziehen. Um im Target Costing die Prozesskosten ermitteln und daran anschließend Kostenreduktionspotenziale aufzeigen zu können, ist ein ausgefeiltes Prozesskostenmanagement besonders hilfreich. Der Brückenschlag zur **Prozesskostenrechnung** wäre damit getan.

### 4.3.4 Suchen eines Optimums bezüglich Funktionalität und Kosten

<u>Vorgehensweise zur Zielkostenerreichung</u>

Im Grundprinzip besagt Target Costing, dass Leistungen herauszunehmen sind, wenn sie dem Unternehmen mehr kosten, als der Markt bereit ist, dafür zu bezahlen, und umgekehrt, Leistungen hinzugefügt werden können, wenn damit das Produkt aus Kundensicht mehr an Wert gewinnt, als das Unternehmen an Kosten dafür aufbringen muss. Target Costing darf nicht dazu führen, dass die Zielkosten durch bloßes Abmagern der Funktionen erreicht werden. In einem solchen Fall wären zwar die Kostenziele marktgerecht erreicht, die Produktgestaltung würde jedoch am Markt vorbei zielen; das Target Costing verlöre seinen Sinn (vgl. Niemand, St.: Target Costing, S.69). Lediglich bei "Übererfüllung" der Kundenwünsche kann ein Abspecken der Funktionen sinnvoll sein. Die Ergebnisqualität ist daher immer im Auge zu behalten. Hier kann die *Wertanalyse* gute Dienste leisten. Durch Variation des Leistungsspektrums und mehrmaliges Durchrechnen der Produktkalkulation kann ein **Optimum** gefunden werden.

Zielkostenkontrolldiagramm

Ein Visualisierungsinstrument, das die Kostenvorgaben in knapper und anschaulicher Form darstellt, ist das sogenannte **Zielkostenkontrolldiagramm**. Für das oben behandelte Beispiel „Tintenschreiber" ist ein solches Zielkostenkontrolldiagramm abgebildet, mit dem sich die Beziehungen zwischen Zielkosten und Standardkosten der einzelnen Komponenten optisch auswerten lassen.

Beispiel: Zielkostenkontrolldiagramm des Tintenschreibers

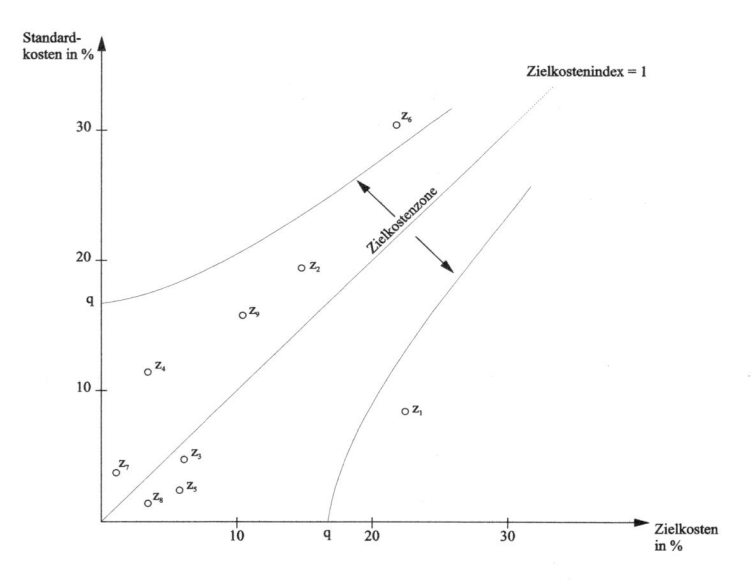

mit  $Z_i$   Zielkostenindex der Komponente i
     q   Abweichungstoleranzparameter

Quelle: In Anlehnung an Horváth, P./Seidenschwarz, W.: Zielkostenmanagement, S.148

Laut Definition des Zielkostenindex liegt das mathematische Optimum bei einem Wert von Eins. Grafisch liegen alle optimalen Werte der Zielkostenindizes auf der Winkelhalbierenden, die somit den Idealfall der Gleichheit von Ziel- und Standardkosten abbildet.

Da es im Allgemeinen nicht sinnvoll sein wird, für jede Komponente bzw. Funktion eine exakte Erfüllung der Zielkosten zu fordern, wird im Target Costing eine sogenannte **Zielkostenzone** eingeführt, innerhalb derer die Zielkosten als erreicht angesehen werden können. Auffällig ist, dass die Zielkostenzone mit zunehmender relativer Bedeutung der Komponenten enger wird. Dies schließt eine Konzentration auf solche Bereiche ein, die überwiegend kostenbestimmend sind. Die Begrenzungen der Zone werden durch folgende zwei Funktionen beschrieben:

$$\text{obere Begrenzung:} \quad S_o = (z^2 + q^2)^{1/2}$$

$$\text{untere Begrenzung:} \quad S_u = (z^2 - q^2)^{1/2}$$

mit  S   Standardkostenanteil in %
      o   obere Begrenzung
      u   untere Begrenzung
      z   Zielkostenanteil in %
      q   Abweichungstoleranzparameter in %

Mit dem Abweichungstoleranzparameter kann die Breite der Zielkostenzone individuell gestaltet werden.

Auswertung des Zielkostenkontrolldiagramms

Es können drei mögliche Fälle unterschieden werden:

1. Alle **innerhalb der Zielkostenzone** liegenden Komponenten bzw. Funktionen bedürfen keiner weiteren Betrachtung, da sie entweder relativ nahe am Zielkostenindex 1 liegen oder ihr Kostenanteil so niedrig ist, dass weitere Maßnahmen zu aufwendig

wären. Im Beispiel gehören hierzu die Bauteile Federspritze, Federring, Tintensauger, Griffel, Abschlusskappe, Luftraum und Schutzkappe.
2. Alle Komponenten bzw. Funktionen **oberhalb der Zielkostenzone** sind zu teuer. Weitere Kostensenkungsmaßnahmen müssen eingeleitet werden. Im Beispiel ist das die Komponente Federhalter.
3. Alle Bauteile bzw. Funktionen **unterhalb der Zielkostenzone** sind als günstig einzustufen und somit auszuführen, z.B. Tinte. Zu bedenken ist allerdings, ob es nicht sinnvoll ist, die Funktionen weiter auszubauen, d.h. mehr zu investieren, um die bisherige Qualität zu verbessern. Damit würde man zudem der Bedeutung der Funktion aus Kundensicht mehr Rechnung tragen.

### 4.3.5 Realisierung der Zielkosten

Trotz Optimierung der Funktionen und Komponenten kann der Fall eintreten, dass die erlaubten Kosten bzw. die Zielkosten überschritten werden. Dann sind weitere Maßnahmen notwendig, die zu **zusätzlichen Kosteneinsparungen** führen. Dazu zählen beispielsweise Rationalisierungsmaßnahmen in allen Unternehmensbereichen, Veränderungen der Fertigungstiefe und der Produktionsprozesse sowie ein modernes Personal- und Kostenmanagement.

Eine Unterscheidung der Kostensenkungsmaßnahmen in zwei Phasen hat sich in der Praxis als besonders effektiv erwiesen. So lassen sich die Zielkosten der Entwicklungsphase (Kostenplanungsphase) und der Produktionsphase (Phase des Cost Maintenance) genau zuordnen. Cost Maintenance versteht sich als Prozess der Kostenkontrolle für Wartung, Instandhaltung und Rüstarbeiten.

Da nähere Ausführungen hierzu den Rahmen dieses Buches sprengen würden, wird auf die einschlägige Literatur zum Controlling verwiesen.

## 4.4 Beurteilung und kritische Betrachtung des Target Costing

Target Costing ist nicht nur eine Modeerscheinung, die genauso schnell untergehen wird, wie sie erschienen ist. Target Costing wird sich in der Praxis behaupten und **Eingang in die traditionelle Kosten- und Leistungsrechnung** finden. Target Costing kann allerdings auf die traditionellen Kostenrechnungssysteme nicht verzichten, hilft aber bei der strategischen Ausrichtung des Kostenmanagements und unterstützt die Konzentration auf die **frühen Phasen des Produktlebenszyklus**.

Die Befürworter von Target Costing bauen auf das **Kostenbewusstsein** der Beschäftigten, die in der Wertschöpfungskette Kostenverantwortung zu tragen haben. Dieses Kostenbewusstsein ist die Grundlage für laufende Verbesserungen und kann durch motivationsfördernde Maßnahmen geweckt und durch ständige Anreize in Gang gehalten werden. Target Costing führt somit im Ergebnis zu einer **permanenten Perfektionierung** mit der Konsequenz, dass das Standardniveau und die Produktqualität in Bezug auf die Kundenwünsche laufend angepasst respektive verbessert werden kann. Positiver Nebeneffekt des Zielkostenmanagements ist, dass nicht nur Technologien und Fertigungsverfahren sondern auch im Unternehmen bestehende Strukturen und Prozesse kritisch hinterfragt werden.

Der konsequente Einsatz dieses Instrumentes wird Auswirkungen auf die Produktentwicklung, die Organisationsstruktur und die Unternehmensphilosophie haben und kann sogar Auslöser eines Business Reengineering sein. Die Kosten- und Leistungsrechnung wird damit zu einem **Instrument des modernen Kostenmanagements** ausgebaut.

In Zukunft stellt sich immer mehr die Frage nach der Weiterentwicklung des Target Costing sowie die Verbindung mit den traditionellen Verfahren der Kosten- und Leistungsrechnung und der Prozesskostenrechnung. Weitere noch zu beantwortende Fragen bei der konkreten Umsetzung des Target Costing sind beispielsweise:

- Wie lässt sich das Target Costing in die einzelnen Unternehmensbereiche integrieren?
- Welche Mitarbeiter sollen welche Aufgaben im Rahmen des Target Costing übernehmen?
- Wie kann der erlaubte Marktpreis ermittelt werden?
- Wie genau sind die Marktanalysedaten und welche Zielgruppen repräsentieren sie?

- Welcher Gewinnanteil ist anzusetzen?
- Welche indirekten Kosten der Fertigung sollten in die Target Costs einbezogen werden?
- Was spielen die Zulieferer für eine Rolle?
- Welchen Wert sollte der Abweichungstoleranzparameter haben?
- Kann ein Mittelwert aller Zielkostenindizes gebildet werden?

Alle diese Fragen bilden einen großen Spielraum für die Weiterentwicklung des Target Costing. Durch ein vielfältiges Spektrum an Märkten gibt es auch kein konkretes Umsetzungskonzept. Vielmehr stellt Target Costing ein grundlegendes Instrumentarium zur Verfügung, welches unternehmensspezifisch ausgebaut und verbessert werden kann.

Jedoch sehen die Kritiker auch einige Gefahren bei der strikten Anwendung des Target Costing bzw. der Kundenorientierung. Aus Marktanalysen heraus wäre vor einigen Jahrzehnten sicherlich kein PC entwickelt worden. Target Costing kann also die **Sicht auf potenzielle Absatzmärkte versperren**.

Den größten Konfliktbereich stellt jedoch der **„Burn-out" der Entwicklungsingenieure** dar. Der ständige Termin- und Kostendruck, permanente Teammeetings und die vielfältigen Anforderungen an Zuverlässigkeit, Produzierbarkeit usw. wirken ermüdend und demotivierend und lassen wenig Spielraum für Kreativität.

Target Costing verführt dazu, alle Preisbildungseinflüsse recht **eindimensional-einseitig auf die Kostensichtweise** zu reduzieren und untergewichtet insoweit andere mitunter erheblich wichtigere Wettbewerbsparameter, die sich nicht in Kosten quantifizieren lassen. Denn nicht in jeder Branche herrscht primär Preis- und Kostendruck. Abhängig vom Einzelfall kann die Zielkostenrechnung sogar eine Marketingnähe vorgaukeln (vgl. Witt, F.-J.: Prozeßgrundrechnung als Datenbasis für das Prozeßcontrolling, S.36).

## Kontrollfragen zu Kapitel 4

4/1. Nennen Sie andere Begriffe für Target Costing!

4/2. Wo liegen die Ursprünge des Target Costing?

4/3. Was versteht man unter einer marktorientierten Produktpolitik?

4/4. Im Rahmen der klassischen Kostenrechnung steht die Frage im Vordergrund: Was wird das Produkt kosten? Wie lautet das Leitmotiv beim Target Costing?

4/5. Nennen Sie die zentralen Ansatzpunkte des Target Costing!

4/6. Nennen Sie die für das Target Costing charakteristischen Merkmale!

4/7. Wo liegen die zentralen Anwendungsbereiche des Target Costing?

4/8. Sind Target Costing und Prozesskostenrechnung zwei völlig verschiedene, voneinander unabhängige Ansätze oder gibt es eine Verbindung zwischen ihnen?

4/9. Beschreiben Sie die Vorgehensweise beim Target Costing!

4/10. Was bedeutet Over Engineering?

4/11. Womit beschäftigt sich die Marktforschung?

4/12. Worin liegt der Unterschied zwischen dem Zielpreis und den Zielkosten?

4/13. Für die Zielkostenbestimmung eines Produktes stehen prinzipiell fünf verschiedene Möglichkeiten zur Auswahl. Wie heißen diese?

4/14. Vervollständigen Sie die folgende Tabelle!

| Methoden | Orientierung | Einsetzbarkeit für | |
|---|---|---|---|
| | | innovative Neuprodukte | Marktstandard-produkte |
| Market-into-Company | | | |
| Out-of-Company | | | |
| Into-and-out-of-Comp. | | | |
| Out-of-Competitor | | | |
| Out-of-Standard-Costs | | | |

4/15. Beschreiben Sie das „Market-into-Company"-Prinzip!

4/16. Was sind „erlaubte Kosten"?

4/17. Was bezeichnet man in der Zielkostenrechnung als „Standardkosten"?

4/18. Definieren Sie den Begriff „Zielkosten"!

4/19. Erläutern Sie die Out-of-Company-Methode!

4/20. Erläutern Sie die Into-and-out-of-Company-Methode!

4/21. Erläutern Sie die Out-of-Competitor-Methode!

4/22. Erläutern Sie die Out-of-Standard-Costs-Methode!

4/23. Wozu dient die Zielkostenspaltung?

4/24. Zur Zielkostenspaltung werden in der Literatur grundsätzlich zwei Vorgehensweisen vorgeschlagen. Nennen und beschreiben Sie diese!

4/25. Beschreiben Sie die Conjoint-Analyse!

4/26. Die Zielkostenspaltung nach der Funktionsmethode erfolgt in mehreren Schritten. Nennen und erläutern Sie diese!

4/27. Wozu dient die Zielkostenmatrix und wie ist sie aufgebaut?

4/28. Wie ermittelt man den Zielkostenindex und welchen Wert sollte er erreichen!

4/29. Beurteilen Sie die Funktionsmethode!

4/30. Was ist ein Zielkostenkontrolldiagramm?

4/31. Wozu dient die Zielkostenzone?

4/32. Erklären Sie mit Hilfe eines Zielkostenkontrolldiagramms den Prozess der Zielkostenerreichung und -verbesserung! Unterstützen Sie Ihre Ausführungen grafisch! (Frage entnommen aus: Hardt, R.: Kostenmanagement, S.121)

4/33. Welche Kostensenkungspotenziale bestehen, wenn die erlaubten Kosten bzw. die Zielkosten überschritten werden?

4/34. Welche Bedeutung hat die traditionelle Kosten- und Leistungsrechnung im Rahmen des Zielkostenmanagements?

4/35. Nehmen Sie zur Zielkostenrechnung kritisch Stellung!

# 5 Umweltkostenrechnung

## 5.1 Einführung

Bedeutung der Umweltkostenrechnung

Da das Wirtschaftsgut „Umwelt" lange Zeit als freies Gut betrachtet und genutzt wurde, fand die Ökologie und die daraus resultierenden Kosten in der Betriebswirtschaftslehre kaum Berücksichtigung. Diesbezüglich hat sich aber in neuerer Zeit ein Wandel vollzogen. Einerseits führen Umweltverschmutzungsskandale, schwindende natürliche Ressourcen und die stetig steigende Umweltorientierung der Konsumenten zu einem wachsenden unternehmensinternen Verantwortungsbewusstsein und der Einsicht, dass ökologische Aspekte in betrieblichen Entscheidungen angemessen berücksichtigt werden sollten. Andererseits werden viele Unternehmen durch verschärfte Gesetze, Verordnungen oder andere äußere Einflüsse, aber auch durch Mängel im betrieblichen Rechnungswesen und dem darauf aufbauenden Controlling mit stetig steigenden Umweltschutzkosten konfrontiert.

Dennoch werden Fragen des Umweltschutzes vielfach zu einseitig unter Kostengesichtspunkten diskutiert. Es wird dabei übersehen, dass im Umweltschutz Chancen zur Erschließung neuer Märkte und Erfolgspotenziale liegen sowie langfristig gesehen ohne Umweltschutz überhaupt keine Gewinnpotenziale mehr zu erreichen sind. Es empfiehlt sich daher, die verschiedenen Abrechnungsstufen der Kosten- und Leistungsrechnung so zu modifizieren und zu erweitern, dass die Umweltschutzkosten transparent und damit planbar, kontrollierbar und steuerbar gemacht werden, also die Einführung einer Umweltkostenrechnung als Ansatzpunkt zu weiteren Ausgestaltung eines zeitgemäßen Kostenmanagements.

## 5.2 Grundzüge und Systematisierungsansatz der Umweltkostenrechnung

### 5.2.1 Grundlagen, Grundbegriffe und Aufgaben der Umweltkostenrechnung

Umweltschutz und Ökocontrolling

Die **Umwelt** liefert dem ökonomischen System öffentliche Konsumgüter, natürliche Ressourcen, stellt den Raum zur Verfügung, auf dem sich ökonomische Aktivitäten abspielen und nimmt die Abfallstoffe aus Konsum und Produktion auf. Unternehmen setzen Ressourcen, wie Roh-, Hilfs- und Betriebsstoffe sowie Anlagen, für den betrieblichen Leistungsprozess ein und beanspruchen damit mehr oder weniger die Umwelt. Umweltschutzmaßnahmen liegen insofern nicht nur im Blickwinkel der Konsumenten, sondern auch im Interesse der Produzenten. Deshalb müssen auch Fragen des Umweltschutzes in der Geschäftspolitik berücksichtigt werden.

**Umweltschutz** kann sowohl den Charakter eines Formalziels, d.h. die soziale gesellschaftspolitische Verantwortung steht im Vordergrund, als auch den eines Sachziels, d.h., die Aufdeckung von Gewinnpotenzialen wird angestrebt, annehmen.

Um die Gewinnpotenziale einer aktiven Umweltpolitik ausschöpfen zu können, wird in einigen modernen Unternehmen das **Ökocontrolling** eingesetzt. Es hat die Aufgabe, die Unternehmensführung bei der Planung, Kontrolle und Steuerung der umweltrelevanten Vorgänge im Unternehmen zu unterstützen.

Ziele und Aufgaben der Umweltkostenrechnung

Die Aufnahme des Umweltschutzziels in das unternehmerische Zielsystem verlangt ein adäquates Informationssystem. Die Kosten- und Leistungsrechnung, als ein Kernstück betrieblicher Controllingsysteme, ist daher der neuen Aufgabenstellung anzupassen und inhaltlich und methodisch zu erweitern. Eine **Umweltkostenrechnung** soll periodisch und fallweise Informationen darüber liefern, welche Auswirkungen Umweltschutzmaßnahmen einerseits und unterlassene Umweltschutzmaßnahmen andererseits auf das Gewinn- bzw. Rentabilitätsziel haben.

> Unter **Umweltkostenrechnung** wird eine spezifische, die aktive Umweltschutzpolitik einer Unternehmensführung explizit abbildende Kostenrechnung verstanden.

Die Umweltkostenrechnung ist ein Instrument der Unternehmensleitung, das helfen soll, die jeweilige Umweltschutzpolitik zielentsprechend abzubilden, zu planen, zu kontrollieren und zu gestalten. Außerdem kann sie den „Umweltinformationsbedarf" externer Interessenten befriedigen.

Die mit Hilfe der Umweltkostenrechnung gewonnenen Informationen tragen zur Unterstützung sowohl des Gewinn- bzw. Rentabilitätsziels als auch des Umweltschutzziels der Unternehmung bei. Sie finden Verwendung für Preisfindungsprozesse, Investitions- und Verfahrensentscheidungen, Sortimentsgestaltungsfragen, Substitutionsprozesse sowie Make-or-Buy-Entscheidungen.

Internalisierte und externalisierte Kosten

In eine umweltbezogene Kostenrechnung fließen vorrangig Umweltbeanspruchungskosten, d.h. Kosten, die vom Unternehmen wirtschaftlich zu tragen sind. Die Umweltbeanspruchungskosten werden im betrieblichen Rechnungswesen berücksichtigt und beeinflussen damit die Vermögens-, Finanz- und Ertragslage des Unternehmens. Sie werden auch als **internalisierte Kosten** bezeichnet.

> Als **internalisierte Kosten** bezeichnet man in der Kostenrechnung bereits berücksichtigte Kosten zur Vermeidung, Beseitigung, Verwertung und Reduzierung endogener Umweltbelastungen sowie zum Schutz vor durch Stör- und Katastrophenfälle hervorgerufene Umweltbelastungen.

Die Internalisierung der Kosten vollzieht sich ‚versteckt', wenn infolge von Überwälzungsprozessen Faktorkosten steigen, oder ‚offen', wenn Umweltbeanspruchungen mit konkreten Zahlungsverpflichtungen verbunden sind, wie dieses beispielsweise bei der Abwasserabgabe der Fall ist.

Je nach Ausprägung der umweltbezogenen Kostenrechnung finden sich neben diesen internalisierten Kosten auch von einem Unternehmen verursachte Umweltkosten, die von anderen Wirtschaftssubjekten getragen oder auf spätere Generationen verlagert werden, in der Umweltkostenrechnung wieder. Sie werden **externalisierte Kosten** genannt.

> **Externalisierte Kosten** sind betriebliche Umweltbelastungen, die nicht durch Umweltschutzmaßnahmen vermieden, entsorgt oder zumindest auf ein unschädliches Maß reduziert, sondern an die Umwelt des Unternehmens abgegeben werden.

Ein Beispiel für externalisierte Kosten sind ungefilterte Emissionen. Sie führen zu Belastungen einer Volkswirtschaft, die nicht internalisiert sind, d.h. nicht zu Lasten des verursachenden Unternehmens beseitigt werden.

### 5.2.2 Systematisierungsansatz der Umweltkostenrechnung

#### 5.2.2.1 Varianten der Umweltkostenrechnung

Eine Umweltkostenrechnung stellt eine Informationsrechnung über betriebliche Umweltbelastungen und Umweltschutzmaßnahmen dar, wobei mit Hilfe unterschiedlicher **Varianten** verschiedene Kosteninformationen

- auf der Grundlage betrieblicher Umweltschutzkosten (**umweltschutzorientierte Kostenrechnung**),
- auf der Grundlage externalisierter Kosten endogener Umweltbelastungen (**ökologieorientierte Kostenrechnung**) oder
- auf der Grundlage betrieblicher Umweltschutzkosten und -nutzen (**umweltschutzorientierte Kosten-Nutzen-Rechnung**)

bereitgestellt werden können. Diese drei Varianten sind durch verschiedene Zwecke, Aufgaben und in die Rechnung einzubeziehende Kosten charakterisiert. Auf sie lassen sich wiederum jeweils unterschiedliche Kostenrechnungssysteme anwenden. Basissystem ist die umweltschutzorientierte Kostenrechnung. Die ökologieorientierte Kostenrechnung und die umweltschutzorientierte Kosten-Nutzen-Rechnung sind Ergänzungen bzw. Erweiterungen der umweltschutzorientierten Kostenrechnung.

## (1) Umweltschutzorientierte Kostenrechnung

Das Basissystem der Umweltkostenrechnung ist die umweltschutzorientierte Kostenrechnung, welche die betrieblichen (internen) Umweltschutzkosten spezifisch erfasst, verrechnet, gesondert ausweist und untersucht. Betriebliche Umweltschutzkosten sind dabei als bereits internalisierte Kosten zu verstehen.

> Die **umweltschutzorientierte Kostenrechnung** stellt eine Verfeinerung der traditionellen Kostenrechnung dar, indem betriebliche Umweltschutzkosten aus den klassischen Kosten selektiert, separat ausgewiesen und analysiert werden.

Die Aufgaben einer solchen Kostenrechnung liegen in den Bereichen der verbesserten Informationsbereitstellung, der kurzfristigen Planung und Kontrolle sowie der Entscheidungsvorbereitung und Publikation. Im Einzelnen sind folgende wichtige Aufgaben zu nennen:

- Durch eine **verursachungsgerechtere Verteilung** der umweltbezogenen Kosten auf die Produkte können sich Verschiebungen bei den Selbstkosten ergeben, die wiederum zu einer geänderten **Preisfindung** führen können. Veränderungen des Produktsortiments sind somit nicht ausgeschlossen.

- Die umweltschutzorientierte Kostenrechnung dient der **Kontrolle** betrieblicher Umweltschutzkosten und zum Vergleich der Selbstkosten absatzfähiger Produkte, die ohne Umweltschutz, unter Beachtung des gesetzlich oder vertraglich vorgeschriebenen oder freiwillig initiierten Umweltschutzes, hergestellt werden.

- Die umweltschutzorientierte Kostenrechnung kann als **Instrument zur Entscheidung** über alternativ zur Wahl stehender betrieblicher Umweltschutzmaßnahmen eingesetzt werden.

- Neben dem Controlling sind es vor allem die Kostenstellenleiter, die durch eine differenzierte Kostenaufstellung sensibilisiert werden und eventuelle **Einsparungspotenziale** aufdecken, weil sie ihre Kosten mit Hilfe der Umweltkostenrechnung konkreter analysieren können.

### (2) Ökologieorientierte Kostenrechnung

Betriebliche Umweltbelastungen, die nicht durch Umweltschutzmaßnahmen vermieden, reduziert oder entsorgt, sondern weiterhin an die Umwelt des Unternehmens abgegeben werden, führen zu **Belastungen einer Volkswirtschaft**, die (noch) nicht internalisiert sind. Ökologieorientierte Kostenrechnungen dienen dazu, solche externalisierten Umweltbelastungen, bewertet mit einem Kostensatz, möglichst vollständig und systematisch zu erfassen.

Der wichtigste Zweck dieser Variante der Umweltkostenrechnung ist das **Aufdecken potenzieller noch nicht internalisierter Umweltbelastungskosten**. Diese derzeit ‚kostenfreien' Umweltbelastungen werden allerdings dann zu betrieblichen Umweltschutzkosten, sobald der Gesetzgeber oder ein privatrechtlich ausgehandelter Vertrag vorschreibt, dass die Unternehmung die durch sie verursachten Belastungen künftig zu vermeiden, zu reduzieren oder einer umweltverträglichen Beseitigung bzw. Verwertung zuzuführen hat. Es bietet sich daher an, die noch nicht internalisierten Umweltbelastungen aus Unternehmenssicht mit den Beträgen (Preisen oder Kosten) zu bewerten, die erforderlich sind, um diese Umweltbelastungen zu umgehen bzw. zu verhindern, zu verringern oder zu entsorgen.

### (3) Umweltschutzorientierte Kosten-Nutzen-Rechnung

Steht die **Verbesserung der Umweltqualität** im Vordergrund der Geschäftspolitik eines Unternehmens, wird eine Erweiterung der Kostenrechnung zur umweltschutzorientierten Kosten-Nutzen-Rechnung erforderlich.

Ihre wichtigste Aufgabe besteht in ihrem Einsatz als Planungs- und Entscheidungsinstrument zur **Beurteilung von alternativ zur Wahl stehenden Umweltschutzmaßnahmen** im Bereich der Beschaffung, der Produktion und des Absatzes. Dabei ist diejenige Handlungsalternative zu präferieren, die einen maximalen Umweltschutz gewährleistet.

### 5.2.2.2 Umweltschutzbezogene Kostenrechnungssysteme

Nach der Wahl der Variante der Umweltkostenrechnung ist zu entscheiden, in welche Kostenrechnungssysteme die Umweltschutzkosten zu integrieren sind. Diese Entscheidung ist abhängig von der Frage, welche Rechnungsziele bzw. Aufgaben mit der Kostenrechnung zu erfüllen sind.

Übersicht 5/1: Kostenwürfel

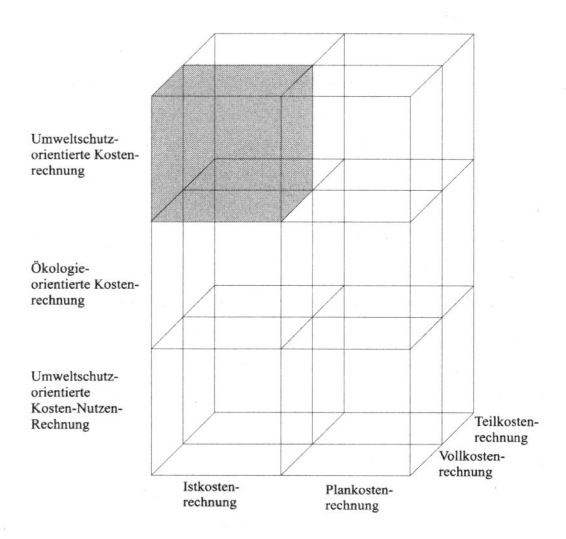

Quelle: In Anlehnung an Witt, F.-J.: Lexikon des Controlling, S.222

Im betrieblichen Rechnungswesen können Kostenrechnungssysteme nach dem Zeitbezug der verrechneten Kosten in **Ist-, Normal- und Plankostenrechnungssysteme** unterschieden werden. Nach dem Sachumfang der auf die Kostenträger verrechneten Kosten ist eine Durchführung dieser Systeme auf **Voll- und Teilkostenbasis** möglich. Theoretisch ergeben sich daraus sechs Kombinationen, in denen die Umweltschutzkosten berücksichtigt werden können. Da die Normalkostenrechnung innerhalb der Umweltkostenrechnung allerdings keine Anwendung findet, reduziert sich die Kombinationsmöglichkeit auf vier. Auf der anderen Seite können – wie oben diskutiert – die Umweltschutzkosten in **drei unterschiedliche Umweltkostenrechnungen** einfließen. Damit verbleiben zwölf Alternativen zur Konzeption eines Umweltkostenrechnungssystems (vgl. auch Abbildung 5/1).

Die Wahl des Kostenrechnungssystems richtet sich letztendlich danach, welche Funktion das System erfüllen soll. Zur Erfüllung der Dokumentations- und Publikationsaufgaben einer Umweltkostenrechnung ist es zweckmäßig, die Umweltkostenrechnung als **Istkostenrechnung auf Vollkostenbasis** durchzuführen. Steht die Entscheidungsfunktion im Vordergrund bietet sich die **Istkostenrechnung auf Teilkostenbasis** (*Deckungsbeitragsrechnung*) an. Bei Anwendung der Deckungsbeitragsrechnung wird sich ein hoher Anteil beschäftigungsunabhängiger Umweltschutzkosten ergeben. Dies führt zumindest in der *einstufigen Deckungsbeitragsrechnung* dazu, dass eine kostenträgerweise Zuordnung der Umweltschutzkosten kaum eintritt, sondern dass lediglich das Periodenergebnis `belastet` wird. Die *mehrstufige Deckungsbeitragsrechnung* bietet dagegen die Möglichkeit der produktgruppenweisen Zuordnung von Fixkosten. Grundsätzlich erscheinen diese Rechensysteme auf Istkostenbasis besonders geeignet, Umweltschutzkosten transparent zu machen, zu dokumentieren und Entscheidungen zielorientiert vorzubereiten. Zur Lösung kurzfristiger Planungs- und Kontrollfragen müssen die Umweltschutzkosten in einer Planungsrechnung verarbeitet werden. Dieses kann beispielsweise in einer **Plankostenrechnung auf Vollkostenbasis** geschehen. Um außerdem als Entscheidungsgrundlage dienen zu können, sollte im Unternehmen eine auf **Teilkosten basierende Plankostenrechnung** – kurz *Grenzplankostenrechnung* – durchgeführt werden. Im Rahmen von Planungsrechnungen können umweltorientierte Zielvorgaben als Steuerungsgrößen in das System eingebracht werden. Der anschließende Plan-Ist-Vergleich zeigt bestehende Divergenzen auf. Insofern lässt sich in begrenztem Umfang mit Hilfe der Plankostenrechnung bei hinreichend genauer Differenzierung der umweltbezogenen Daten ein umweltorientiertes Steuerungsinstrument schaffen.

Alle erwähnten Kostenrechnungssysteme lassen sich mit den drei Varianten der Umweltkostenrechnung kombinieren. Entsprechend variiert die Aufgabe und der Untersuchungsgegenstand des Kostenrechnungssystems. Die **umweltschutzorientierte Kostenrechnung** wird dabei, wie schon erwähnt, als Grundform der Umweltkostenrechnung angesehen, während die **ökologieorientierte Kostenrechnung** und die **umweltschutzorientierte Kosten-Nutzen-Rechnung** nur Ergänzungen bzw. Erweiterungen dieser darstellen.

Schwerpunkt der folgenden Ausführungen ist die Grundform der Umweltkostenrechnung auf Basis von Ist- und Vollkosten, also die umweltschutzorientierte Istkostenrechnung auf Vollkostenbasis.

## 5.3 Umweltschutzorientierte Istkostenrechnung auf Vollkostenbasis

### 5.3.1 Charakteristika

Ausgangspunkt der umweltschutzorientierten Istkostenrechnung als Vollkostenrechnung ist die in der Unternehmung bestehende klassische Istkostenrechnung auf Vollkostenbasis, innerhalb der die realisierten betrieblichen Umweltschutzkosten gesondert von den übrigen Kostenarten erfasst, verrechnet und ausgewiesen werden. Insofern erfolgt in der umweltschutzorientierten Kostenrechnung eine eindeutige **Trennung aller Kosten in funktions- und umweltschutzbedingte Istkosten**. Im weiteren Verlauf setzt sich die Umweltkostenrechnung – ebenso wie die meisten Kostenrechnungssysteme – aus einer **Kostenarten-, Kostenstellen- und Kostenträgerrechnung** zusammen. Alle drei Schritte der Kostenrechnung sollen im Folgenden unter besonderer Berücksichtigung umweltschutzbezogener Aspekte beschrieben werden.

## 5.3.2 Kostenartenrechnung

Kennzeichen der Kostenartenrechnung

In der **Kostenartenrechnung** wird die Frage beantwortet: Welche Kosten sind in welcher Höhe angefallen? Sie dient damit der systematischen Erfassung aller Kosten, die bei der Erstellung und Verwertung der betrieblichen Leistung entstehen.

Die **umweltorientierte Kostenartenrechnung** beschäftigt sich zusätzlich mit der Selektierung umweltschutzbezogener Kosten aus den traditionell erfassten Kostenarten. Das bedeutet, dass neben den bisherigen Einzel- und Gemeinkosten zusätzlich umweltbezogene Einzel- und Gemeinkosten ausgewiesen werden müssen.

In einem ersten Schritt müssen deshalb die **umweltschutzbedingten Kosten** von den anderen, sog. **funktionsbedingten Kosten** abgegrenzt werden. Dabei können sich sachliche und zeitliche Abgrenzungsprobleme ergeben, die im Folgenden kurz vorgestellt werden sollen.

Sachliche Abgrenzungsprobleme

Sachliche Abgrenzungsprobleme können sich daraus ergeben, dass die in einem Unternehmen getroffenen Maßnahmen meist nicht ausschließlich dem Umweltschutz, sondern auch anderen betrieblichen Zwecken, z.B. dem Arbeitsschutz, der Betriebssicherheit oder der betrieblichen Infrastruktur, dienen. So zählt beispielsweise ein zusätzlicher Warnmelder für gesundheitsschädliche Gase sowohl zum Umweltschutz als auch zur Arbeitssicherheit. Die betrieblichen Umweltschutzkosten sind bei diesen Mehrzweckmaßnahmen von den Kosten für andere Zwecke zu trennen. Dies kann beispielsweise dadurch geschehen, dass der Teil der gesamten Maßnahmenkosten den Umweltschutzkosten zugeordnet wird, der dem Anteil des Umweltschutzes an der Gesamtmaßnahme entspricht (vgl. Roth, U.: Umweltkostenrechnung, S.113).

Weitere sachliche Abgrenzungsprobleme ergeben sich bei Aktivitäten und daraus folgenden Kosten, die zwar unmittelbar dem Umweltschutz dienen, aber nicht direkt für einzelne Umweltschutzeinrichtungen anfallen, z.B. Kosten für die Umstellung von Produktionsverfahren, Forschungs- und Entwicklungskosten, Kosten für Betriebsbeauftragte etc., und die Kosten, die bei der betrieblichen Produktion entstehen, welche mit Umweltschutzmaßnahmen verflochten ist.

Außerdem buchen viele Unternehmen verschiedenartige Umweltschutzkosten mit teilweise erheblichen Beträgen auf einem einzigen Konto. Beispielsweise findet sich in einigen Kontenplänen das Konto „Aufwendungen für Strom, Gas, Wasser und Heizung". Ist dieses Konto betragsmäßig bedeutsam, könnte beispielsweise folgende Differenzierung vorgenommen werden: „Aufwendungen für Strom", „Aufwendungen für Gas", „Aufwendungen für Wasser", „Aufwendungen für Abwasser", „Aufwendungen für Heizöl". Auch andere Kostenarten bieten oft aufgrund ihrer aggregierten Form keine ausreichenden Informationen hinsichtlich der Umweltschutzkosten. Insbesondere bei kleinen und mittleren Betrieben werden häufig Umweltschutzkosten auf Sammelkonten, z.B. „sonstige Aufwendungen" oder „allgemeine Kosten", gebucht. Umweltschutzkosten werden so mit nicht umweltinduzierten Kosten vermischt.

Des Weiteren treten Probleme bei der Abgrenzung zwischen Aufwendungen und Kosten auf. Ziel ist eine Trennung der betriebsbedingten, periodengerechten und nicht außergewöhnlichen umweltbezogenen Kosten von den betriebsfremden, periodenfremden und/oder außergewöhnlichen umweltbezogenen Aufwendungen. Betriebsfremde umweltschutzbezogene Aufwendungen liegen zum Beispiel vor, wenn das Dach der Produktionsstätte begrünt oder ein Feuchtbiotop angelegt wird. Neben den betriebsfremden können auch periodenfremde umweltbezogene Aufwendungen vorliegen. Zu diesen periodenfremden Aufwendungen zählen beispielsweise Aufwendungen für die nachträgliche Beseitigung von Umweltverschmutzungen, die nicht mehr den Kosten der aktuellen Periode hinzuzurechnen sind, weil sonst eine Verfälschung der Kalkulationsgrundlage eintritt. Zu den außergewöhnlichen umweltbedingten Aufwendungen zählen unvorhersehbare Störfälle, die zu Umweltbeeinträchtigungen führen, z.B. die Eindämmung und Beseitigung ausgelaufenen Heizöls in die Abwasserkanalisation. Die betriebsfremden, periodenfremden und/oder außergewöhnlichen umweltbzogenen Aufwendungen werden in der Umweltkostenrechnung nicht erfasst, sondern als neutraler Aufwand ausgegliedert. Insofern unterscheidet sich die Umweltkostenartenrechnung nicht von der traditionellen Kostenartenrechnung.

### Zeitliche Abgrenzungsprobleme

Betriebsbedingte, nicht außergewöhnliche umweltbezogene Aufwendungen, die zu der aktuellen Abrechnungsperiode gehören, können auch erst in zukünftigen Perioden entstehen, wenn sich das Unternehmen für bestimmte Umweltzwecke verpflichtet hat. Ein Beispiel ist die Rücknahme von Altbatterien und deren umweltgerechte Entsorgung. Die Verteilung dieser künftigen Umweltschutzkosten richtet sich nach ihrer Verursachungsperiode, d.h., zum Zeitpunkt der Herstellung werden die künftigen Entsorgungskosten berücksichtigt.

Ein weiteres zeitliches Abgrenzungsproblem ergibt sich, wenn beispielsweise aus Umweltschutzgründen Produkte eingestellt oder Produktionsanlagen stillgelegt werden. Hier ist die Frage, über welchen Zeitraum dann Leerkosten und Erlöseinbußen durch Produktionseinstellungen als Umweltschutzkosten zu gelten haben.

Von vornherein müssen im Unternehmen Kriterien entwickelt werden, mit denen eine eindeutige und einheitliche Abgrenzung in sachlicher und zeitlicher Hinsicht möglich ist.

### Kalkulatorische Kosten

In der Umweltkostenrechnung sollte grundsätzlich – wie in der traditionellen Kostenrechnung auch – mit kalkulatorischen Kosten gearbeitet werden. Dies gilt insbesondere für die Abschreibung des abnutzbaren Anlagevermögens (z.B. Umweltschutzanlagen). Dabei sollten die selben Kriterien analog der klassischen Kostenrechnung bezüglich der Auswahl der Abschreibungsmethode, dem kalkulatorischen Ausgangswert (Wiederbeschaffungspreise) und der Nutzungsdauer angesetzt werden, um die Umweltkostenrechnung nicht unnötig kompliziert zu gestalten.

### Ermittlung der primären Umweltschutzkosten

Nach Festlegung der Kriterien zur sachlichen und zeitlichen Abgrenzung sowie der Berücksichtigung kalkulatorischer Ansätze sind innerhalb der Kostenartenrechnung die primären Umweltschutzkosten zu ermitteln bzw. aus den Gesamtkosten zu selektieren.

Das heißt, die einzelnen Kostenarten sind daraufhin zu untersuchen, ob die zu ihnen gehörenden Kosten durch den `normalen` Unternehmensprozess verursacht und somit **funktionsbedingt** oder durch Umweltschutzmaßnahmen verursacht und damit **umweltschutzbedingt** sind. Letztere sind als primäre betriebliche Umweltschutzkosten zu separieren, soweit es sich um sachzielbezogene bewertete Verbräuche von außerhalb der Unternehmung bezogenen Güterarten handelt, die vollständig oder überwiegend zu Umweltschutzzwecken eingesetzt und verzehrt werden. Folgende Kosten können beispielsweise direkt den Umweltschutzkosten zugeordnet werden:

- Lohn- und Gehaltskosten für Klärwärter sowie für Betriebs- und Sicherheitsbeauftragte für Umweltschutz;
- Dienstleistungskosten als Entgelt für die Inanspruchnahme von Fremdleistungen, z.B. für Grubenleerung, Transport, Lagerung, Vorbehandlung, Beseitigung und/oder Verwertung von Abfallstoffen;
- Entgelt für Wartung und Reparatur von Umweltschutzeinrichtungen;
- erworbene Lizenzen für umweltfreundliche Produktionsanlagen;
- bestimmte Gebühren, Beiträge und Steuern, z.B. Abwasserabgabe, Abfallgebühren, Kanalbenutzungsgebühren, Öko-Steuer.

Ergebnis der Kostenartenrechnung im Rahmen einer umweltschutzorientierten Vollkostenrechnung sind sowohl in Einzel- und Gemeinkosten unterteilte als auch nach Funktions- und Umweltschutzbedingtheit getrennte Kosten.

Zur Demonstration der Vorgehensweise und der Besonderheiten der umweltschutzorientierten Kostenrechnung soll im Folgenden ein Beispiel vorgestellt werden, auf das auch später in der Kostenstellen- und -trägerrechnung wieder zurück gegriffen wird. Es handelt sich dabei um eine fiktive Beispielunternehmung namens „Enterprise"-AG. Die dort enthaltenen Zahlen sind frei erfunden.

Beispiel: Umweltorientierte Kostenartenrechnung in der „Enterprise"-AG

Der moderne und innovative Fahrradhersteller „Enterprise"-AG nahm am 2. Januar 2000 ein eigenes Klärwerk in Betrieb, das den Frischwasserverbrauch merklich senken soll. Wird in der Produktion Frischwasser benötigt, schlägt dies kostenrechnerisch zweifach zu Buche: Einmal entstehen Kosten für den Bezug von Frischwasser und ein zweites Mal werden bei der Einleitung des Abwassers in die Kanalisation Kosten verursacht. Die Kläranlage reinigt Schmutzwasser aus der Produktion, welches dann als Brauchwasser an anderen Stellen Verwendung findet, an denen vorher Frischwasser zum Einsatz kam. So wird einmal zugeführtes Frischwasser im Unternehmen mittels eines Kreislaufes über das Klärwerk mehrfach genutzt.

Schon seit 1. Dezember 1999 werden außerdem bei der Herstellung der Fahrräder teilweise umweltfreundliche Farben verwendet. Der Einsatz umwelt- und gesundheitsunschädlicher Lacke führt allerdings zu steigenden Materialeinzelkosten, da diese Lacke teurer sind als die bisher verwendeten.

Bei der Herstellung der Fahrräder fallen 17.000 € Materialeinzelkosten an, wovon 10 % aufgrund der Verwendung umweltfreundlicher Lacke umweltschutzbedingt sind. Die Fertigungseinzelkosten pro Periode betragen 20.000 € in der Fertigungskostenstelle A und 20.000 € (inklusive 30 % umweltschutzbedingter Kosten, da ein Teil der Fertigungslöhne durch die Verarbeitung der neuen Lacke dem Umweltschutz zugeordnet werden kann) in der Fertigungskostenstelle B.

Für die beschriebenen Umweltschutzmaßnahmen und weiterer Aktivitäten wird seit dem 1. März 2000 zusätzlich ein Beauftragter für Umweltschutz beschäftigt, der für alle Abteilungen des Unternehmens verantwortlich ist und von allen Mitarbeitern in seiner Arbeit unterstützt werden soll.

In der Kostenartenrechnung sind folgende Gemeinkosten zu berücksichtigen:

| Kostenart | Gesamtkosten der Periode März |
|---|---:|
| Gehälter & Hilfslöhne | 15.000 € |
| Gehalt des Umweltbeauftragten | 4.925 € |
| Steuern & Gebühren | 5.575 € |
| Sozialkosten | 2.000 € |
| Abschreibungen | 12.000 € |

Ohne gesonderten Ausweis der umweltschutzbedingten Kosten innerhalb der Kostenartenrechnung könnten die Einzelkosten in der Produktkalkulation nicht differenziert angegeben werden und das Gehalt des Umweltbeauftragten wäre in den Hilfslöhnen enthalten. Diese umweltschutzbedingte Gemeinkostenart wäre dann in der Kostenstellenrechnung nicht getrennt zurechenbar.

## 5.3.3 Kostenstellenrechnung

### 5.3.3.1 Grundlagen, Probleme und Methoden zur Abgrenzung

Zweck der Kostenstellenrechnung

Nachdem die umweltbezogenen Kostenarten ermittelt und selektiert wurden, erfolgt die möglichst verursachungsgerechte Zuordnung auf die Kostenstellen. Innerhalb der umweltschutzorientierten Kostenstellenrechnung wird ermittelt, in welchem Bereich des Unternehmens und in welcher Höhe betriebliche Umweltschutzkosten angefallen sind. Oft werden im Rahmen der Kostenstellenrechnung noch weitere Kosten als Umweltschutzkosten identifiziert, die in der vorgelagerten Kostenartenrechnung nicht als solche erkannt werden. Die sowohl in der Kostenarten- als auch in der Kostenstellenrechnung selektierten primären Umweltschutzkosten müssen wie die funktionsbedingten Gemeinkosten auf die einzelnen Kostenstellen verteilt werden.

Gruppen von Kostenstellen

Im Hinblick auf den betrieblichen Umweltschutz sind drei Gruppen von Kostenstellen zu unterscheiden:

(1) Kostenstellen, die **keine Umweltschutzfunktionen** erfüllen, z.B. Kostenstellen des Vertrieb und der Verwaltung. Unmittelbar fallen hier keine (primären) Umweltschutzgemeinkosten an (sog. *reine funktionsbedingte Kostenstellen*). Es ist jedoch beispielsweise möglich, dass aufgrund von innerbetrieblichen Lieferungen für Umweltschutzzwecke diese Stellen mit sekundären Umweltschutzgemeinkosten belastet werden.
(2) Kostenstellen, die zu einem bestimmten **Anteil Umweltschutz** betreiben, z.B. Produktionsanlagen mit integrierten Umweltschutzeinrichtungen. Die Gemeinkosten dieser Stellen enthalten sowohl Umweltschutzkosten(anteile) als auch Kosten für andere betriebliche Zwecke (sog. *gemischte Kostenstellen*).
(3) Kostenstellen, die **vollständig dem Umweltschutz** zuzuordnen sind, z.B. Abwasser- oder Abfallsammler, Recycling-, Klär-, Filter- und Müllverbrennungsanlagen.

Alle hier anfallenden Kostenarten sind Umweltschutzkosten (sog. *reine umweltschutzbedingte Kostenstellen*).

Abgrenzungsprobleme

Bei der Verrechnung der primären Umweltschutzkosten ergibt sich nur im Fall (2) ein Abgrenzungsproblem. In diesen gemischten Kostenstellen müssen die angefallenen Gemeinkosten unterteilt werden, und zwar in als Umweltschutzkosten definierte und andere Kosten.

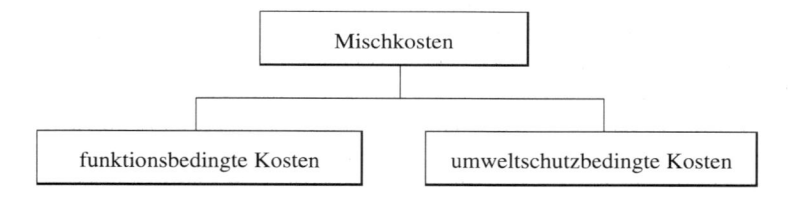

```
                    Mischkosten
                   /          \
        funktionsbedingte     umweltschutzbedingte
             Kosten                 Kosten
```

Methoden zur Abgrenzung

Zur Trennung der umweltschutz- und funktionsbedingten Kosten gibt es vielfältige Lösungsansätze. Grundsätzlich gilt, dass alle diejenigen Gemeinkosten der Kostenstelle den Umweltschutzgemeinkosten zuzurechnen sind, die durch betriebliche Umweltschutzmaßnahmen in der betreffenden Stelle verursacht werden.

> Zu den **umweltschutzbedingten Gemeinkosten einer Mischkostenstelle** zählen diejenigen Gemeinkosten, die durch betriebliche Umweltschutzmaßnahmen in der betreffenden Kostenstelle verursacht werden.

Sofern eine verursachungsgerechte Aufteilung in umweltschutzbedingte und funktionsbedingte Kosten nicht möglich ist, besteht eine Alternative darin, die Umweltschutzkosten anhand grober Berechnungsformeln zu schätzen. Zum Beispiel lassen sich die Umweltschutzkosten einer Kostenstelle i annäherungsweise durch Multiplikation des Verhältnisses der Summe der **Anschaffungsausgaben für Umweltschutzinvestitionen** in der Stelle i zu der Summe der Anschaffungsausgaben für alle Investitionen in i mit den gesamten Kosten dieser Stelle berechnen.

$$\text{Umweltschutzkosten der Kostenstelle i} = \frac{\Sigma \text{ Anschaffungsausgaben für Umweltschutzinvestitionen in i}}{\Sigma \text{ Anschaffungsausgaben für alle Investitionen in i}} * \text{gesamte Kosten in i}$$

Eine weitere Möglichkeit der Aufteilung der Kosten der Kostenstelle i besteht darin, sie entsprechend der effektiven **Bearbeitungszeit umweltfreundlicher Produkte** an den in der Stelle befindlichen Maschinen, Anlagen, Arbeitsplätzen, gemessen beispielsweise in Betriebsstunden oder mit Hilfe von Maschinenstundensätzen vorzunehmen. Die umweltschutzbezogenen Gemeinkosten ergeben sich in diesem Fall durch die Multiplikation des Verhältnisses von Bearbeitungszeit an den umweltfreundlichen Produkten zur Gesamtbearbeitungszeit der Stelle i mit den gesamten Kosten dieser Stelle.

$$\text{Umweltschutzkosten der Kostenstelle i} = \frac{\text{Bearbeitungszeit für umweltfreundliche Produkte}}{\text{Gesamtbearbeitungszeit in i}} * \text{gesamte Kosten in i}$$

Durch die beiden dargestellten Methoden können die Umweltschutzkosten nur geschätzt werden. Zur präzisen Ermittlung der umweltbedingten Kosten existiert eine Methode, welche aber sehr aufwendig ist, auf u.U. unrealistischen Annahmen basiert und in der Praxis nicht immer handhabbar ist. Sie beruht auf der Grundlage der durch Umweltschutzmaßnahmen verringerten, beseitigten, verwerteten oder vermiedenen endogenen Umweltbelastungen. Es muss also eine **exakte umweltspezifische Analyse** der betreffenden Kostenstellen durchgeführt werden. Für jede Kostenstelle lässt sich diesbezüglich die Umweltbelastungsmenge durch die Summe aus Anfangsbelastungsmenge und Bruttoemissionsmenge abzüglich der abgebauten Belastungsmenge berechnen.

$$U_{ib} = A_{ib} + BE_{ib} - AM_{ib} = A_{ib} + BE_{ib} - (VM_{ib} + EM_{ib})$$

mit: i = 1,2,...,I (= Kostenstellen)
b = 1,2,...,B (= Gesamtzahl der Typen von Belastungsgütern, z.b.
flüssige, feste, gasförmige Schadstoffe; Abfälle)
$U_{ib}$ = Umweltbelastungsmenge der i-ten Stelle des b-ten Belastungsgutes
$A_{ib}$ = Anfangsbelastungsmenge der i-ten Stelle des b-ten Belastungsgutes
$BE_{ib}$ = Bruttoemissionsmenge der i-ten Stelle des b-ten Belastungsgutes
$AM_{ib}$ = abgebaute Belastungsmenge der i-ten Stelle des b-ten Belastungsgutes
$VM_{ib}$ = Verwertungsmenge der i-ten Stelle des b-ten Belastungsgutes
$EM_{ib}$ = Entsorgungsmenge der i-ten Stelle des b-ten Belastungsgutes

Die Berechnungsmethode erfolgt unter der Annahme, dass Maßgrößen und Messverfahren zur Erfassung von $A_{ib}$, $BE_{ib}$ und $AM_{ib}$ vorhanden sind. Die Umweltverträglichkeit der Produktionsfaktoren und -verfahren, des Vertriebs und der Beseitigung von Absatzgütern bestimmt die Höhe der Bruttoemissions-, Verwertungs- und Entsorgungsmengen. Die abgebaute Belastungsmenge $AM_{ib}$ gibt das Ausmaß der Umweltschutzaktivität in der betreffenden Kostenstelle an. Ist $AM_{ib}$ bekannt, müssen der Personaleinsatz, der Energieverbrauch, die Reparatur- und Instandhaltungsleistungen usw. für die jeweilige Umweltschutzmaßnahme in der Stelle i ermittelt werden. Durch Multiplikation dieses umweltschutzbedingten Anteils mit den Personal-, Energie-, Reparatur- und Instandhaltungskosten der betreffenden Stelle lassen sich die Umweltschutzgemeinkosten dieser Stelle bestimmen.

Unabhängig davon, welches Verfahren der Kostentrennung zum Einsatz gelangt, sind die dem Umweltschutz zugeordneten Gemeinkosten(anteile) gesondert auszuweisen.

### 5.3.3.2 Verteilung primärer Umweltschutzgemeinkosten

Kostenstelleneinzel- und -gemeinkosten

Die Verteilung primärer umweltschutzbedingter Gemeinkosten auf die Orte ihrer Entstehung erfolgt wie die Verteilung aller im Unternehmen auftretenden Gemeinkosten. Sie werden entweder als **Kostenstelleneinzelkosten** einer Kostenstelle unmittelbar oder als Kostenstellengemeinkosten einer Kostenstelle mittelbar zugerechnet. Beispiele für Kostenstelleneinzelkosten sind Gehälter, Löhne und kalkulatorische Abschreibungen, die in der Hilfskostenstelle Klärwerk anfallen. Beispiele für **Kostenstellengemeinkos-**

**ten** sind das Gehalt des Betriebsbeauftragten für Umweltschutz, Wasser- und Müllgebühren u.Ä. Mit geeigneten Schlüsselgrößen, die sich möglichst proportional zur Beanspruchung der in den Kostenstellen eingesetzten bzw. verzehrten Gütern verhalten, müssen diese umweltschutzorientierten Kostenstellengemeinkosten auf die Stellen verteilt werden. Geeignete Schlüsselgrößen sind z.B. zu beseitigende, zu verwertende oder zu reinigende Menge an Abwasser, Abluft, an festen, flüssigen oder gasförmigen Schadstoffen. Sie können exakt ermittelt oder geschätzt werden.

Trennung in umweltschutz- und funktionsbedingte Kosten

Treten die zu verteilenden Gemeinkosten in einer gemischten Kostenstelle (Kostenstelle mit anteiliger Umweltschutzfunktion) auf, ist eine Trennung in umweltschutz- und funktionsbedingte Kosten erforderlich. Auf die Methoden der Abgrenzung wurde bereits oben eingegangen.

Damit die Umweltschutzgemeinkosten während der gesamten Kostenrechnung erkennbar bleiben, sind sie unter der gesonderten Kostenart „Umweltschutzkosten" je Kostenstelle getrennt auszuweisen. D.h., alle Mischkostenstellen werden in die beiden Spalten funktionsbedingte und umweltschutzbedingte Gemeinkosten aufgespalten.

Beispiel: Umweltorientierte Kostenstellenrechnung in der „Enterprise"-AG

In der „Enterprise"-AG sind folgende Hauptkostenstellen gebildet worden: Die Fertigungskostenstellen A (100 % funktionsbedingt) und B (30 % umweltschutzbedingt), eine Materialkostenstelle, deren Kosten durch die Verwendung umweltfreundlicher Lacke 10 % umweltschutzbedingt sind, sowie die Vertriebs- und Verwaltungskostenstelle (jeweils 100 % funktionsbedingt). Zusätzlich gibt es die 100 %ig funktionsbedingten Hilfskostenstellen Stromversorgung und Reparaturwerkstatt sowie die Hilfskostenstelle Klärwerk, deren Kosten vollständig umweltschutzbedingt sind. Im Unternehmen existieren demzufolge zwei Mischkostenstellen (Fertigung B und die Materialkostenstelle) und eine reine Umweltschutzkostenstelle (Klärwerk).

Die primären Stellengemeinkosten werden anhand folgender Schlüsselgrößen auf die Kostenstellen verteilt:

| Kostenart | Verteilungsbasis |
|---|---|
| Gehälter & Hilfslöhne | Gehalts- und Lohnlisten, Stempelkarten |
| Gehalt des Umweltbeauftragten | Verhältniszahlen aufgrund der von ihm geschätzten Beanspruchung je Kostenstelle |
| Steuern & Gebühren | Anlage- bzw. Umlaufvermögen |
| Sozialkosten | gesamten Lohn- und Gehaltssumme |
| Abschreibungen | Gebäude- und Anlageübersichten |

Der Betriebsabrechnungsbogen hat dann bis zu diesem Schritt nachstehendes Aussehen (Werte in €). Jede Kostenart spaltet sich in zwei Zeilen; die obere Zeile zeigt die funktionsbedingten und die untere Zeile die umweltschutzbedingten Gemeinkosten. Ebenfalls erkennt man die Spaltung der Mischkostenstellen „Fertigung B" und „Materialkostenstelle".

| Kostenarten | | Hilfskostenstellen | | | Hauptkostenstellen | | | | | | |
|---|---|---|---|---|---|---|---|---|---|---|---|
| | Gesamt-kosten | Strom-versor-gung | Repa-ratur-werkst. | Klär-werk | Ferti-gung A | Fertigung B fkt.-bedingt | umw.-bedingt | Material-KoSt fkt.-bedingt | umw.-bedingt | Ver-trieb | Ver-wal-tung |
| Gehäl. & Hilfslöh. | 13.100 1.900 | 500 | 1.200 | 800 | 5.000 | 2.100 900 | | 1.800 200 | | 2.000 | 500 |
| Gehalt d. U-Beauf. | 0 4.925 | 225 | 0 | 1.200 | 900 | 700 | 300 | 450 | 50 | 900 | 200 |
| Steu. & Gebühr. | 4.275 1.300 | 275 | 100 | 500 | 200 | 1.400 600 | | 1.800 200 | | 0 | 500 |
| Sozial-kosten | 1.630 370 | 50 | 250 200 | | 400 | 350 150 | | 180 20 | | 100 | 300 |
| Abschr. | 9.700 2.300 | 300 | 700 | 1.000 | 1.800 | 2.800 1.200 | | 900 100 | | 1.200 | 2.000 |
| Summe der primären GK | | 1.125 225 | 2.250 3.700 | | 7.400 900 | 6.650 700 | 3.150 | 4.680 450 | 570 | 3.300 900 | 3.300 200 |

## 5.3.3.3 Verteilung sekundärer Umweltschutzgemeinkosten

Grundsätzliche Vorgehensweise bei reinen Kostenstellen

Sekundäre Umweltschutzgemeinkosten entstehen in der Kostenstellengruppe (3) „reine umweltschutzbedingte Kostenstellen". Sie beruhen auf dem Verzehr oder der Nutzung innerbetrieblicher Umweltschutzgüter. Es handelt sich hierbei also um bewertete sachzielbezogene Güterverbräuche für den betrieblichen Umweltschutz, wobei die Unternehmung die Güterarten nicht von außerhalb bezieht, sondern innerbetrieblich selbst erstellt hat. Durch die Zufuhr von Schadstoffen, Abwasser, Abluft o.Ä. von funktionsbedingten betrieblichen Kostenstellen in Kostenstellen, die ausschließlich Umweltschutzzwecken dienen, entstehen innerbetriebliche Leistungsverflechtungen und zusätzliche (sekundäre) Kosten in den Umweltschutzkostenstellen. In Höhe dieser sekundären Umweltschutzkosten werden die Produktionsstellen belastet und die Umweltschutzkostenstellen entlastet. So können die Kostensummen jeder Hauptkostenstelle exakt berechnet werden.

Grundsätzliche Vorgehensweise bei gemischten Kostenstellen

Aber auch in einer Mischkostenstelle – Kostenstellengruppe (2) – können sekundäre Umweltschutzgemeinkosten entstehen. Nach erfolgter Trennung der in den Mischkostenstellen angefallenen primären umweltschutzbedingten von den funktionsbedingten Gemeinkosten sind die primären Umweltschutzkosten(-anteile) gesondert auszuweisen und sodann zusammen mit den gegebenenfalls aus vor- oder nachgelagerten Stellen angelasteten umweltschutzbezogenen Sekundärkosten(-anteilen) explizit auf diejenigen Kostenstellen zu verteilen, die Umweltschutzleistungen in Anspruch genommen haben. Die in den Mischkostenstellen angefallenen funktionsbedingten Kosten sind unabhängig von den Kosten des Umweltschutzes auf die von ihnen belieferten Stellen mittels gesonderter Schlüsselgrößen zu verrechnen.

Innerbetriebliche Leistungsverrechnung

Die sekundären Umweltschutzgemeinkosten sind **mit Hilfe der bekannten Gemeinkostenumlageverfahren** auf die Kostenstellen zu verteilen, die innerbetriebliche Leistungen in Anspruch genommen haben. Bekannte Verfahren der innerbetrieblichen Leistungsverrechnung sind beispielsweise das *Anbauverfahren*, das *Treppenstufenverfahren* und das *Simultanverfahren* (vgl. auch Band 1: Istkostenrechnung).

Nach Umlage der Leistungen der Hilfskostenstellen erhält man als Ergebnis der Sekundärrechnung die Kostensummen (Endkosten) der Hauptkostenstellen, welche wiederum in funktions- und umweltschutzbedingte Kosten unterteilt ausgewiesen werden sollten.

Beispiel: Innerbetriebliche Leistungsverrechnung in der „Enterprise"-AG

Die innerbetriebliche Leistungsverrechnung der „Enterprise"-AG erfolgt nach dem Stufenleiterverfahren. Die Leistungsverbräuche der einzelnen Kostenstellen sind aus der folgenden Tabelle zu entnehmen:

| Kostenumlage Hilfs-KoSt | Verbräuche der Kostenstellen | | | | | | | | |
|---|---|---|---|---|---|---|---|---|---|
| | Gesamt-leistg. | Repara-turwerk-statt | Klär-werk | Ferti-gung A | Fertigung B fkt.-bed. | Fertigung B umw.-bed. | Material-KoSt fkt.-bed. | Material-KoSt umw.-bed. | Ver-trieb | Ver-wal-tung |
| Strom-versor-gung | 45.000 kWh | 3.000 | 5.000 | 8.000 | 8.400 | 3.600 | 2.700 | 300 | 10.000 | 4.000 |
| Repara-turwerk-statt | 100 h | | 15 | 15 | 21 | 9 | 22,5 | 2,5 | 10 | 5 |
| Klärwerk | 4.201 l | | | 800 | 1.050 | 450 | 1.080 | 120 | 500 | 201 |

Die Summe der primären Gemeinkosten, getrennt in funktions- und umweltschutzbedingte Kosten, kann aus dem Betriebsabrechnungsbogen entnommen werden. Dem folgt die Ermittlung der Verrechnungspreise der innerbetrieblichen Leistungen:

Strom-Verrechnungspreis (fkt.-bed.) = 1.125 € / 45.000 kWh = 0,025 €/kWh
Strom-Verrechnungspreis (umw.-bed.) = 225 € / 45.000 kWh = 0,005 €/kWh
Reparatur-Verrechnungspreis (fkt.-bed.) = 2.325 € / 100 h = 23,25 €/h
Reparatur-Verrechnungspreis (umw.-bed.) = 15 € / 100 h = 0,15 €/h
Abwasser-Verrechnungspreis (umw.-bed.) = 4.201 € / 4.201 l = 1 €/l

# Umweltkostenrechnung

Werden funktionsbedingte Kosten einer Hilfskostenstelle (z.b. Stromversorgung) auf eine reine Umweltschutzkostenstelle (z.b. Klärwerk) verrechnet, ändern die funktionsbedingten Kosten ihren Charakter und werden zu umweltschutzbedingten Kosten, da in einer reinen Umweltschutzkostenstelle nur umweltschutzbezogene Kosten auftreten können.

Nach der Verteilung der sekundären Gemeinkosten lässt sich die Summe der gesamten Gemeinkosten je Hauptkostenstelle ermitteln. Die umweltschutzbedingten Kosten sind im nachstehenden BAB schraffiert gekennzeichnet (Werte in €):

| Kostenarten | Hilfskostenstellen | | | Hauptkostenstellen | | | | | | |
|---|---|---|---|---|---|---|---|---|---|---|
| | Gesamtkosten | Stromversorgung | Reparaturwerkst. | Klärwerk | Fertigung A | Fertigung B fkt.-bedingt | Fertigung B umw.-bedingt | Material-KoSt fkt.-bedingt | Material-KoSt umw.-bedingt | Vertrieb | Verwaltung |
| Gehäl. & Hilfslöh. | 13.100 / 1.900 | 500 | 1.200 | 800 | 5.000 | 2.100 | 900 | 1.800 | 200 | 2.000 | 500 |
| Gehalt d. U-Beauf. | 0 / 4.925 | 225 | 0 | 1.200 | 900 | 700 | 300 | 450 | 50 | 900 | 200 |
| Steu. & Gebühr. | 4.275 / 1.300 | 275 | 100 | 500 | 200 | 1.400 | 600 | 1.800 | 200 | 0 | 500 |
| Sozialkosten | 1.630 / 370 | 50 | 250 | 200 | 400 | 350 | 150 | 180 | 20 | 100 | 300 |
| Abschr. | 9.700 / 2.300 | 300 | 700 | 1.000 | 1.800 | 2.800 | 1.200 | 900 | 100 | 1.200 | 2.000 |
| Summe der primären GK | | 1.125 / 225 | 2.250 / 3.700 | | 7.400 / 900 | 6.650 / 700 | 3.150 | 4.680 / 450 | 570 | 3.300 / 900 | 3.300 / 200 |
| Umlage Stromversorgung | | ↳ | 75 / 15 | 125+25 | 200 / 40 | 210 / 42 | 90+18 | 67,5 / 13,5 | 7,5+1,5 | 250 / 50 | 100 / 20 |
| Umlage Reparaturleistungen | | | ↳ | 348,75 / 348,75 +2,25 | 2,25 | 488,25 / 3,15 | 209,25 +1,35 | 523,125 / 3,375 | 58,125 +0,375 | 232,5 / 1,5 | 116,25 / 0,75 |
| Umlage Leistung Klärwerk | | | | ↳ | 800 | 1.050 | 450 | 1.080 | 120 | 500 | 201 |
| Summe der Gemeinkosten | | | | | 7.948,75 / 1.742,25 | 7.348,25 / 1.795,15 | 3.918,6 | 5.270,62 / 1.546,88 | 757,5 | 3.782,5 / 1.451,5 | 3.516,3 / 421,75 |

### 5.3.3.4 Ermittlung der Kalkulationssätze

Zweck der Kalkulationssätze

Die Kalkulationssätze, welche nach der Umlage der primären und sekundären Gemeinkosten zu bilden sind, stellen das Bindeglied zwischen der Kostenstellenrechnung und der Kostenträgerrechnung dar und unterstützen die Verrechnung der Gemeinkosten auf die Kostenträger.

Bildung der Kalkulationssätze

In der Umweltkostenrechnung können für die Bildung der Zuschlagssätze **die gleichen Bezugsgrößen wie bei der traditionellen Istkostenrechnung** verwendet werden, z.B. Fertigungsmaterial, -lohn und Herstellkosten. Jedoch wird die zu verteilende Gemeinkostensumme der jeweiligen Kostenstelle in einen Anteil funktionsbedingte Gemeinkosten und einen anderen Anteil umweltschutzbedingte Gemeinkosten aufgespalten. Dies setzt aber – wie bereits erwähnt – die **konsequente Trennung der Kosten nach Funktions- und Umweltschutzbedingtheit** innerhalb der Kostenrechnung voraus.

$$\text{Zuschlagssatz der Kostenstelle } i = \frac{\text{funktionsbed. GK} + \text{umweltschutzbed. GK}}{\text{Bezugsgröße}}$$

$$= \text{fkt.-bed. Zuschlagssatz} + \text{umw.-bed. Zuschlagssatz}$$

Bei der Ermittlung der gesonderten Gemeinkostenzuschlagssätze einer Stelle i haben funktions- und umweltschutzbedingte Gemeinkosten in der Regel die gleiche Bezugsgröße. Für die Umweltschutzgemeinkosten kann aber auch eine eigene Bezugsgröße verwendet werden. Dies setzt aber die Kenntnis der in den einzelnen Stellen herrschenden Umweltbelastungsbeziehungen und der zu ihrer Beseitigung bzw. Reduzierung vorgenommenen Umweltschutzaktivitäten voraus. In diesem Fall ergeben sich separate umweltschutzbezogene Zuschlagssätze.

Umweltkostenrechnung

Beispiel: Ermittlung der Kalkulationssätze in der „Enterprise"-AG

Zum Abschluss der Kostenstellenrechnung der „Enterprise"-AG sind die Kalkulationssätze zu berechnen. Als Bezugsgröße für die Fertigungskostenstellen dienen die Fertigungslöhne der jeweiligen Periode. Für die Berechnung des Materialgemeinkostenzuschlagssatzes werden die Materialgemeinkosten zu den Materialeinzelkosten in Beziehung gesetzt. Die Quotienten aus den gesamten Vertriebs- bzw. Verwaltungsgemeinkosten und den Herstellkosten ergeben die Kalkulationssätze der Verwaltungs- und Vertriebskosten. Wie oben bereits erläutert, werden die Kalkulationssätze für die funktions- und umweltschutzbedingten Gemeinkosten separat, aber basierend auf der gleichen Bezugsgröße, angegeben.

Bei der Bildung der umweltschutzbedingten Kalkulationssätze ist zu beachten, dass sich diese bei Mischkostenstellen sowohl aus dem funktionsbedingten als auch aus dem umweltbezogenen Kostenstellenteil zusammensetzen. Die umweltschutzbedingten Kosten sind wieder schraffiert gekennzeichnet (Werte in €):

| Kostenarten | Hilfskostenstellen | | | Hauptkostenstellen | | | | | | |
|---|---|---|---|---|---|---|---|---|---|---|
| | Gesamtkosten | Stromversorgung | Reparaturwerkst. | Klärwerk | Fertigung A | Fertigung B | | Material-KoSt | | Vertrieb | Verwaltung |
| | | | | | | fkt.-bedingt | umw.-bedingt | fkt.-bedingt | umw.-bedingt | | |
| Gehäl. & | 13.100 | 500 | 1.200 | | 5.000 | 2.100 | | 1.800 | | 2.000 | 500 |
| Hilfslöh. | 1.900 | | | 800 | | | 900 | | 200 | | |
| Gehalt d. | 0 | | | | | | | | | | |
| U-Beauf. | 4.925 | 225 | 0 | 1.200 | 900 | 700 | 300 | 450 | 50 | 900 | 200 |
| Steu. & | 4.275 | 275 | 100 | | 200 | 1.400 | | 1.800 | | 0 | 500 |
| Gebühr. | 1.300 | | | 500 | | | 600 | | 200 | | |
| Sozial- | 1.630 | 50 | 250 | | 400 | 350 | | 180 | | 100 | 300 |
| kosten | 370 | | | 200 | | | 150 | | 20 | | |
| Abschr. | 9.700 | 300 | 700 | | 1.800 | 2.800 | | 900 | | 1.200 | 2.000 |
| | 2.300 | | | 1.000 | | | 1.200 | | 100 | | |
| Summe der | | 1.125 | 2.250 | | 7.400 | 6.650 | | 4.680 | | 3.300 | 3.300 |
| primären GK | | 225 | | 3.700 | 900 | 700 | 3.150 | 450 | 570 | 900 | 200 |
| Umlage Stromversorgung | | ↳ | 75 | | 200 | 210 | | 67,5 | | 250 | 100 |
| | | | 15 | 125+25 | 40 | 42 | 90+18 | 13,5 | 7,5+1,5 | 50 | 20 |

| | | | | | | | | | |
|---|---|---|---|---|---|---|---|---|---|
| Umlage Reparatur | ↳ | | 348,75 | 488,25 | | 523,125 | | 232,5 | 116,25 |
| leistungen | | 348,75 | 2,25 | 3,15 | 209,25 | 3,375 | 58,125 | 1,5 | 0,75 |
| | | | +2,25 | | +1,35 | | +0,375 | | |
| Umlage Leistung | ↳ | | | | | | | | |
| Klärwerk | | | 800 | 1.050 | 450 | 1.080 | 120 | 500 | 201 |
| Summe der | | | 7.948,75 | 7.348,25 | | 5.270,62 | | 3.782,5 | 3.516,3 |
| Gemeinkosten | | | 1.742,25 | 1.795,15 | 3.918,6 | 1.546,88 | 757,5 | 1.451,5 | 421,75 |
| Bezugs- | | | FEK | | | MEK | | HK | |
| größen | | | 20.000 | 20.000 | | 17.000 | | 96.500 | |
| funktionsbedingter | | | | | | | | | |
| Kalkulationssatz | | | 40 % | 37 % | | 31 % | | 3,9 % | 3,6 % |
| umw.-bedingter | | | | | | | | | |
| Kalkulationssatz | | | 8,7 % | | 29 % | | 13,6 % | 1,5 % | 0,4 % |
| Kalkulationssatz | | | | | | | | | |
| (gesamt) | | | 48,7 % | 66 % | | 44,6 % | | 5,4 % | 4,0 % |

Zur Verdeutlichung der dargestellten Sachverhalte und der prinzipiellen Vorgehensweise soll ein zweites Beispielunternehmen, nämlich die „Saubere Umwelt"-AG angefügt werden. Die Kostenarten und -stellen dieser Unternehmung lassen sich dem nachstehenden Betriebsabrechnungsbogen entnehmen. Wie man erkennt, ist das Abrechnungsprozedere bei diesem Fallbeispiel etwas anders.

Beispiel: Kostenstellenrechnung in der „Saubere Umwelt"-AG

Hinweise zur Kostenartenrechnung: Teile der Hilfs- und Betriebsstoffe werden durch umweltverträgliche Schmierstoffe ersetzt. Im Strombereich kauft das Unternehmen von einem nahe gelegenen Wasserkraftwerk Überschusskapazitäten auf, die es an bestimmte Abteilungen weitergibt. Umweltbedingte Gehälter außerhalb der umweltbezogenen Kostenstellen resultieren aus der Beschäftigung eines Betriebsbeauftragten für Umweltschutzbelange. Des Weiteren verwendet das Unternehmen im Bürobereich neben dem bisherigen Büromaterial auch Recyclingpapier, umweltverträgliche Stifte und Kleber, weil sie kostengünstiger und die Qualitätsunterschiede von untergeordneter Bedeutung sind. Umweltbezogene Fremdinstandhaltungen, Versicherungen und kalkulatorische

Kosten entstehen durch umweltfreundliche Anlagen und Maschinen in den einzelnen Abteilungen.

Hinweise zum Betriebsabrechnungsbogen: In einem ersten Schritt werden die bisherigen Kostenstellen neu strukturiert. Zu den umweltbezogenen Kostenstellen, die direkt die Umweltauswirkungen des Unternehmens verringern, zählen die Klär- und Recyclinganlage. Zu den Mischkostenstellen gehören die F&E-Abteilung, die Materialstelle, die Fertigungsabteilung „gemischt" und die Verwaltung bzw. der Vertrieb. Die allgemeinen Hilfskostenstellen Gebäude und Reparatur sowie die Fertigungshauptkostenstelle „wenig" bleiben unberücksichtigt, weil sie nur wenig bis sehr selten mit umweltbezogenen Kosten in Verbindung zu setzen sind.

Für die innerbetriebliche Leistungsverrechnung wird das Stufenleiterverfahren eingesetzt. Die abgegebenen und die empfangenen Leistungen der Kostenstellen sind der folgenden Tabelle zu entnehmen:

| Verteilungsschlüssel | | Gebäude | Klär-anlage | Rep. | F&E | Recycling-anlage | Mat.-KoSt | Fertigung | | Verw./Vertr. |
|---|---|---|---|---|---|---|---|---|---|---|
| | | | | | | | | wenig | gemischt | |
| Gebäude | 30.000 qm | 0 | 0 | 200 | 300 | 0 | 4.000 | 7.500 | 1.500 | 6.000 |
| | | 0 | 5.000 | 0 | 0 | 4.750 | 200 | 0 | 500 | 50 |
| Kläranlage | 13.900 l | 0 | 0 | 1.500 | 400 | 2.500 | 1.000 | 3.000 | 3.500 | 2.000 |
| Reparatur | 1.575 Std. | 140 | 55 | 0 | 5 | 0 | 140 | 350 | 500 | 100 |
| | | 0 | 0 | 0 | 1 | 150 | 7 | 0 | 125 | 2 |
| F&E | 1.800 Std. | 0 | 0 | 0 | 0 | 0 | 0 | 500 | 400 | 50 |
| | | 0 | 0 | 0 | 0 | 749 | 0 | 0 | 100 | 1 |
| Recycling | 30 t | 0 | 0 | 0 | 0 | 0 | 30 | 0 | 0 | 0 |

Die jeweils obere Zeile je Hilfskostenstelle beschreibt die funktionsbedingten und die jeweils untere Zeile die umweltschutzbedingten Leistungen. Lediglich die Kläranlage und die Recyclinganlage geben ausschließlich umweltschutzbezogene Leistungen ab, so dass sich hier eine zweite Zeile erübrigt. Man beachte, dass beim Stufenleiterverfahren die abgegebenen Leistungen der Reparaturabteilung an die Gebäudeverwaltung (140 Stunden) und die Kläranlage (55 Stunden) unberücksichtigt bleiben.

| BAB (Werte in Tausend Euro) | | allgemeine Hilfskostenstellen | Hilfskostenstellen | |
|---|---|---|---|---|
| Kostenart | Gesamt-Betrag in T€ | Gebäude | Klär-anlage | Reparatur |
| **Hilfs- und Betriebsstoffe** | **2.410** | **350** | **0** | **120** |
| - umweltbezogen | 327 | 0 | 150 | 0 |
| **Strom** | **1.210** | **0** | **0** | **30** |
| - umweltbezogen | 545 | 0 | 200 | 0 |
| **Gehälter/Hilfslöhne** | **7.150** | **500** | **0** | **200** |
| - umweltbezogen | 960 | 0 | 475 | 0 |
| **Sozialkosten** | **7.940** | **550** | **0** | **240** |
| - umweltbezogen | 1.195 | 0 | 600 | 0 |
| **Fremdinstandhaltung** | **335** | **100** | **0** | **0** |
| - umweltbezogen | 77 | 0 | 10 | 0 |
| **Steuern/Gebühren/Versicherung** | **190** | **60** | **0** | **5** |
| - umweltbezogen | 51 | 0 | 20 | 0 |
| **Bürokosten** | **95** | **0** | **0** | **5** |
| - umweltbezogen | 50 | 0 | 5 | 0 |
| **kalkulatorische Kosten** | **545** | **220** | **0** | **10** |
| - umweltbezogen | 135 | 0 | 40 | 0 |
| **Summe** | **19.875** | **1.780** | **0** | **610** |
| - umweltbezogen | 3.340 | 0 | 1.500 | 0 |
| **Gebäude** | | | **0** | **12** |
| - umweltbezogen | | → | 297 | 0 |
| **Kläranlage** | | | | |
| - umweltbezogen | | | → | 194 |
| **Reparatur** | | | | |
| - umweltbezogen | | | | → |
| **F&E** | | | | |
| - umweltbezogen | | | | |
| **Recyclinganlage** | | | | |
| - umweltbezogen | | | | |
| **Summe** | | | | |
| - umweltbezogen | | | | |
| **Bezugsbasis der Kalkulation (T€)** | | | | |
| **Zuschlagssätze** | | | | |
| - umweltbezogen | | | | |

| Fertigungshilfsstellen | | Hauptkostenstellen | | | |
|---|---|---|---|---|---|
| | | | Fertigungshauptstellen | | |
| F&E | Recycling-anlage | Material-kostenstelle | wenig | gemischt | Verwaltung/Vertrieb |
| **0** | **0** | 20 | **1.100** | 800 | 20 |
| 0 | 50 | 5 | 0 | 120 | 2 |
| **15** | **0** | 85 | **480** | 450 | 150 |
| 5 | 80 | 60 | 0 | 150 | 50 |
| **700** | **0** | 350 | **1.900** | **2.500** | **1.000** |
| 60 | 350 | 15 | 0 | 40 | 20 |
| **800** | **0** | 400 | **2.100** | **2.700** | **1.150** |
| 70 | 425 | 20 | 0 | 50 | 30 |
| **0** | **0** | 20 | **90** | **110** | **15** |
| 0 | 35 | 5 | 0 | 25 | 2 |
| **10** | **0** | **40** | **30** | **20** | **25** |
| 0 | 5 | 5 | 0 | 20 | 1 |
| **15** | **0** | **30** | **5** | **5** | **35** |
| 7 | 5 | 15 | 0 | 2 | 16 |
| **10** | **0** | **80** | **90** | **85** | **50** |
| 5 | 35 | 15 | 0 | 35 | 5 |
| **1.550** | **0** | **1.025** | **5.795** | **6.670** | **2.445** |
| 147 | 985 | 140 | 0 | 442 | 126 |
| **18** | **0** | 237 | 445 | 89 | 356 |
| 0 | 282 | 12 | 0 | 30 | 3 |
| 52 | 323 | 129 | 388 | 452 | 258 |
| 3 | 0 | 83 | 207 | 296 | 59 |
| 1 | 89 | 4 | 0 | 74 | 1 |
| | 0 | 0 | 492 | 393 | 49 |
| → | 738 | 0 | 0 | 99 | 1 |
| | | 0 | 0 | 0 | 0 |
| | → | 2.417 | 0 | 0 | 0 |
| | | 1.345 | 6.939 | 7.448 | 2.909 |
| | | 2.702 | 388 | 1.097 | 389 |
| | | Fertigungs-material | Fertigungslöhne | | Herstell-kosten |
| | | **8.500** | **6.800** | **5.500** | **36.531** |
| | | 0 | 0 | 0 | 4.186 |
| | | **16 %** | **102 %** | **135 %** | **8 %** |
| | | 32 % | 6 % | 20 % | 9 % |

## 5.3.4 Kostenträgerrechnung

### 5.3.4.1 Zweck und Einteilung der Kostenträgerrechnung

<u>Zweck der Kostenträgerrechnung</u>

Bei der Kostenträgerrechnung handelt es sich um die dritte und letzte Stufe der Kostenrechnung. Sie baut auf dem Zahlenmaterial der Kostenarten- und Kostenstellenrechnung auf. Hauptzweck der Kostenträgerrechnung ist die Verteilung der verursachten Kosten und somit auch der Umweltschutzkosten auf die Erzeugnisse und Aufträge, die im Folgenden auch als *Kostenträger* bezeichnet werden, um damit die Kosten je hergestellter Erzeugniseinheit zu ermitteln. Neben der Ermittlung der Produktstückkosten wird im Rahmen der Kostenträgerrechnung das monatliche Betriebsergebnis errechnet.

Nachdem in der Kostenartenrechnung festgestellt wurde, welche umweltbezogenen Kosten entstanden sind und in der Kostenstellenrechnung ermittelt wurde, wo und in welcher Höhe diese Kosten angefallen sind, lautet nun die Frage: Wofür sind die Umweltschutzkosten angefallen und wie hoch ist der Betriebserfolg?

<u>Einteilung der Kostenträgerrechnung</u>

Die Kenntnis der angefallenen Kosten ist für jedes Unternehmen die Basis für seine Dispositionen, Planungen und Kontrollen. Nur wenn der Unternehmer die Höhe und Zusammensetzung der Kosten kennt, ist er auch in der Lage, darauf Einfluss zu nehmen und die Kosten zu senken. Gleiches gilt analog auch für die Leistungskomponente. Die Differenz zwischen den Leistungen und den Kosten ist der Gewinn. Dieser kann sowohl für ein einzelnes Produkt ermittelt werden als auch für eine bestimmte Periode. Im ersten Fall nennt man die Rechnung Kostenträger**stück**rechnung, im zweiten Fall Kostenträger**zeit**rechnung. Die Kostenträgerrechnung kann also stückbezogen oder auch zeitbezogen durchgeführt werden.

## 5.3.4.2 Kostenträgerstückrechnung

### 5.3.4.2.1 Einführung in die Kostenträgerstückrechnung

Zweck der Kostenträgerstückrechnung

Die Kostenträgerstückrechnung – auch *Produktkalkulation* genannt – beantwortet die Frage, welchen Verursacher die Umweltschutzkosten des Unternehmens zuzurechnen sind. Der gesonderte Ausweis betrieblicher Umweltschutzkosten in den Selbstkosten absatzfähiger Produkte dient ferner der Festlegung ihres Anteils an den Herstell- oder Selbstkosten eines Kostenträgers.

Kalkulationsverfahren

In Abhängigkeit von der Produktanzahl, dem Produktaufbau, dem Fertigungsverfahren und der Kostenstruktur kommen im Rahmen der Kostenträgerstückrechnung verschiedene Kalkulationsverfahren in Betracht. Diese sind:

(1) Divisionskalkulation;
(2) Äquivalenzziffernkalkulation;
(3) Zuschlagskalkulation;
(4) Kuppelkalkulation.

Auf die ersten drei Methoden soll im Folgenden näher eingegangen werden. Die Kuppelkalkulation wird aufgrund der geringeren praktischen Anwendung nicht vorgestellt.

### 5.3.4.2.2 Divisionskalkulation

In Unternehmen, deren Produktion durch eine **Massenfertigung** gekennzeichnet ist, d.h., dass ein und der selbe Fertigungsprozess ständig wiederholt wird, kommt i.d.R. die Divisionskalkulation zur Anwendung. Bei diesem Verfahren werden die Kosten eines

Unternehmens bzw. Betriebsbereiches nicht in Einzel- und Gemeinkosten aufgespalten. Die Selbstkosten je Produkteinheit ergeben sich durch Division der gesamten Kosten der Periode und der Produktionsmenge dieser Periode. Innerhalb der Umweltkostenrechnung muss nur noch zusätzlich zwischen **funktions- und umweltschutzbedingten Kosten** unterschieden werden.

$$\text{Selbstkosten} = \frac{\text{funktionsbed. Gesamtkosten}}{\text{Produktionsmenge}} + \frac{\text{umweltschutzbed. Gesamtkosten}}{\text{Produktionsmenge}}$$

### 5.3.4.2.3 Äquivalenzziffernkalkulation

Die Äquivalenzziffernkalkulation kommt bei **Sortenfertigung** zur Anwendung. Bei der Sortenfertigung werden Produkte hergestellt, die nach Art des verwendeten Grundmaterials und der Fertigung gleich sind, jedoch im Bezug auf das Enderzeugnis geringfügig unterschiedliche Eigenschaften aufweisen.

Die nach **Funktions- und Umweltschutzbedingtheit getrennten Kosten** werden mit Hilfe von Äquivalenzziffern auf die zu kalkulierenden Produktsorten verteilt. Bei der Festlegung der Äquivalenzziffern müssen innerhalb der Umweltkostenrechnung Umweltschutzüberlegungen mit berücksichtigt werden. Je nach Höhe der umweltschutzbezogenen Kosten bei der Produktion der verschiedenen Sorten wird der Wert der Äquivalenzziffer bestimmt. Für funktions- und umweltschutzbedingte Kosten können jeweils unterschiedliche Äquivalenzziffern definiert werden.

### 5.3.4.2.4 Zuschlagskalkulation

Anwendungsbereiche der Zuschlagskalkulation

Die Zuschlagskalkulation wird im Allgemeinen bei Serien- und Einzelfertigung angewandt. Die **Serienfertigung** ist ein Fertigungsverfahren, bei dem eine Produktionsmaschine von verschiedenen, aber artgleichen Produkten nacheinander derart benutzt wird, dass jeweils eine bestimmte Menge jedes Erzeugnisses hergestellt wird. Bei sehr individuellen Produkten wird jede Erzeugnisart nur einmal hergestellt, deshalb spricht man hier von der **Einzelfertigung**.

Vorgehensweise der Zuschlagskalkulation

Für die Zuschlagskalkulation ist eine Aufteilung der Gesamtkosten in **Einzel- und Gemeinkosten** sowie im Rahmen der umweltschutzorientierten Kostenrechnung in **funktions- und umweltschutzbedingte Kosten** erforderlich. Die innerhalb der Kostenartenrechnung in funktions- und umweltschutzbedingte getrennte Einzelkosten und Sondereinzelkosten können den Kostenträgern direkt zugerechnet werden. Die Zurechnung der Gemeinkosten erfolgt mit Hilfe der Kalkulationssätze, welche in der Kostenstellenrechnung berechnet werden und dem Betriebsabrechnungsbogen entnommen werden können. Für eine detaillierte und explizite Zurechnung von Umweltschutzkosten auf Kostenträger ist in der Kostenstellenrechnung eine gesonderte Berechnung von funktions- und umweltschutzbedingten Zuschlagssätzen in den Hauptkostenstellen erforderlich.

Übersicht 5/2 zeigt beispielhaft ein Kostendurchlaufschema in der umweltorientierten Kostenrechnung. Umweltschutzbezogene Kostenarten und -stellen sind zur Verdeutlichung schraffiert gekennzeichnet.

Übersicht 5/2: Kostendurchlaufschema

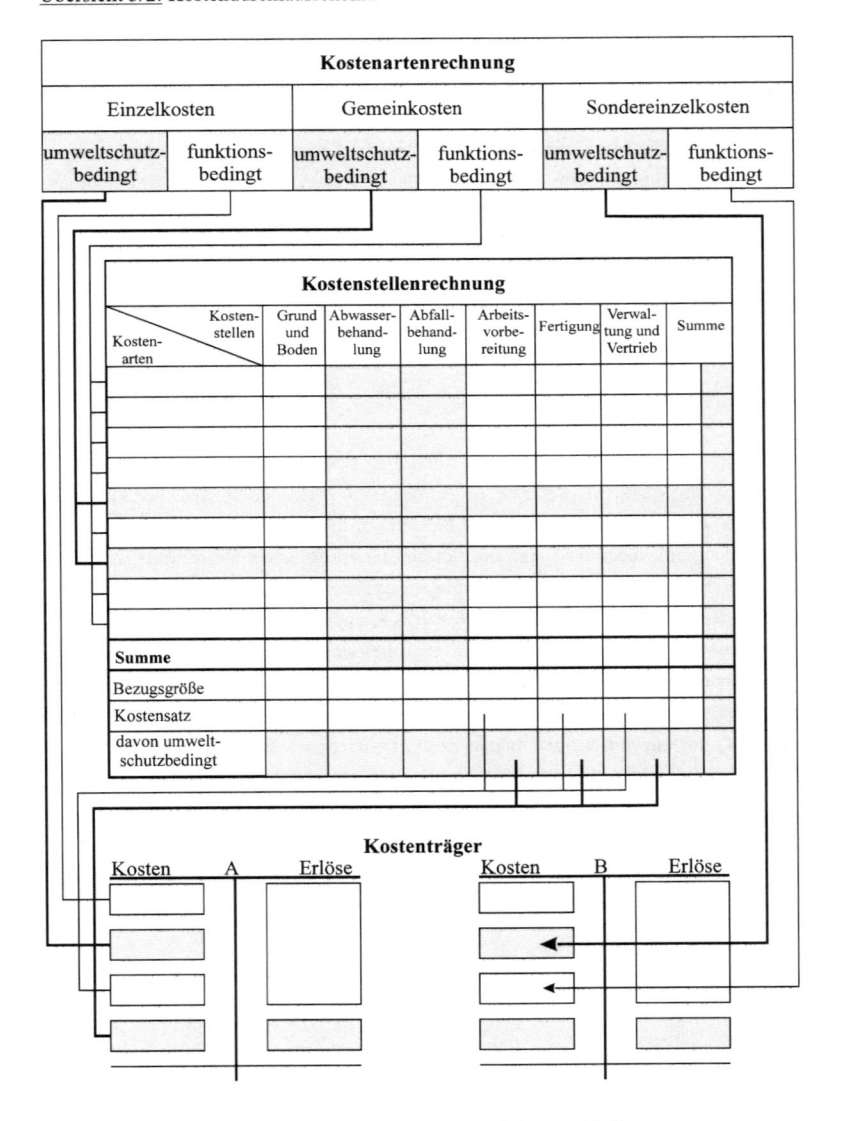

| Kostenartenrechnung |||||| 
|---|---|---|---|---|---|
| Einzelkosten || Gemeinkosten || Sondereinzelkosten ||
| umweltschutz-bedingt | funktions-bedingt | umweltschutz-bedingt | funktions-bedingt | umweltschutz-bedingt | funktions-bedingt |

| Kostenstellenrechnung |||||||||
|---|---|---|---|---|---|---|---|---|
| Kostenarten \ Kostenstellen | Grund und Boden | Abwasser-behandlung | Abfall-behandlung | Arbeits-vorbe-reitung | Fertigung | Verwaltung und Vertrieb | Summe ||
| | | | | | | | | |
| **Summe** | | | | | | | | |
| Bezugsgröße | | | | | | | | |
| Kostensatz | | | | | | | | |
| davon umwelt-schutzbedingt | | | | | | | | |

Kostenträger

| Kosten A | Erlöse | Kosten B | Erlöse |
|---|---|---|---|

Quelle: Schreiner, M.: Umweltmanagement in 22 Lektionen, S.263

Nach einer konsequenten Trennung von funktions- und umweltschutzbedingten Kosten über alle drei Stufen der Kostenrechnung hinweg ist es möglich, den Anteil der Umweltschutzkosten an den erstellten Leistungen bzw. Kostenträgern zu ermitteln. Im Rahmen einer Angebotskalkulation lassen sich gegebenenfalls die Umweltschutzkosten je Leistungseinheit getrennt ausweisen, um beispielsweise im Rahmen preispolitischer Überlegungen umweltschutzbezogene Preiserhöhungen begründen zu können.

Beispiel: Produktkalkulation in der „Enterprise"-AG

In der Kostenstellenrechnung (BAB) der „Enterprise"-AG wurden nachstehende differenzierte Zuschlagssätze ermittelt. Sie seien hier noch einmal wiederholt:

| Zuschlagssätze | Bezugsgröße | fkt-bed. Zuschlagssatz | umw.-bed. Zuschlagssatz | Σ |
|---|---|---|---|---|
| FGK-Zuschlagssatz der Fertigungskostenstelle A | FEK | 40 % | 8,7 % | 48,7 % |
| FGK-Zuschlagssatz der Fertigungskostenstelle B | FEK | 37 % | 29 % | 66 % |
| MGK-Zuschlagssatz der Materialkostenstelle | MEK | 31 % | 13,6 % | 44,6 % |
| Vertriebsgemeinkosten-Zuschlagssatz | HK | 3,9 % | 1,5 % | 5,4 % |
| Verwaltungsgemeinkosten-Zuschlagssatz | HK | 3,6 % | 0,4 % | 4,0 % |

Bei der Herstellung des Modells „Future" fallen 500 € Materialeinzelkosten an, wovon 10 % aufgrund der Verwendung umweltfreundlicher Lacke umweltschutzbedingt sind. Die Fertigungseinzelkosten pro Stück betragen 200 € in der Fertigungskostenstelle A und 400 € (inklusive 30 % umweltschutzbedingter Kosten) in der Fertigungskostenstelle B.

Gemäß der differenzierenden Zuschlagskalkulation berechnen sich die Selbstkosten – differenziert in funktions- und umweltschutzbedingte Kosten – eines Fahrrades des Modells „Future" folgendermaßen:

| Kostenart | funktionsbed. Kosten | umweltschutzbed. Kosten |
|---|---|---|
| MEK | 450,00 € | 50,00 € |
| MGK | 155,00 € | 68,00 € |
| FEK - Fertig.-KoSt A | 200,00 € | 0,00 € |
| FGK - Fertig.-KoSt A | 80,00 € | 17,40 € |
| FEK - Fertig.-KoSt B | 280,00 € | 120,00 € |
| FGK - Fertig.-KoSt B | 148,00 € | 116,00 € |
| Herstellkosten | 1.313,00 € | 371,40 € |
| Vertriebskosten | 67,38 € | 25,27 € |
| Verwaltungskosten | 50,52 € | 6,73 € |
| Selbstkosten | 1.430,90 € | 403,40 € |

Die Selbstkosten dieses Modells betragen also 1.834,30 €, wovon 403,40 € (dies entspricht 22 % der gesamten Selbstkosten) als umweltschutzbedingte Kosten separat ausgewiesen werden können.

Ohne strikte Trennung zwischen funktions- und umweltschutzbedingten Kosten in allen drei Stufen der Kostenrechnung würde hier nicht sichtbar, welcher Teil der Selbstkosten auf die Umweltschutzmaßnahmen zurückzuführen ist. Gründe für eventuell gestiegene Preise könnten dann nicht als Werbeinstrument dem Umweltschutz zugeschrieben werden.

Beispiel: Vergleich der Produktkalkulation vor und nach Umweltschutzmaßnahmen in der „Enterprise"-AG

Aus früheren Unterlagen ist bekannt, dass vor Durchführung der Umweltschutzaktivitäten die Gebühren für Abwasser und die Abgaben für schadstofffreie Materialien (umweltschädliche Lacke) höher waren. Auf der anderen Seite fielen keine zusätzlichen Personalkosten für den Umweltschutzbeauftragten an. Die Unterlagen zeigten folgende Gemeinkosten:

| Kostenarten | Gesamtkosten der Periode März |
|---|---|
| Gehälter & Hilfslöhne | 14.000 € |
| Gehalt des Umweltbeauftragten | 0 € |

| Steuern & Gebühren | 5.975 € |
|---|---|
| Sozialkosten | 1.750 € |
| Abschreibungen | 11.000 € |

Die Schlüsselgrößen zur Verteilung der primären Gemeinkosten auf die Kostenstellen entsprachen den Schlüsselgrößen innerhalb der Umweltkostenrechnung.

Im Unternehmen existierten nur die Hilfskostenstellen Reparaturwerkstatt und Stromversorgung, deren Leistungen in etwa um die Inanspruchnahmen des Klärwerkes geringer waren. Die innerbetrieblichen Leistungen der Hilfskostenstellen verteilten sich wie folgt:

| Hilfs-KoSt | Σ | Verbräuche der Kostenstellen | | | | | |
|---|---|---|---|---|---|---|---|
| | | Reparaturwerkstatt | Fertigung A | Fertigung B | Material-KoSt | Vertrieb | Verwaltung |
| Stromversorgung | 39.500 kWh | 2.500 | 8.000 | 12.000 | 3.000 | 10.000 | 4.000 |
| Reparaturwerkstatt | 85 h | | 15 | 30 | 25 | 10 | 5 |

Der Verrechnungspreis zur Umlage der Stromversorgung betrug 0,0285 €/kWh und für die Leistungen der Reparaturwerkstatt 24,37 €/h. Die Reparaturleistungen waren höher, da sich die konstanten Gebühren und Abschreibungen auf weniger Stunden verteilten. Die primären und sekundären Gemeinkosten je Hilfs- und Hauptkostenstelle können aus dem folgenden Betriebsabrechnungsbogen entnommen werden:

| BAB (in €) | Σ | Kostenstellen | | | | | |
|---|---|---|---|---|---|---|---|
| | | Strom | Rep. | Fert. A | Fert. B | Mat. | Vertr. | Verw. |
| Hilfslöhne | 14.000 | 500 | 1.000 | 5.000 | 3.000 | 2.000 | 2.000 | 500 |
| Steuern & Geb. | 5.975 | 275 | 100 | 300 | 2.500 | 2.100 | 50 | 650 |
| Sozialkosten | 1.750 | 50 | 200 | 400 | 500 | 200 | 100 | 300 |
| Mietkosten | 11.000 | 300 | 700 | 1.800 | 4.000 | 1.000 | 1.200 | 2.000 |
| Σ der prim. Ko. | | 1.125 | 2.000 | 7.500 | 10.000 | 5.300 | 3.350 | 3.450 |
| Umlage Strom | | | 71,2 | 227,85 | 341,77 | 85,44 | 284,81 | 113,93 |

| Umlage Rep. | | | | 365,5 | 731 | 609,2 | 243,7 | 121,8 |
|---|---|---|---|---|---|---|---|---|
| Σ der GK | | | | 8.093,35 | 11.072,8 | 5.994,64 | 3.878,51 | 3.685,73 |
| Bezugsgrößen | | | | 22.500 | 21.500 | 15.000 | 91.725 | |
| Kalkulationssatz | | | | 36 % | 52 % | 40 % | 4,2 % | 4,0 % |

Aufgrund des höheren Wasserverbrauchs waren die Fertigungseinzelkosten entsprechend höher als nach der Inbetriebnahme des Klärwerkes. Durch die Verwendung der umweltschädlichen billigeren Lacke betrugen die Materialeinzelkosten nur 15.000 €. Beide Kostenwerte bildeten die Grundlage, wie in der umweltschutzorientierten Kostenrechnung, für die Ermittlung der Gemeinkostenzuschlagssätze, welche für die differenzierte Zuschlagskalkulation benötigt wurden.

Ferner ist aus früheren Berechnungen der „Enterprise"-AG bekannt, dass ohne die Durchführung der angegebenen Umweltschutzmaßnahmen die Materialeinzelkosten pro Fahrrad des Modells „Future" 450 € und die Fertigungseinzelkosten pro Stück 770 € (250 € in der Fertigungskostenstelle A und 520 € in der Fertigungskostenstelle B) betragen haben. Daraus ergab sich folgende Produktkalkulation:

| Kostenart | funktionsbedingte Kosten |
|---|---|
| MEK | 450,00 € |
| MGK | 180,00 € |
| FEK - Fertig.-KoSt A | 250,00 € |
| FGK - Fertig.-KoSt A | 90,00 € |
| FEK - Fertig.-KoSt B | 520,00 € |
| FGK - Fertig.-KoSt B | 270,40 € |
| Herstellkosten | 1.760,40 € |
| Vertriebskosten | 73,94 € |
| Verwaltungskosten | 70,42 € |
| Selbstkosten | 1.904,76 € |

In der „Enterprise"-AG betrugen also die Selbstkosten vor Durchführung der Umweltschutzmaßnahmen pro Fahrrad des Modells „Future" 1.904,76 €. Es ist deutlich zu erkennen, dass durch die Umweltschutzaktivitäten die Kosten um 70,46 € bzw. 3,70 % gesunken sind. Dies ist vorrangig auf die Inbetriebnahme des Klärwerkes zurückzuführen. Aufgrund der gleichzeitigen Verwendung teurer umweltfreundlicher Lacke und der Einstellung des Umweltbeauftragten sind die Kostensenkungswirkungen etwas gemäßigter ausgefallen. Es wird durch dieses Beispiel allerdings deutlich, dass mit dem Umweltschutz nicht nur zusätzliche Kosten verbunden sind, sondern dass er ebenso Chancen und Kosteneinsparungspotenziale beinhalten kann.

Der Vollständigkeit halber soll nachstehend auch die Produktkalkulation der „Saubere Umwelt"-AG vorgestellt werden.

Beispiel: Produktkalkulation in der „Saubere Umwelt"-AG

Materialeinzelkosten = 1.000 €, Fertigungslöhne Fertigung „wenig" = 800 € und Fertigungslöhne Fertigung „gemischt" = 700 €.

|   | | | | |
|---|---|---|---|---|
| | **Materialeinzelkosten** umweltbezogen | | 1.000 0 | |
| + | **Materialgemeinkosten** umweltbezogen | 16 % 32 % | 160 320 | |
| = | **Materialkosten** umweltbezogen | | 1.160 320 | **1.480** |
| | **Fertigungslohn Fertigung: wenig** umweltbezogen | | 800 0 | |
| + | **Fertigungsgemeinkosten: wenig** umweltbezogen | 102 % 6 % | 816 48 | |
| | **Fertigungslohn Fertigung: gemischt** umweltbezogen | | 700 0 | |
| + | **Fertigungsgemeinkosten: gemischt** umweltbezogen | 135 % 20 % | 945 140 | |
| = | **Fertigungskosten** umweltbezogen | | 3.261 188 | **3.449** |
| = | **Herstellungskosten** umweltbezogen | | 4.421 508 | **4.929** |
| + | **Verwaltung/Vertriebsgemeinkosten** umweltbezogen | 8 % 9 % | 354 46 | |
| = | **Selbstkosten** umweltbezogen | | 4.775 554 | **5.329** |

## 5.3.4.3 Kostenträgerzeitrechnung

Ob das Gesamtkosten- oder Umsatzkostenverfahren in der Umweltkostenrechnung anzuwenden ist, sollte sich nach dem bisher verwandten Verfahren richten, um den Aufwand möglichst gering zu halten. Beim **Gesamtkostenverfahren** ordnen sich die umweltbezogenen Kostenarten nach den entsprechenden nicht umweltbezogenen Kostenarten ein. Beim **Umsatzkostenverfahren** sind sie in den Selbstkosten der abgesetzten Produkte bereits enthalten. Der Vorteil des Umsatzkostenverfahrens gegenüber dem Gesamtkostenverfahren besteht darin, dass der Umweltkostenanteil an den Selbstkosten je Produkt und Periode erkennbar ist.

Beispiel: Betriebserfolgsrechnung nach dem Gesamtkostenverfahren in der „Saubere Umwelt"-AG

| Soll | | Betriebsergebniskonto | | Haben |
|---|---|---|---|---|
| Gesamtkosten | T€ | Periodenerlöse | | T€ |
| **Fertigungsmaterial** | 8.500 | Produkt A: | | |
| **Fertigungslöhne "wenig"** | 6.800 | 200 Stück * 100,00 | | 20.000 |
| **Fertigungslöhne "gemischt"** | 5.500 | Produkt B: | | |
| **Hilfs- und Betriebsstoffe** | 2.410 | 500 Stück * 10,00 | | 5.000 |
| - umweltbezogen | 327 | Produkt C: | | |
| **Strom** | 1.210 | 1.000 Stück * 25,00 | | 25.000 |
| - umweltbezogen | 545 | | | |
| **Gehälter/Löhne/Hilfslöhne** | 7.150 | | | |
| - umweltbezogen | 960 | | | |
| **Sozialkosten** | 7.940 | | | |
| - umweltbezogen | 1.195 | | | |
| **Fremdinstandhaltung** | 335 | | | |
| - umweltbezogen | 77 | | | |
| **Steuern/Gebühren/Versich.** | 190 | | | |
| - umweltbezogen | 51 | | | |
| **Bürokosten** | 95 | | | |
| - umweltbezogen | 50 | | | |
| **kalkulatorische Kosten** | 545 | | | |
| - umweltbezogen | 135 | | | |
| **Betriebsgewinn** | 5.985 | | | |
| | 50.000 | | | 50.000 |

Beispiel: Betriebserfolgsrechnung nach dem Umsatzkostenverfahren in der „Saubere Umwelt"-AG

| Soll | Betriebsergebniskonto | | Haben |
|---|---|---|---|
| Selbstkosten der abgesetzten Produkte | T€ | Periodenerlöse | T€ |
| **Produkt A:** | | Produkt A: | |
| **200 Stück * 70,00** | 14.000 | 200 Stück * 100,00 | 20.000 |
| - umweltbezogen | | | |
| 200 Stück * 20,00 | 4.000 | | |
| **Produkt B:** | | Produkt B: | |
| **500 Stück * 6,00** | 3.000 | 500 Stück * 10,00 | 5.000 |
| - umweltbezogen | | | |
| 500 Stück * 2,50 | 1.250 | | |
| **Produkt C:** | | Produkt C: | |
| **1.000 Stück * 21,50** | 21.500 | 1.000 Stück * 25,00 | 25.000 |
| - umweltbezogen | | | |
| 1.000 Stück * 0,265 | 265 | | |
| Betriebsgewinn | 5.985 | | |
| | 50.000 | | 50.000 |

Unabhängig davon welches Verfahren angewandt wird, stehen den Kosten im Rahmen der Kostenträgerzeitrechnung die Leistungen also die Umsatzerlöse gegenüber. Denkbar wäre neben den traditionellen Leistungen der **Ausweis erzielter umweltbezogener Leistungen**. Darunter fallen beispielsweise Dienstleistungen für Dritte, indem das Unternehmen freie Kapazitäten der Recyclinganlage oder der Kläranlage verkauft. Diese zusätzliche Mehrleistung könnte getrennt von den bisherigen Leistungen in der Betriebserfolgsrechnung erscheinen, hätte jedoch keinen weiterreichenden Aussagegehalt in Verbindung mit den umweltbezogenen Kosten.

## 5.4 Beurteilung der Umweltkostenrechnung

Es ist nicht von der Hand zu weisen, dass die Entwicklung der Wirtschaft in den letzten Jahrzehnten zum einen die Umwelt stark beeinträchtigt hat und zum anderen von der Nutzung der Umwelt erheblich profitiert hat. Doch aufgrund der immer strenger werdenden umweltschutzbezogenen Gesetzen und Verordnungen sowie schwindenden natürlichen Ressourcen kann die Umwelt nicht länger als „freies Gut" betrachtet werden. Das heutige Unternehmen muss den **Umweltschutz in das betriebliche Zielsystem integrieren.**

Die praktischen Erfahrungen gerade im Zusammenhang mit der Umweltschutzdiskussion zeigen, dass häufig in Unkenntnis kostenmäßiger Zusammenhänge Umweltschutzmaßnahmen nicht ergriffen werden, obwohl sie **mit Kosteneinsparungen verbunden** und im Grunde aus rein ökonomischen Überlegungen geboten sind. Häufig verdecken routinemäßige Handlungen den Blick für zwischenzeitlich eingetretene Änderungen der ökonomischen Rahmendaten. Die Umweltschutzdiskussion erweist sich hier oft als Anlass innovativer und kostensenkender Prozesse.

Die Umweltkostenrechnung allein kann aber nicht die Be- und Entlastungswirkungen von Umweltschutzmaßnahmen vollständig erfassen. Dazu bedarf es der Erweiterung dieses Instruments um *Öko- und Prozessbilanzen*, die Auskünfte über betriebliche Stoff- und Energieflüsse geben, und um *Umwelt-Budget-Rechnungen*. Diese Ansätze sollten in ein **umwelt- bzw. ökologieorientiertes Controlling** integriert werden, welches in das vorhandene erfolgsorientierte Controlling eingebettet sein kann.

## Kontrollfragen zu Kapitel 5

5/1. Welche Bedeutung hat die Umweltkostenrechnung im Rahmen der Unternehmensführung?

5/2. Nennen Sie die Ziele und Aufgaben der Umweltkostenrechnung!

5/3. Was sind internalisierte und was externalisierte Kosten?

5/4. Welche Varianten der Umweltkostenrechnung kennen Sie? (Mit Erläuterung!)

5/5. Welche umweltschutzbezogenen Kostenrechnungssysteme lassen sich voneinander abgrenzen?

5/6. Charakterisieren Sie die umweltschutzorientierte Istkostenrechnung auf Vollkostenbasis!

5/7. Beschreiben Sie die Besonderheiten der Kostenartenrechnung im Rahmen der umweltschutzorientierten Istkostenrechnung!

5/8. Welche Abgrenzungsprobleme ergeben sich im Zuge der Kostenartenrechnung?

5/9. Welche Aufgaben hat die umweltschutzorientierte Kostenstellenrechnung?

5/10. Welche Gruppen von Kostenstellen lassen sich unterscheiden?

5/11. Welche Abgrenzungsprobleme treten im Zuge der Kostenstellenrechnung auf und wie lassen sich diese lösen?

5/12. Beschreiben Sie die Schritte, die zur Erstellung des umweltschutzorientierten Betriebsabrechnungsbogens erforderlich sind!

5/13. Erläutern Sie die Aufgaben der Kostenträgerrechnung im Rahmen der umweltschutzbezogenen Kostenrechnung!

5/14. Welche Kalkulationsverfahren werden im Rahmen der Umweltkostenrechnung angewandt?

5/15. Erläutern Sie die Zuschlagskalkulation in Verbindung mit der umweltschutzbezogenen Kostenrechnung!

5/16. Beurteilen Sie die Umweltkostenrechnung!

# Antworten und Lösungen

# Lösungen zu Kapitel 1

1/1. In den letzten Jahrzehnten hat sich das ökonomische Umfeld vieler Unternehmen aufgrund vielschichtiger Entwicklungen und Einflüsse grundlegend geändert. So können die Internationalisierung der Märkte und Globalisierung der Wirtschaftsräume, der vielfache Wandel von Verkäufer- zu Käufermärkten sowie die rasanten Entwicklungen auf den Gebieten der Informations- und Fertigungstechnologie als wesentliche Ursachen für die Veränderungen genannt werden.

1/2. Internationalisierung bedeutet weltbürgerliche, über die Grenzen des eigenen Staates hinausgehende Wirtschaftsbeziehungen. Ähnliches besagt auch der Ausdruck Globalisierung. Globalisierung beschreibt eine Ausweitung der Handelsbeziehungen über Grenzen hinweg, d.h. global, den ganzen Globus betreffend. Insofern kann die Globalisierung als eine Steigerung der Internationalisierung verstanden werden.

1/3. Schon seit der 50er Jahre ist bekannt, dass Konsumgüter am Markt einen bestimmten, sich wiederholenden Zyklus durchlaufen. Kurz nach der Markteinführung ist der Absatz (verkaufte Stückzahl) zunächst noch relativ gering, steigt jedoch bei einem erfolgreichen Erzeugnis schnell an. Nach einer gewissen Zeit wird der Höhepunkt erreicht. Im weiteren Verlauf sinkt der Absatz wieder, bis die Produktion des Erzeugnisses schließlich eingestellt wird. Der Zusammenhang zwischen Absatz und Lebensdauer eines Produktes seit Markteinführung wird Produktlebenszyklus genannt.

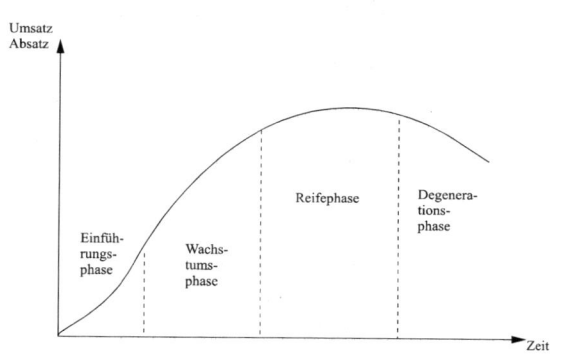

Unter einem Produktlebenszyklus versteht man ein Konzept, das von der Annahme ausgeht, dass die zeitliche Entwicklung des Produktumsatzes oder Produktdeckungsbeitrages in charakteristische Phasen unterteilt werden kann und einem glockenförmigen Verlauf folgt. Jedes Produkt hat also einen Anfang und ein Ende.

1/4. Ein <u>Käufermarkt</u> ist eine Marktsituation, die bei steigendem Angebot und konstanter Nachfrage oder bei konstantem Angebot und sinkender Nachfrage eintritt. Es handelt sich um ein Angebotsüberschuss bzw. Nachfragedefizit. Die Folgen sind Verkäuferkonkurrenz mit einer Tendenz zur Preissenkung.

Ein <u>Verkäufermarkt</u> ist eine Marktsituation, die bei sinkendem Angebot und konstanter Nachfrage oder bei konstantem Angebot und steigender Nachfrage eintritt. Es handelt sich um ein Angebotsdefizit bzw. Nachfrageüberschuss. Die Konsequenzen sind Käuferkonkurrenz und eine Tendenz zur Preiserhöhung.

1/5. Produkte wie auch Dienstleistungen sind häufig sehr differenziert strukturiert. Die Forderung der Kunden nach Variantenvielfalt führt zu geringeren Stückzahlen je Produktvariante und damit zu höheren Gemeinkostenanteilen in den administrativen Bereichen. Diese zusätzlichen Kosten werden als Komplexitätskosten bezeichnet. Komplexitätskosten repräsentieren oft einen nicht unerheblichen Teil der Gemeinkosten. Durch eine falsche Schlüsselung dieser Kosten kann das Kostenmanagement die Aufgabe einer zielorientierten Beeinflussung der Gemeinkosten nicht nachkommen.

1/6. Im Rahmen der Zuschlagskalkulation werden die Einzelkosten den Kostenträgern direkt zugerechnet und die Gemeinkosten über Schlüssel auf die Kostenträger verteilt. Für die Bestimmung der Zuschlagsbasis ist diejenige Einzelkostenart zu wählen, von der die Gemeinkostenentwicklung hauptsächlich abhängt. Meistens werden die Produktarten mit Gemeinkosten im Verhältnis zu den von ihnen verursachten Materialeinzelkosten, Fertigungseinzelkosten und, was Verwaltungs- und Vertriebsgemeinkosten betrifft, in Relation zur Höhe der kalkulierten Herstellkosten belastet.

1/7. Die Gründe für die Entwicklung der modernen Systeme der Kosten- und Leistungsrechnung liegen in der unbefriedigenden Lösung der an das betriebliche Rechnungswesen gestellten Anforderungen durch die traditionellen Kostenrechnungsverfahren. Vergleiche hierzu detailliert Kap. 1.2 „Kritik an den traditionellen Kostenrechnungssystemen".

1/8. Die moderne Kostenrechnung soll in erster Linie der exakten Angebotskalkulation und Preisbildung, der Betriebsergebnisrechnung und -planung, der Kosten- und Betriebskontrolle und der Unterstützung dispositiver Planungs-, Kontroll- und Steuerungsfunktionen sowie der Unterstützung der Unternehmensführung bei diversen operativen und strategischen Entscheidungen dienen. Vergleiche hierzu detailliert Kap. 1.3 „Veränderte Anforderungen an Kostenrechnungssysteme".

1/9. Vgl. Kap. 1.3 „Veränderte Anforderungen an Kostenrechnungssysteme".

1/10. Vgl. Kap. 1.4 „Entwicklungslinien der Kostenrechnungssysteme".

1/11. Das Besondere am Benchmark Costing ist, dass als kostenwirtschaftliche Vergleichsmaßstäbe für die Herstell- und Selbstkosten der selbsterstellten Teile, Komponenten und Fertigerzeugnisse nicht mehr nur die eigenen geplanten Kosten herangezogen werden, sondern diejenigen des Wettbewerbs.

1/12. Vgl. Kap. 1.4 „Entwicklungslinien der Kostenrechnungssysteme".

1/13. Die Konzernkostenrechnung beschäftigt sich mit dem grenzüberschreitenden Kalkulieren der gesamten Wertschöpfungskette und dem Ermitteln von grenzüberschreitenden Deckungsbeiträgen bei global agierenden Konzernen ohne Rücksicht auf die rechtliche Selbstständigkeit der Konzernunternehmen bzw. nationale Grenzen.

1/14. Vgl. Kap. 1.4 „Entwicklungslinien der Kostenrechnungssysteme".

## Lösungen zu Kapitel 2

2/1. Vgl. Kap. 2.1 „Begriffsbestimmung und Aufgaben des Kostenmanagements".

2/2. Vgl. Kap. 2.1 „Begriffsbestimmung und Aufgaben des Kostenmanagements".

2/3. Vgl. Kap. 2.1 „Begriffsbestimmung und Aufgaben des Kostenmanagements".

2/4. Vgl. Kap. 2.1 „Begriffsbestimmung und Aufgaben des Kostenmanagements".

2/5. Die traditionellen Verfahren der Kostenrechnung sind die Ist- und Normalkostenrechnung auf Vollkostenbasis. Eine Mittelstellung nehmen die Deckungsbeitragsrechnung, die Plankostenrechnung und das Zero-Base-Budgeting ein. Zu denen modernen Verfahren zählen die Prozesskostenrechnung, das Target Costing, die Umweltkostenrechnung und die Produktlebenszyklus-Kostenrechnung.

2/6. Vgl. Kap. 2.2 „Instrumente eines modernen Kostenmanagements".

2/7. Um ein Ausufern bei der Fortschreibung der Vergangenheitswerte zu vermeiden, kann das Zero-Base-Budgeting zur Anwendung kommen. Ziel des Zero-Base-Budgeting ist die Kostensenkung bzw. das Verhindern von Kostensteigerungen in den Gemeinkostenbereichen. Zero-Base-Budgeting bedeutet, dass jede Ausgabe, die zukünftig zu tätigen ist, von Grund auf bzw. "von Null an" neu zu analysieren und zu rechtfertigen ist. Eine Begründung unter Bezug auf Vergangenheitswerte ist unzulässig. Die Planung erfolgt also so, als ob das Unternehmen „auf der grünen Wiese" neu errichtet würde.

2/8. Die Wertanalyse verfolgt das Ziel, alle für den Wert bzw. die Funktion eines Produktes oder einer Dienstleistung nicht notwendigen Kosten zu erkennen und zu eliminieren. Es handelt sich also um einen Ansatz, der sich mit dem Gut in seiner Gesamtheit und in seinen einzelnen Bestandteilen auseinandersetzt.

2/9. Analog zur Methode der Wertanalyse wird auch bei der Gemeinkostenwertanalyse – auch Overhead Value-Analysis genannt – das Verhältnis von Kosten und Nutzen jeder gemeinkosten-verursachenden Leistung untersucht. Dabei muss zunächst ausnahmslos jede Leistung in Frage gestellt werden. Ziel ist es den Nutzen möglichst beizubehalten und die Kosten zu senken. Nicht selten trifft man bei genauerer Betrachtung auf völlig überflüssige oder unnötig perfektionierte Leistungen, die überhaupt nicht oder nicht in diesem Ausmaß oder Detaillierungsgrad benötigt werden. Typisch sind auch Doppelarbeiten bei der Informationsbereitstellung im Unternehmen.

2/10. Untersuchungen haben gezeigt, dass es einen Zusammenhang zwischen den liquiditätswirksamen Stückkosten und der Absatzmengenentwicklung gibt. Die Erfahrungskurve stellt diesen Zusammenhang bildlich dar. Sie besagt, dass bei einer Ausweitung der Absatzmenge die auszahlungswirksamen Stückkosten abhängig vom Produkt sinken. Das Erfahrungskurvenkonzept beschreibt somit ein Kostensenkungspotential, das durch bewusstes Kostenmanagement erreichbar ist, keineswegs aber automatisch eintritt.

2/11. Die Aufnahme des Umweltschutzziels in das unternehmerische Zielsystem verlangt ein adäquates Informationssystem. Die Kosten- und Leistungsrechnung, als ein Kernstück betrieblicher Controllingsysteme, ist daher der neuen Aufgabenstellung anzupassen und inhaltlich und methodisch zu erweitern. Eine Umweltkostenrechnung soll periodisch und fallweise Informationen darüber liefern, welche Auswirkungen Umweltschutzmaßnahmen einerseits und unterlassene Umweltschutzmaßnahmen andererseits auf das Gewinn- und Rentabilitätsziel haben. Unter Umweltkostenrechnung wird eine spezifische, die aktive Umweltschutzpolitik einer Unternehmensführung explizit abbildende Kostenrechnung verstanden.

2/12. Die Produktlebenszyklus-Kostenrechnung verfolgt die Kostenentwicklung über alle Phasen im Produktlebenszyklus. Sie berücksichtigt üblicherweise in der Kostenrechnung nicht erfasste Kosteneinflussgrößen. Ziel ist die Optimierung der gesamten Lebenszykluskosten.

2/13. Das japanische Wort Kaizen bedeutet das Streben nach ständiger, schrittweiser und systematischer Verbesserung. Kaizen ist ein humanorientierter Ansatz, da er die Motivation der Mitarbeiter und ihre Identifikation mit den Arbeitsinhalten fördert, indem sie die Möglichkeit erhalten, Prozesse mitzugestalten. Die Umsetzung des Kaizen-Konzeptes wird in Europa als Kontinuierlicher Verbesserungsprozess (kurz KVP) bezeichnet.

2/14. In japanischen Unternehmen baut ein modernes Kostenmanagement seit Jahren auf den Prinzipien des Target Costing und des Kaizen auf. Während der Produktentwicklung dominiert das Target Costing, mit dem Produktionsstart steht das Konzept des Kaizen im Vordergrund. Während Target Costing von einer konsequenten Markt- und Kundenorientierung ausgeht, ist die Grundlage des Kaizen die kontinuierliche Verbesserung der Unternehmensprozesse und des Materialeinsatzes. Ziel beider Ansätze ist eine permanente Kostenanalyse und -reduktion. Durch beide Prinzipien wird reine Kostenrechnung zu einem effektiven Kostenmanagement ausgebaut.

2/15. Business Reengineering ist ein Instrument zur Strukturoptimierung des gesamten Unternehmens. Es fördert neue Denkweisen und schafft neue Strukturen. Die Basishypothese lautet: Große Veränderungen haben eine große Wirkung und kleine Veränderungen haben nur eine kleine Wirkung. In diesem Sinne verfolgt Business Reengineering die Philosophie: Je fundamentaler, dramatischer und radikaler der Umstrukturierungsprozess ist, desto nachhaltiger ist auch sein Erfolg.

2/16. Mit Simultaneous Engineering soll eine Steigerung der Innovationsgeschwindigkeit durch Parallelisierung der Produktentwicklung, frühzeitige und abgestimmte Planung aller betroffenen Unternehmensbereiche und frühe Einbeziehung der Zulieferer erreicht werden.

2/17. Benchmarking ist ein kontinuierlicher Prozess, der Produkte und Geschäftsprozesse der Konkurrenz oder branchenfremder Unternehmen anhand von Spitzenleistungen analysiert und bewertet, um Erklärungsansätze für anspruchsvolle Veränderungsziele nachvollziehbar abzuleiten und zu erreichen.

2/18. Als Outsourcing bezeichnet man das Ausgliedern oder den Fremdbezug notwendiger Dienstleistungen aus der eigenen Unternehmenskompetenz. Die Zielsetzung besteht in erster Linie in einer Kostensenkung. Jedoch ist zu prüfen, ob aus strategischen Gründen eine Auslagerung zu vertreten ist.

## Lösungen zu Kapitel 3

3/1. Zum einen ist die Fertigung der Industrieunternehmen weitgehend durch Rationalisierung und Automatisierung gekennzeichnet, zum anderen sind die Anforderungen der Konsumenten in Richtung höhere Qualität und mehr Auswahl und Service gestiegen. Der Prozess der betrieblichen Leistungserstellung und die damit zusammenhängenden Kosten haben sich dahingehend verändert, dass die dem Produkt unmittelbar zurechenbaren Kosten in zunehmenden Maße durch nur noch mittelbar zurechenbare Kosten ersetzt werden. Der Anteil der Gemeinkosten an den Gesamtkosten des Unternehmens ist in den letzten Jahrzehnten stark angestiegen. Damit kommt diesem Bereich auch eine immer stärker werdende Bedeutung zu.

3/2. CIM (Computer Integrated Manufacturing) bedeutet die Integration betriebswirtschaftlicher und technischer Datenverarbeitungssysteme zur Steuerung betrieblicher Vorgänge über alle Entwicklungsphasen eines Produktes von der ersten Idee über die Entwicklung, Konstruktion, Fertigung und Qualitätssicherung bis zur Vermarktung. Damit können Produkte schneller geplant, effizienter entwickelt und rationeller gefertigt werden. Basis von CIM ist die bereichsübergreifende ganzheitliche Sichtweise aller betrieblichen Funktionen und der konsequente Einsatz der Informationstechnik.

3/3. Die Veränderung der Fertigungstechnologie brachte hohe Anlage-, Abschreibungs- und Zinskosten mit sich. Dadurch wurden immer mehr fixe und gleichzeitig kurzfristig nicht beeinflussbare Kosten produziert. Die Summe dieser Kosten wird in der Zuschlagskalkulation über Schlüsselgrößen weiterverrechnet, so dass im Extremfall Zuschlagssätze von mehreren 100 % entstehen können. Durch eine solche Schlüsselung läuft man Gefahr, die Kosten ungerecht auf die einzelnen Produkttypen zu verteilen. Ob Groß- oder Kleinauftrag, ob Großserienprodukt oder exotische Variante, ob einfache oder komplexe Material- und Teilestruktur, ob hoher oder niedriger Wertschöpfungsantei, ob aufwendiger oder einfacher Vertriebskanal, prozentuale Zuschläge auf der Basis von Einzel- oder Herstellkosten ignorieren diese Unterschiede. Das Bild der Ertragsquellen wird verzerrt. Produkte, von denen man glaubt, sie seien besonders erfolgreich, können durch die Prozesskostenrechnung schnell als „Nieten" entlarvt werden. Eine fatale Situation, die langfristig zur Insolvenz führen kann. Auf der anderen Seite kann durch die Prozesskostenrechnung nachgewiesen werden, dass Erzeugnisse mit scheinbar nur geringen Deckungsbeiträgen tatsächlich wesentlich höhere Gewinne erwirtschaften.

3/4. Bei nur geringfügiger fehlerhafter Ermittlung oder bei nur geringen Schwankungen der Einzelkosten ergibt sich eine achtmal so große Abweichung bei den einem Produkt zugeordneten Fertigungsgemeinkosten. Es besteht also die Gefahr, dass völlig falsch kalkuliert wird. Der Fertigungslohn eignet sich in einem solchen Fall nicht zur Ermittlung der Fertigungsgemeinkosten: Weder ist er Maßstab für die Kosten einer Kostenstellen, noch ermöglicht er eine verursachungsgerechte Zuordnung der Gemeinkosten auf die Kostenträger.

3/5. Maschinenstunden oder Platzkostensätze ermöglichen zwar eine verursachungsgerechtere Verrechnung direkter Produktionskosten. Maschinenlauf- oder Bearbeitungszeiten sind jedoch keine geeignete Bezugsgröße für Planungs-, Kontroll-, Steuerungs- und Koordinationsaufwand. Dieser hängt zum Beispiel davon ab, ob eine hohe oder niedrige Losgröße gewählt wird, ob Standardprodukte oder exotische Varianten gefertigt werden oder ob es sich um komplexe oder weniger komplexe Erzeugnisse handelt.

3/6. Synonyme für den Begriff „Prozesskostenrechnung" sind:

- Aktivitätsorientierte Kostenrechnung;
- Vorgangskostenrechnung;
- Prozessorientierte Gemeinkostenschlüsselung;
- Prozessorientierte Kostenrechnung;
- Activity Accounting;
- Activity-Based Costing;
- Activity-Based Accounting;
- Activity-Based Cost Accounting;
- Activity-Based Cost System;
- Cost-Driver Accounting;
- Process Costing;
- Transaction Costing;
- Transaction-related Costing System.

3/7. Die Zwecke der Prozesskostenrechnung sind es, die Kosten der indirekt produktiven Bereiche eines Unternehmens besser planen, kontrollieren und steuern sowie auf die Kostenträger verrechnen zu können. Es soll die Transparenz in den Gemeinkostenbereichen erhöht werden, um die Aufgaben der Kostenrechnung, vor allem der Bereitstellung der entscheidungsrelevanten Kosten, erfüllen zu können. Dazu werden Geschäftsprozesse strukturiert und anschließend monetär bewertet.

3/8. Ein Prozess ist eine logische, aufeinanderfolgende Reihe wiederkehrender Tätigkeiten mit messbarer Eingabe, messbarer Wertschöpfung und messbarer Ausgabe. Die Wertschöpfung entsteht aus der Kombination von Mitarbeitern, Maschinen, Material und Prozeduren. Jeder Prozess hat einen definierten Anfang (Lieferant) und ein definiertes Ende (Abnehmer) und wird durch einen konkreten Auslöser (Kostentreiber) gestartet.

3/9. Die Aktivität ist die kleinste Betrachtungseinheit, worunter eine weitestgehend identisch wiederholbare Tätigkeit zu verstehen ist. Die Summe der funktionell zusammenhängenden Aktivitäten in einer Kostenstelle wird als (Teil-)Prozess bezeichnet.

3/10. Bei der Prozesskostenrechnung handelt es sich nicht um ein neues Kostenrechnungssystem, sondern um ein neues Verfahren der Gemeinkostenschlüsselung, welches im Rahmen bereits bestehender Kostenrechnungssysteme eingesetzt wird.

3/11. Das Neue am Prozesskostenansatz ist das prozessorientierte statt kostenstellenorientierte Denken. Das betriebliche Geschehen wird als eine Verkettung einzelner Aktivitäten verstanden. Die Prozesskostenrechnung erkennt Teilprozesse und fasst diese zu wenigen Hauptprozessen mit abteilungsübergreifendem Charakter zusammen. Parallel dazu erfolgt die Bestimmung des Gemeinkostenvolumens über die Kostentreiber.
Ebenso wie in der Grenzplankostenrechnung wird auch in der Prozesskostenrechnung für die indirekten Bereiche ein Bezugsgrößendenken eingeführt, allerdings mit dem wesentlichen Unterschied, dass dieses sich nicht auf viele Kostenstellen bezieht, sondern nur auf wenige Haupttätigkeiten.
Ferner ermöglicht der prozessbezogene Ansatz weitergehende Analysen aufgrund des neuen Blickwinkels auf die Kosten.

3/12. Vgl. Tabelle in Kap. 3.1 „Einführung in die Prozesskostenrechnung".

3/13. Die Einsatzgebiete sind die indirekten Leistungsbereiche des Unternehmens. Als indirekte Leistungsbereiche gelten alle diejenigen Arbeiten, die nicht unmittelbar an absatzbestimmten Produkten erfolgen. Es handelt sich vornehmlich um die Erstellung innerbetrieblicher Leistungen und um die Informationsbereitstellung. Da in diesen Bereichen beschäftigungsfixe Kosten dominieren, werden bei der Prozesskostenrechnung fixe, beeinflussbare Kostenanteile nach dem Beanspruchungsprinzip auf Prozesseinheiten verrechnet. Die Anwendung der Prozesskostenrechnung erfordert jedoch repetitive, d.h. häufig wiederholbare Prozesse. Ideal wäre, wenn große Prozessmengen abgewickelt werden, da die Prozesskostenrechnung eine kostenmäßige Durchschnittsbildung vollzieht.

3/14. Im Einzelnen soll der Einsatz der Prozesskostenrechnung aufgrund verbesserter Kosten- und Leistungsinformationen vornehmlich folgende Zielsetzungen erfüllen:

- Aufdecken aller Kostentreiber in den indirekten Leistungsbereichen;
- Prozess-, Ressourcen- und Produktbezug;
- Kostenrechnerische Abbildung der Beziehungen zwischen den Ressourcen, Prozessen und den Produkten;
- Abbildung kostenstellenspezifischer und kostenstellenübergreifender Prozesse;
- Kostenverrechnungen und Kostenkalkulation sollen durchgängig an Prozessen ansetzen, die aus Kostenstellenleistungen resultieren;
- Erhöhung der Kalkulationsgenauigkeit durch genaueres Analysieren der Ressourcenverwendung;
- Optimierung des Produktions- und Absatzprogramms durch eine verbesserte strategische Produktkalkulation;
- Verursachungsgerechte Zuordnung der Kosten auf das Produkt bei Variantenvielfalt;
- Erhöhung der Kostentransparenz durch das Aufdecken unternehmensinterner Prozesse;
- Ermittlung entscheidungsrelevanter Kosten zur Optimierung des Ressourceneinsatzes in den Gemeinkostenbereichen;
- Unterscheidung in wertschöpfende und nicht wertschöpfende Prozesse (Steuerung der Ressourcennutzung);

- Vergleich von Prozesskostensätzen zum Zwecke eines Betriebsvergleichs bzw. Benchmarking.

3/15. Vgl. Kap. 3.2 „Die Prozesskostenrechnung als Instrument der Produktkalkulation".

3/16. In einer den eigentlichen Implementierungsschritten vorgelagerten Stufe ist zunächst festzustellen, welche Unternehmensbereiche in die Prozesskostenrechnung einzubeziehen sind. Die Einführung der prozessorientierten Kostenrechnung empfiehlt sich besonders für Kostenbereiche, in denen formalisierte, repetitive Tätigkeiten mit messbaren Resultaten verrichtet werden.

3/17. Vgl. Kap. 3.2.1.2 „Kriterien für den Einsatz der Prozesskostenrechnung".

3/18. Andere Ausdrücke für „Indirekte Leistungsbereiche" sind:

- indirekt-produktive Bereiche;
- indirekte Bereiche;
- Gemeinkostenbereiche;
- administrative Bereiche;
- Overhead-Bereiche.

3/19. Beispiele für indirekte Leistungsbereiche sind: Forschungs- und Entwicklungsabteilung, Konstruktion, Einkauf, Warenannahme, Warenausgang, Versand, Fuhrpark, innerbetrieblicher Transport, technische Leitung, Arbeitsvorbereitung, Fertigungssteuerung, Qualitätskontrolle, Instandhaltung, Marktforschung, Werbung, Auftragsabwicklung, Datenverarbeitung, Finanz- und Betriebsbuchhaltung, Controlling, Lohn- und Gehaltsabrechnung, Sekretariate, Küche und Kantine, Hausverwaltung.

3/20. Für die Prozesskostenrechnung empfehlen sich Gemeinkostenbereiche, die einen hohen Gesamtkostenanteil aufweisen wie beispielsweise Konstruktion oder Auftragsannahme, weil sich ein willkürlicher Gemeinkostenzuschlag dieser wertmäßig hohen Kosten in der Kalkulation nachteiliger auswirkt als ein Zuschlag für indirekte Leistungsbereiche, die nur einen geringen Anteil an den Gesamtkosten haben.

3/21. Obwohl die Fertigungsgemeinkosten in aller Regel ein erhebliches Gewicht haben, ist davon auszugehen, dass für ihre Verrechnung in vielen Unternehmen keine einfache Zuschlagskalkulation, sondern eine differenzierte Bezugsgrößenkalkulation eingesetzt wird. Diese Bezugsgrößenkalkulation entspricht bereits dem Grundgedanken der Prozesskostenrechnung, so dass mit deren Anwendung in diesem Bereich im Grundsatz keine Verbesserung möglich wird.

3/22. Die Tätigkeitsanalyse ist unabdingbare Voraussetzung für den Aufbau einer Prozesskostenrechnung. Sie ist der erste und gleichzeitig aufwendigste Schritt bei der Implementierung der Prozesskostenstellenrechnung. In der Tätigkeitsanalyse soll untersucht werden, welche Teilprozesse innerhalb der einzelnen Kostenstellen ablaufen und welchen Anteil an den Gesamtkosten der Kostenstelle sie jeweils beanspruchen. Ferner wird die Verbindung zu Vor- und Nachfolgetätigkeiten aufgezeigt.

3/23. Unter einem Teilprozess versteht man eine Zusammenfassung sachlich zusammenhängender Aktivitäten innerhalb einer Kostenstelle. Jeder Teilprozess lässt sich eindeutig einer Kostenstelle zuordnen. Eine Kostenstelle ist aber durch mehrere unterschiedliche Teilprozesse gekennzeichnet. Ein Teilprozess wird so gewählt, dass er die kleinste Einheit darstellt, für die Kosten und Zeiten separat erfasst werden können.

3/24. Die gelegentlich in der Praxis anzutreffende Vorgehensweise, pro Kostenstelle nur einen (repräsentativen) Teilprozess zu definieren, scheint wenig geeignet. Entweder gibt der ausgewählte Prozess das Geschehen in der Kostenstelle nur unvollständig wieder oder die Kostenstelleneinteilung muss sehr detailliert erfolgen, was wiederum unwirtschaftlich sein kann.

3/25. Repetitive Tätigkeiten, deren Output sich mengenvariabel zum Leistungsoutput der Kostenstelle verhält, werden als leistungsmengeninduziert bezeichnet. Beispielsweise ist in der Kostenstelle „Einkauf" der Prozess „Bestellung durchführen" leistungsmengeninduziert. Vom Leistungsoutput unabhängige, mengenfixe Prozesse werden leistungsmengenneutral genannt. So ist zum Beispiel die Aktivität „Leiten des Einkaufs" leistungsmengenneutral, da sie keinen direkten Bezug zur Leistungsmenge der Kostenstelle hat. In die Kostenplanung eingehende Bezugsgrößen sind nur für die leistungsmengeninduzierten Aktivitäten zu bilden.

3/26. In den Kosten der lmi- und lmn-Prozesse sind jeweils sowohl variable als auch fixe Kostenkomponenten enthalten, d.h., die in der flexiblen Plankostenrechnung auf Voll- und Teilkostenbasis übliche Aufteilung der Kosten in variable und fixe Bestandteile wird in der Prozesskostenrechnung nicht vorgenommen.

3/27. Kostentreiber sind die Bezugsgrößen für die aktivitätsbezogene Gemeinkostenverrechnung. Sie dienen zur Quantifizierung des Prozessoutputs, bilden den Maßstab für den Ressourcenverbrauch der Prozesse und sind Ausdruck für die Kostenverursachung. Ferner sind sie die Grundlage für die Gemeinkostenplanung und -kontrolle und dienen als mengenvariable Bezugsgrößen für die Berechnung von Prozesskostensätzen zur Verrechnung der Gemeinkosten auf die Kostenträger im Zuge einer möglichst verursachungsgerechten Kalkulation. Beispielsweise wäre ein denkbarer Kostentreiber für den Teilprozess „Bestellung durchführen" die „Anzahl der Bestellungen".

3/28. An Kostentreiber sind die folgenden Anforderungen zu stellen:

- proportionales Verhalten zum Prozessoutput, d.h. hohe Korrelation zwischen Kostentreiber und Kostenstellenleistung (Aktivitätsmenge);
- sollte einen Großteil der Kosten abdecken;
- möglichst enge Beziehung zum Produkt;
- plausibel und leicht verständlich auch für Nicht-Betriebswirte;
- einfache Rechenbarkeit und einfache Ableitung aus den verfügbaren Informationsquellen.

Aus diesen Anforderungen geht hervor, dass die Prozesskostenrechnung den Kostentreibern eine Doppelfunktion zuweist, nämlich sowohl eine Kalkulationsfunktion als auch eine Kostenkontrollfunktion.

3/29. Die Qualitätssicherung in der Chemischen Industrie betrifft die Funktionsbereiche Qualitätswesen, Beschaffung, Eingangslager, Labor, Produktion, Vertrieb und Ausgangslager. Bei den einzelnen Teilprozessen sind, sofern sie repetitiven Charakter haben, die Kostentreiber vermerkt. Die Kosten der Teilprozesse ohne Bezugsgröße können denen mit Kostentreibern zugeschlagen werden.

| Funktionsbereich | Teilprozess | Kostentreiber |
|---|---|---|

| | | |
|---|---|---|
| Qualitäts-wesen | Management des Qualitätswesens | |
| | Festlegung und Konzeption von Qualitätssicherungsmaßnahmen | |
| | Aufbau eines Steuerungs- und Kontrollinstrumentarium | |
| | Durchführung von Beratungen | Anzahl der Beratungen |
| | Durchführung von Schulungen | Anzahl der Schulungen |
| | Autorisierung des Probenahmepersonals | Anzahl der Autorisierungen |
| | Entwicklung von Mess- und Prüfmitteln | |
| | Sicherung der Beschaffungsgüterqualität | |
| | Festlegung der Qualitätsmerkmale | Anzahl der Beschaffungsgüter |
| | Erstellung von Fehlerkatalogen für die Qualitätsmerkmale jedes Beschaffungsgutes | Anzahl der Beschaffungsgüter/Qualitätsmerkmale-Relationen |
| | Erstellung und Änderung von Prüfplänen | Anzahl der Rohstoffe |
| | Sicherung der Produktionsqualität | |
| | Festlegung der Qualitätsmerkmale | Anzahl der Produkte |
| | Erstellung von Fehlerkatalogen für die Qualitätsmerkmale jedes Produktes | Anzahl der Produkte/Qualitätsmerkmale-Relationen |
| | Erstellung und Änderung von Prüfplänen | Anzahl der Produkte |
| | Erstellung von Durchführbarkeitsstudien | Anzahl der Innovationen |
| Beschaffung | Sicherung der Beschaffungsqualität | |
| | Formulierung von Mindestanforderungen; Mitteilung an die Lieferanten | Anzahl der tatsächlichen Lieferanten/Beschaffungsgüter-Relationen |
| | Bearbeitung von Reklamationen | Anzahl der Reklamationen |
| Eingangslager | Sicherung der Beschaffungsgüterqualität | |
| | Probenahme | Anzahl der Proben |
| | Erstellung von Analyseaufträgen | Anzahl der Proben |
| Labor | Sicherung der Beschaffungsgüterqualität | |
| | Aufbringen der Analysenummer | Anzahl der Proben |
| | Durchführung der Prüfung | Anzahl der Proben |
| | Bewertung der Prüfungsergebnisse | Anzahl der Proben |
| | Erstellung von Fehlerklassifizierungen | Anzahl der Fehler |
| | Erstellung von Beanstandungsvermerken | Anzahl der Fehler |
| | Sicherung der Produktionsqualität | |
| | Aufbringen der Analysenummer | Anzahl der Proben |
| | Durchführung der Prüfung | Anzahl der Proben |
| | Bewertung der Prüfungsergebnisse | Anzahl der Proben |
| | Erstellung von Fehlerklassifizierungen | Anzahl der Fehler |
| | Erstellung von Beanstandungsvermerken | Anzahl der Fehler |
| | Bearbeitung von Kunden-Reklamationen | |
| | Problemanalyse | Anzahl der Reklamationen |
| | Probenahme | Anzahl der Proben |
| | Durchführung der Prüfungen | Anzahl der Analysen |

| | | |
|---|---|---|
| Produktion | Sicherung der Produktionsqualität | |
| | Probenahme | Anzahl der Proben |
| | Erstellung von Analyseaufträgen | Anzahl der Proben |
| | Durchführung von Selbstprüfungen | Anzahl der Proben |
| | Versuche zur quantitativen Anpassung der Produkte an Kundenwünsche | Anzahl variierter/variierbarer Prozessparameter |
| | Zertifizierung nach ISO-Normen | Anzahl der Produkte/Produktvarianten |
| | Bearbeitung von Reklamationen | |
| | Disposition von Nachbearbeitungen | Anzahl der Reklamationen |
| Vertrieb | Allgemeine Tätigkeiten | |
| | Aufbau eines Qualitätsimages After-Sales-Betreuung | |
| | Sicherung der Produktionsqualität | |
| | Abstimmung der Produktspezifikation mit den Kunden | |
| | Abstimmung mit den Kunden über Produkttyp-Anpassungen | |
| | Bearbeitung von Reklamationen | |
| | Administrative Bearbeitung | Anzahl der Reklamationen |
| Ausgangslager | Bearbeitung von Reklamationen | |
| | Aussortieren | Anzahl der fehlerhaften Gebinde |
| | Kommissionierung von Ersatzteilen | Anzahl der Vorgänge |

Quelle: In Anlehnung an Verband der Chemischen Industrie e.V.: Einsatzmöglichkeiten der Prozeßkostenrechnung in der Chemischen Industrie, S.94 ff.

Betrachtet man die Prozessübersicht wird deutlich, dass sich keine durchgängige Prozesskette „Qualitätssicherung" mit einem einheitlichen bzw. dominierenden Kostentreiber bilden lässt. Dies ist auch nicht überraschend, wenn man sich vergegenwärtigt, dass sich die Qualitätssicherung auf ganz unterschiedliche Objekte ohne unmittelbaren Zusammenhang, z.B. Roh-, Hilfs- und Betriebsstoffe, Fertigerzeugnisse und Verpackungen, bezieht.

3/30. Traditionell werden die Kosten der Qualitätssicherung auf Basis eines Wertschlüssels, z.B. der Fertigungskosten, auf die einzelnen Erzeugnisse umgelegt. Dadurch erhalten Produkte mit hohen (niedrigen) Fertigungskosten hohe (niedrige) Kosten der Qualitätssicherung. Dagegen werden in der Prozesskostenrechnung die Erzeugnisse der Intention nach nur mit den Qualitätskosten belastet, die sie verursacht haben. Prinzipiell ist die Prozesskostenrechnung daher für die Qualitätssicherung gut geeignet. Auch lassen sich in bestimmten Teilbereichen der Qualitätssicherung viele repetitive Aktivitäten identifizieren, so dass die Voraussetzungen der Anwendung vielfach gegeben sind. (Vgl. Verband der Chemischen Industrie e.v.: Einsatzmöglichkeiten der Prozeßkostenrechnung in der Chemischen Industrie, S.92 f.)

Eine prozessorientierte Verrechnung von Qualitätskosten ist immer dann zweckmäßig, wenn sie zu genaueren Aussagen verglichen mit dem bestehenden Kostenrechnungsverfahren führt. Dies ist dann der Fall, wenn sich die Einsatzmaterialien bzw. Erzeugnisse deutlich in den erforderlichen Maßnahmen und damit den Kosten der Qualitätssicherung unterscheiden. Wenn sich beispielsweise bestimmte Fertigungsprozesse als besonders störanfällig erweisen und somit höhere Kosten für Qualitätssicherungsmaßnahmen entstehen, muss dieser Sachverhalt in der Kalkulation zum Ausdruck kommen. (Vgl. Verband der Chemischen Industrie e.v.: Einsatzmöglichkeiten der Prozeßkostenrechnung in der Chemischen Industrie, S.92)

3/31. Die Prozessmenge ist die einem Cost Driver zugeordnete meßbare Leistung, also die Häufigkeit, wie oft ein Prozess innerhalb einer festgelegten Zeit durchgeführt wird. Sie wird im Rahmen der Prozessmengenplanung benötigt.

3/32. Unter Planprozessmenge ist die erwartete Häufigkeit einer Aktivität innerhalb eines bestimmten Zeitraumes zu verstehen.

3/33. Als Bestandteil einer umfassenden Planungsrechnung gilt auch für die Festlegung der Planprozessmengen Gutenbergs „Ausgleichsgesetz der Planung". Das heißt, die Planprozessmengen sind nicht nach Maximal-, Normal- oder Optimalkapazitäten abzuleiten, sondern aus den Leistungsanforderungen der Engpassbereiche (z.B. Absatz) zu bestimmen.

3/34. Die Prozesskostenplanung verleitet zu dem Schluss, dass sich die anfallenden Prozesskosten zur Bezugsgröße proportional verhalten. Nimmt man als Beispiel die Reklamationsbearbeitung, so verringern sich die Prozesskosten nicht automatisch mit dem Rückgang der Zahl von Reklamationen. Sie verändern sich wesentlich erst durch Kapazitätsanpassungen; denn fixe Personalkosten prägen die Kostenstruktur derartiger Aufgabenbereiche.

3/35. Vgl. Kap. 3.2.4 „Planung der Prozessmengen und -kosten".

3/36. Prozesskostensätze geben die durchschnittlichen Kosten für die einmalige Ausführung der betreffenden Prozesse an. Sie drücken die Kosten je Einheit des Kostentreibers aus. Prozesskostensätze verfolgen zwei Ziele: Einerseits verbessern sie aufgrund einer verursachungsgerechteren Kostenzurechnung auf die Kostenträger die Kalkulation. Andererseits können sie durch Bildung von Kennzahlen die Kostenkontrolle in den indirekten Leistungsbereichen unterstützen.

3/37. Der Prozesskostensatz wird durch Division der Prozesskosten durch die Prozessmenge ermittelt:

Plan-Prozesskostensatz = 156.000 € / 3.000 Aufträge = 52 €/Auftrag

3/38.

| Teilprozesse | Menge | Zeit in h | h je Monat | Kosten | Kostensatz |
|---|---|---|---|---|---|
| „normale" Bestellungen überwachen | 800 | 0,2 | 160 | 3.200 | 4 €/Bestell. |
| „terminkritische" Bestellungen überwachen | 400 | 0,8 | 320 | 6.400 | 16 €/Bestell. |
| | 1.200 | | 480 | 9.600 | |

3/39. Leistungsmengenneutrale Kosten müssen entweder in der Kostenstellenrechnung als Fixkostenblock behandelt werden oder können im Zuge der Prozessvollkostenrechnung auf die leistungsmengeninduzierten Prozesse geschlüsselt werden.

3/40. Werden die lmn-Kosten proportional zur Höhe der lmi-Kosten auf die Produkte verrechnet, lassen sich zusätzlich zu den lmi-Prozesskostensätzen auch Prozessumlagesätze und Gesamtprozesskostensätze ermitteln. Diese Vorgehensweise hat zwar den Vorteil der leichten Anwendung, eine Proportionalität zwischen lmn-Kosten und lmi-Kosten ist jedoch nicht nachweisbar.

3/41. Beim Prozessumlagesatz werden die leistungsmengenneutralen Kosten wie folgt proportional zu den leistungsmengeninduzierten Kosten umgelegt:

Prozessumlage = lmn-Kosten / $\sum$ lmi-Kosten * Prozesskostensatz

3/42.

| KoSt 643 Einkauf | | Maßgrößen | | Prozesskosten | | |
|---|---|---|---|---|---|---|
| Nr. | Bezeichnung | Anzahl der ... | Prozess-menge | Plan-kosten | lmi | lmn | gesamt |
| 1 | Angebote einholen | Angebote | 1.000 | 300.000 | 300,00 | 25,53 | 325,53 |
| 2 | Bestellungen aufgeben | Bestellungen | 3.500 | 70.000 | 20,00 | 1,70 | 21,70 |
| 3 | Rechnungen prüfen | Rechnungspositionen | 10.000 | 100.000 | 10,00 | 0,85 | 10,85 |
| 4 | Abteilung leiten | | | 40.000 | | | |
| Σ | | | | 510.000 | | | |

Prozesskostensatz (lmi) Nr.1 = 300.000 € / 1.000 Anzahl = 300 €
Prozesskostensatz (lmi) Nr.2 =  70.000 € / 3.500 Anzahl =  20 €
Prozesskostensatz (lmi) Nr.3 = 100.000 € / 10.000 Anzahl =  10 €

Prozessumlagesatz (lmn) Nr.1 = 40.000 € / 470.000 € * 300 € ≈ 25,53 €
Prozessumlagesatz (lmn) Nr.2 = 40.000 € / 470.000 € *  20 € ≈  1,70 €
Prozessumlagesatz (lmn) Nr.3 = 40.000 € / 470.000 € *  10 € ≈  0,85 €

Gesamtprozesskostensatz Nr.1 = 300 € + 25,53 € = 325,53 €
Gesamtprozesskostensatz Nr.2 =  20 € +  1,70 € =  21,70 €
Gesamtprozesskostensatz Nr.3 =  10 € +  0,85 € =  10,85 €

3/43. Die Prozessmengen betragen (Werte in €):

| KoSt 643 Einkauf | | Maßgrößen | | | |
|---|---|---|---|---|---|
| Nr. | Bezeichnung | Anzahl der ... | Prozess-menge | Plankosten | Prozess-kostensatz |
| 1 | Angebote bearbeiten | Angebotspositionen | 600 | 24.000 | 40 |
| 2 | Material disponieren<br>- Bestellpunkt ist erreicht<br>- Zu- oder Abgang liegt vor | Teile<br><br>Teile | 1.400<br><br>3.000 | 98.000<br><br>30.000 | 70<br><br>10 |

| 3 | Bestellungen auslösen | Teile, bei denen Bestellzeitpunkt erreicht ist | 1.300 | 32.500 | 25 |
|---|---|---|---|---|---|
| 4 | Termine verfolgen bei - normalen Bestellungen - terminkritischen Bestellungen | Bestellungen Bestellungen | 1.100 200 | 16.500 18.000 | 15 90 |
| Σ | | | | 219.000 | |

3/44. Die Plankosten errechnen sich wie folgt:

| KoSt 643 Einkauf | | Maßgrößen | | | Prozesskosten | | |
|---|---|---|---|---|---|---|---|
| Nr. | Bezeichnung | Anzahl der ... | Prozessmenge | Plankosten | lmi | lmn | gesamt |
| 1 | Angebote einholen | Angebote | 2.000 | 200.000 | 100,00 | 9,6154 | 109,6154 |
| 2 | Bestellungen aufgeben | Bestellungen | 3.000 | 240.000 | 80,00 | 7,6923 | 87,6923 |
| 3 | Reklamationen bearbeiten | Reklamationen | 200 | 80.000 | 400,00 | 38,4615 | 438,4615 |
| 4 | Abteilung leiten | | | 50.000 | | | |
| Σ | | | | 570.000 | | | |

Plankosten Nr.1 = 2.000 Stück * 100 €/Stück =   200.000 €
Plankosten Nr.2 = 3.000 Stück *  80 €/Stück =   240.000 €
Plankosten Nr.3 =   200 Stück * 400 €/Stück =    80.000 €
                                              ------------
                                                520.000 €

Lmn-Satz Nr.1 = 109,6154 €/Stück - 100 €/Stück =  9,6154 €/Stück
Lmn-Satz Nr.2 =  87,6923 €/Stück -  80 €/Stück =  7,6923 €/Stück
Lmn-Satz Nr.3 = 438,4615 €/Stück - 400 €/Stück = 38,4615 €/Stück

Aus diesen Angaben lassen sich die Plankosten des Teilprozesses Nr.4 errechnen:

x € / 520.000 € * 100 €/Stück = 9,6154 €/Stück
x € = 9,6154 €/Stück *520.000 € / 100 €/Stück
x € = 50.000 €

3/45. Hauptprozesse können definiert werden als kostenstellenübergreifende, logisch zusammengehörige Vorgänge, die das Gemeinkostenvolumen beeinflussen. Ein Hauptprozess ist eine Kette von homogenen Aktivitäten, dabei werden unter homogenen Aktivitäten gleichförmig ablaufende Prozesse verstanden. Bei einer Wiederholung des Prozesses werden die gleichen Ressourcen verbraucht.

Ebenso kann man den Hauptprozess definieren als kostenstellenübergreifenden Prozess, der durch die Zusammenfassung von Aktivitäten nach ihrem inneren Zusammenhang (gemeinsames Arbeitsergebnis) ermittelt wird.

Aus diesen Definitionen resultiert, dass nur Teilabschnitte der gesamten Wertschöpfungskette zu Hauptprozessen aggregiert werden können.

3/46. Eine Prozesskostenhierarchie ist eine speziell für die Erfassung und den Ausweis der Prozesskosten notwendige Rangordnung von Kalkulationsobjekten. Um eine solche für die Prozesskostenrechnung kennzeichnende Kostenerfassung zu ermöglichen, muss man vom einzelnen Teilprozess ausgehend über die Prozesse in den Kostenstellen bis hin zu den abteilungsübergreifenden Hauptprozessen fortschreiten. Welche Prozesskostenhierarchien für die Erfassung und den Ausweis der Prozesskosten im konkreten praktischen Fall zu bilden sind, hängt von den relevanten Untersuchungszwecken ab. Prozesskostenhierarchien müssen also immer problemadäquat sein.

3/47. Ein praktisches Beispiel findet sich im Vertriebsbereich. Dort fällt der Teilprozess „Kundenstammdaten pflegen" für den Hauptprozess „Neukunden akquirieren" als Ersteingabe und gleichzeitig für den Hauptprozess „Kunden betreuen" als Aktualisierung bestehender Datensätze an.

3/48. Ein Kritikpunkt der zweiten Methode ist, dass durch die Zusammenfassung von Teilprozessen mit unterschiedlichen Maßgrößen zu Hauptprozessen die Kostenabhängigkeiten pauschalisiert werden. Allerdings muss ein Kompromiss zwischen Genauigkeit und Wirtschaftlichkeit gefunden werden. Es besteht das Problem, dass sich Hauptprozesse in der Praxis kaum ohne einen Verlust der Genauigkeit in der Kalkulation bilden lassen. Die Zusammenfassung der Teilprozesse mit identischer Maßgröße ist dagegen genau, da der Hauptprozesskostensatz keinen Durch-

Antworten und Lösungen

schnittswert darstellt. Allerdings ist diese Verfahrensweise unter Umständen unwirtschaftlich, da viele Hauptprozesse entstehen. Werden aber nur Teilprozesse mit der gleichen Maßgröße zusammengefasst, lassen sich Geschäftsprozesse nicht mehr abbilden, sondern lediglich Untermengen davon. Dies widerstrebt dem Ziel der Prozesskostenrechnung, wenige Hauptprozesse zu bilden, um das Kostenrechnungssystem überschaubar zu gestalten. Durch die konsequente Verfolgung der ersten Methode werden eine Vielzahl unechter Hauptprozesse identifiziert, und damit wird dieser Forderung nicht Genüge getan.

3/49. Als Beispiel für die Austauschbarkeit von Maßgrößen können die Bereiche Lagerzugang und Lagerabgang angeführt werden: Dem Lagerabgang geht die Prozesskette des Lagerzugangs – Einkauf, Qualitätskontrolle, Einlagerung, Rechnungsprüfung, Kreditorenbuchhaltung – mit dem Kostentreiber „Anzahl der Zugänge" voraus. Wenn sich artikelweise ein relativ konstantes Verhältnis zwischen der Anzahl der Lagerentnahmen als Kostentreiber für diese Prozesskette mit den Teilprozessen Auslagerung, Transportdisposition, Lagerbuchhaltung einerseits und der Anzahl der Lagerzugänge andererseits ergibt, können beide Ketten verbunden werden, indem man die Kosten je Lagerzugang anteilig den Kosten je Lagerentnahme hinzufügt und dem so verketteten Prozess den Kostentreiber „Anzahl der Lagerentnahmen" zuordnet.

3/50. (vgl. Däumler, K.-D./Grabe, J.: Kostenrechnung 3: Plankostenrechnung, S.241 f.)

a) lmi-Prozesskostensätze der Kostenstelle „455 Fertigungsplanung":
Teilprozess 1:   650.000 € / 100 Einh. = 6.500 €/Einh.
Teilprozess 2:   850.000 € /  50 Einh. = 17.000 €/Einh.

Prozessumlagesätze der KoSt 455:
Prozessumlagesatz = 120.000 € / 1.500.000 € = 0,08
Teilprozess 1:   0,08 * 650.000 € / 100 Einh. =   520 €/Einh.
Teilprozess 2:   0,08 * 850.000 € /  50 Einh. = 1.360 €/Einh.

Gesamtprozesskostensätze der KoSt 455:
Teilprozess 1:    6.500 €/Einh. +   520 €/Einh. =  7.020 €/Einh.
Teilprozess 2:   17.000 €/Einh. + 1.360 €/Einh. = 18.360 €/Einh.

b) lmi-Prozesskostensätze der Kostenstelle „480 Qualitätssicherung":
Teilprozess 1:   300.000 € / 100 Einh. = 3.000 €/Einh.
Teilprozess 2:   700.000 € /  50 Einh. = 14.000 €/Einh.

Prozessumlagesätze der KoSt 480:
Prozessumlagesatz = 300.000 € / 1.000.000 € = 0,30
Teilprozess 1:   0,30 * 300.000 € / 100 Einh. =   900 €/Einh.
Teilprozess 2:   0,30 * 700.000 € /  50 Einh. = 4.200 €/Einh.

Gesamtprozesskostensätze der KoSt 480:
Teilprozess 1:    3.000 €/Einh. +  900 €/Einh. =  3.900 €/Einh.
Teilprozess 2:   14.000 €/Einh. + 4.200 €/Einh. = 18.200 €/Einh.

c) Hauptprozesskostensätze

Die beiden Hauptprozesse „Produktänderungen vornehmen" und „Varianten betreuen" setzen sich aus den Teilprozessen der beiden Kostenstellen „Fertigungsplanung" und „Qualitätssicherung" zusammen.

| Nr. | Hauptprozesse | Teilprozesse | Cost Driver | Anzahl | Hauptprozesskosten | | |
|---|---|---|---|---|---|---|---|
| | | | | | lmi | lmn | gesamt |
| 1 | Produktänderungen vornehmen | Arbeitspläne ändern Prüfpläne ändern | Anzahl Produktänderungen | 100 | 950 T€ | 142 T€ | 1.092 T€ |
| 2 | Varianten betreuen | Fertigung betreuen Produktqualität sichern | Anzahl Varianten | 50 | 1.550 T€ | 278 T€ | 1.828 T€ |

Es errechnen sich folgende Hauptprozesskostensätze:
Hauptprozess 1: 1.092.000 € / 100 Einh. = 10.920 €/Einh.
Hauptprozess 2: 1.828.000 € /  50 Einh. = 36.560 €/Einh.

3/51. Vgl. Kap. 3.2.7.1 „Methodik der prozessorientierten Kalkulation".

Antworten und Lösungen 269

3/52.

| Traditionelle Zuschlagskalkulation | Rohstoff R | Rohstoff T |
|---|---|---|
| Materialeinzelkosten (Fertigungsmaterial) | 50,00 € | 500,00 € |
| Materialgemeinkostenzuschlagssatz (200 %) | 100,00 € | 1.000,00 € |
|  | 150,00 € | 1.500,00 € |

| Kalkulation nach Prozesskostenrechnung | Rohstoff R | Rohstoff T |
|---|---|---|
| Materialeinzelkosten (Fertigungsmaterial) | 50,00 € | 500,00 € |
| Prozesskosten je Beschaffungsvorgang (11.000 € / 20 t = 550 €/t) | 550,00 € | 550,00 € |
|  | 600,00 € | 1.050,00 € |

In der Summe über alle Produkte führen beiden Kalkulationsverfahren zum gleichen Ergebnis, lediglich in den Kostenverhältnissen kommt es zu unterschieden:

Materialkosten nach Zuschlagskalkulation
= 10 t * 150 €/t + 10 t * 1.500 €/t = 16.500 €
Materialkosten nach Prozesskostenrechnung
= 10 t * 600 €/t + 10 t * 1.050 €/t = 16.500 €

3/53.

|  |  | Zuschlagskalkulation | | Prozesskostenrechnung | |
|---|---|---|---|---|---|
| Stück | Herstellkosten | Vertr.-GK | Stück-SK | Vertr.-GK | Stück-SK |
| 1 | 500 | 15 | 515 | 3.348 | 3.848,00 |
| 5 | 2.500 | 75 | 515 | 3.348 | 1.169,60 |
| 10 | 5.000 | 150 | 515 | 3.348 | 834,80 |
| 100 | 50.000 | 1.500 | 515 | 3.348 | 533,48 |
| 1.000 | 500.000 | 15.000 | 515 | 3.348 | 503,35 |

3/54. Mit drei Varianten ergibt sich folgendes Bild:

| Teilprozesse | Variante A | Variante B | Variante C |
|---|---|---|---|
| Angebote einholen | 14,00 + 2,86 | 14,00 + 6,90 | 14,00 + 200,00 |
| Bestellungen aufgeben | 10,80 + 0,57 | 10,80 + 1,38 | 10,80 + 40,00 |
| Reklamationen bearbeiten | 2,00 + 8,57 | 2,00 + 20,69 | 2,00 + 600,00 |
| Prozesskostenanteil in € | 38,80 | 55,77 | 866,80 |

Die volumenabhängigen Prozesskosten (Prozessmenge * Volumenanteil * Prozesskostensatz) werden durch das gesamte Mengenvolumen geteilt. Für den Prozess „Angebote einholen" errechnet sich somit für jede Variante ein Kostenanteil von 14,00 €. Die variantenabhängigen Prozesskosten (Prozessmenge * Variantenanteil * Prozesskostensatz) werden zunächst durch die Variantenzahl dividiert. Die dabei errechneten Kosten sind dann durch das jeweilige Mengenvolumen jeder Variante zu teilen, so dass sich im Beispiel 2,86 €, 6,90 € und 200,00 € ergeben. Verändert sich die Varianten-/Mengenstruktur, sind die Anzahl der volumen- bzw. variantenabhängigen Prozesse neu zu berechnen. Verändert sich, wie in der Aufgabenstellung, die Variantenzahl, nicht aber das Mengenvolumen, bleibt die volumenabhängige Prozessmenge gleich und die variantenabhängige Prozessmenge sinkt. Bei zwei Varianten ändert sich das Aussehen wie folgt:

| Teilprozesse | Variante A | Variante B |
|---|---|---|
| Angebote einholen | 14,14 + 4,29 | 14,14 + 10,34 |
| Bestellungen aufgeben | 10,91 + 0,86 | 10,91 + 2,07 |
| Reklamationen bearbeiten | 2,02 + 12,86 | 2,02 + 31,03 |
| Prozesskostenanteil in € | 45,08 | 70,51 |

3/55. Zur Lösung der komplexen Aufgabenstellung sind vier Schritte erforderlich (Beispiel und Zahlen entnommen aus Verband der Chemischen Industrie e.V.: Einsatzmöglichkeiten der Prozeßkostenrechnung in der Chemischen Industrie, S.99 ff.):

1. Ermittlung der Prozesskostensätze für die einzelnen Teilprozesse

Aus den Informationen errechnen sich folgende Prozesskostensätze:

| Nr. | Teilprozesse | Kostentreiber | Menge | Kosten | Satz |
|---|---|---|---|---|---|
| 1 | Festlegung der Qualitätsmerkmale | Anzahl der betroffenen Rohstoffe | 10 | 10.000 | 1.000 |
| 2 | Erstellung von Fehlerkatalogen je Qualitätsmerkmal | Anzahl der betrachteten Qualitätsmerkmale | 30 | 21.000 | 700 |
| 3 | Erstellung und Änderung von Prüfplänen | Anzahl der betroffenen Rohstoffe | 10 | 30.000 | 3.000 |
| 4 | Formulierung von Mindestanforderungen an die Lieferanten | Anzahl der Lieferanten | 15 | 4.500 | 300 |
| 5 | Probenahme/Erstellung von Analyseaufträgen | Anzahl der Proben | 1.000 | 25.000 | 25 |
| 6 | Durchführung und Bewertung von Prüfungen | Anzahl der Proben | 1.000 | 100.000 | 100 |

## 2. Verdichtung der Teilprozesse zu Hauptprozessen

Da die Teilprozesse 1 und 3 sowie 5 und 6 jeweils einen gemeinsamen Kostentreiber aufweisen, werden sie jeweils zu einem Hauptprozess zusammengefasst:

| Nr. | Teilprozesse | Prozesskostensatz |
|---|---|---|
| 1 | Festlegung der Qualitätsmerkmale | 1.000 |
| 3 | Erstellung und Änderung von Prüfplänen | 3.000 |
| | Hauptprozesskostensatz von Hauptprozess 1 | 4.000 |
| | Kostentreiber: Anzahl der betroffenen Rohstoffe | |

| Nr. | Teilprozesse | Prozesskostensatz |
|---|---|---|
| 2 | Erstellung von Fehlerkatalogen je Qualitätsmerkmal | 700 |
| | Hauptprozesskostensatz von Hauptprozess 2 | 700 |
| | Kostentreiber: Anzahl der betrachteten Qualitätsmerkmale | |

| Nr. | Teilprozesse | Prozesskostensatz |
|---|---|---|
| 4 | Formulierung von Mindestanforderungen an die Lieferanten | 300 |
| | Hauptprozesskostensatz von Hauptprozess 3 | 300 |
| | Kostentreiber: Anzahl der Lieferanten | |

| Nr. | Teilprozesse | Prozesskostensatz |
|---|---|---|
| 5 | Probenahme/Erstellung von Analyseaufträgen | 25 |
| 6 | Durchführung und Bewertung von Prüfungen | 100 |
| | Hauptprozesskostensatz von Hauptprozess 4 | 125 |
| | Kostentreiber: Anzahl der Proben | |

## 3. Verrechnung der Qualitätssicherungskosten auf die Rohstoffe

Zur Berücksichtigung der Qualitätssicherungskosten in der Produktkalkulation werden die Kosten der vier Hauptprozesse in Schritt 3 auf die drei Rohstoffe verrechnet. Daher werden für jeden Rohstoff R1 bis R3 die zur Sicherung der Beschaffungsqualität notwendigen Kosten ermittelt. Um diese in der Kalkulation berücksichtigen zu können, wird ein Kostensatz je kg gebildet. Zu seiner Ermittlung ist es wiederum erforderlich zu bestimmen, wie häufig die Hauptprozesse von den einzelnen Rohstoffen in Anspruch genommen werden. Ausgangspunkt ist, dass der Hauptprozess 1 von jedem Rohstoff nur einmal beansprucht wird. Im Einzelnen ist ferner zu bestimmen, wie viel Qualitätsmerkmale der jeweilige Rohstoff aufweist, denn je mehr Qualitätsmerkmale bei ihm vorhanden sind, um so öfter nimmt er den Hauptprozess 2 in Anspruch. Weiterhin muss festgelegt werden, von wie viel Lieferanten der jeweilige Rohstoff bezogen wird (Hauptprozess 3) und wie viel Proben auf den jeweiligen Rohstoff entfallen (Hauptprozess 4).

Um die Qualitätssicherungskosten auf die Rohstoffe zu verrechnen, werden die Kosten der vier Hauptprozesse mit der Zahl der Inanspruchnahmen je Rohstoff multipliziert. Die sich so ergebenden Kosten werden addiert und durch die Beschaffungsmenge dividiert. Als Ergebnis ergeben sich die auf jedes kg Rohstoff entfallenden Qualitätssicherungskosten.

| Rohstoff 1 | Hauptprozesssatz | Inanspruchnahme des Prozesses | € je Rohstoff |
|---|---|---|---|
| Hauptprozess 1 | 4.000 | 1 | 4.000 |
| Hauptprozess 2 | 700 | 2 | 1.400 |
| Hauptprozess 3 | 300 | 2 | 600 |
| Hauptprozess 4 | 125 | 50 | 6.250 |
| Summe der Kosten | | | 12.250 |
| Beschaffungsmenge | | | 6.000 |
| Kosten €/kg | | | 2,04 |

| Rohstoff 2 | Hauptprozesssatz | Inanspruchnahme des Prozesses | € je Rohstoff |
|---|---|---|---|
| Hauptprozess 1 | 4.000 | 1 | 4.000 |
| Hauptprozess 2 | 700 | 4 | 2.800 |
| Hauptprozess 3 | 300 | 1 | 300 |
| Hauptprozess 4 | 125 | 60 | 7.500 |
| Summe der Kosten | | | 14.600 |
| Beschaffungsmenge | | | 3.500 |
| Kosten €/kg | | | 4,17 |

| Rohstoff 3 | Hauptprozesssatz | Inanspruchnahme des Prozesses | € je Rohstoff |
|---|---|---|---|
| Hauptprozess 1 | 4.000 | 1 | 4.000 |
| Hauptprozess 2 | 700 | 1 | 700 |
| Hauptprozess 3 | 300 | 1 | 300 |
| Hauptprozess 4 | 125 | 75 | 9.375 |
| Summe der Kosten | | | 14.375 |
| Beschaffungsmenge | | | 1.500 |
| Kosten €/kg | | | 9,58 |

## 4. Erstellung der Produktkalkulation

Die auf die Produkte entfallenden Kosten der Qualitätssicherung für die Rohstoffe lassen sich im vierten Schritt mit Hilfe einer Rezeptur (Stückliste) und den Rohstoffkostensätzen berechnen:

| Produkt 1 | |
|---|---|
| 0,6 kg R1 mit 2,04 €/kg | 1,22 €/kg |
| 0,3 kg R2 mit 4,17 €/kg | 1,25 €/kg |
| 0,1 kg R3 mit 9,58 €/kg | 0,96 €/kg |
| Summe | 3,43 €/kg |

| Produkt 2 | |
|---|---|
| 0,5 kg R2 mit 4,17 €/kg | 2,09 €/kg |
| 0,5 kg R3 mit 9,58 €/kg | 4,79 €/kg |
| Summe | 6,88 €/kg |

3/56. Ein Vergleich zwischen Zuschlagskalkulation auf Vollkostenbasis und prozessorientierter Kalkulation zeigt, dass die nach der Prozesskostenkalkulation bewerteten Produktvarianten mit komplexer Teilestruktur und kleinen Stückzahlen mit höheren Stückkosten belastet werden als Produktvarianten mit wenigen Teilen und größerer Stückzahl (vgl. auch Ziegenbein, K.: Controlling, S.277). Die Prozesskostenrechnung bietet insofern deutliche Vorteile im Hinblick auf eine differenzierte Verrechnung und transparente Abbildung des Gemeinkostenblocks.

3/57. Mit dem Allokationseffekt wird die geänderte Verrechnung der Gemeinkosten auf die Kostenträger bezeichnet, die nach der Inanspruchnahme betrieblicher Ressourcen erfolgen soll. Erreicht wird dies durch eine Verbesserung der Zuschlagsgrundlage, verwendet werden nicht mehr die Einzelkosten, sondern die Anzahl der in Anspruch genommenen Prozesseinheiten.

Der Degressionseffekt ist seit dem Gesetz der Massenfabrikation hinreichend bekannt und wird innerhalb der Prozesskostenrechnung neu herausgestellt. Bei konstanten Prozesskosten verringern sich die Prozesskosten je Stück mit steigender Auftragsgröße.

Mit dem Komplexitätseffekt wird die Berücksichtigung der Komplexität der Erzeugnisse als kostenbestimmender Faktor in der Kalkulation bezeichnet. Komplexe Erzeugnisse weisen einen höheren Bedarf an Prozessmengen auf, dies führt im Zuge der prozessorientierten Kalkulation zu einer erhöhten Belastung mit Gemeinkosten.

3/58. Vgl. Kap. 3.3 „Die Prozesskostenrechnung als Instrument des Gemeinkostenmanagements".

3/59. Vgl. Kap. 3.3.1 „Bildung und Auswertung prozessorientierter Kennzahlen".

3/60. Vgl. Kap. 3.3.1 „Bildung und Auswertung prozessorientierter Kennzahlen".

3/61. Vgl. Kap. 3.3.1 „Bildung und Auswertung prozessorientierter Kennzahlen".

3/62. Vgl. Kap. 3.3.2 „Prozessorientierte Kostenkontrolle".

3/63. Vgl. Kap. 3.3.2 „Prozessorientierte Kostenkontrolle".

3/64. Ein monatlicher Soll-Ist-Vergleich ist in der Prozesskostenrechnung nicht erforderlich bzw. sogar nicht möglich, da kurzfristige Kostenanpassungen aufgrund des wenig beeinflussbaren Charakters nur sehr eingeschränkt durchsetzbar sind. In der Literatur werden Zeitabschnitte von Quartalen, Halbjahren und Jahren genannt.

3/65. Vgl. Kap. 3.3.2 „Prozessorientierte Kostenkontrolle".

3/66. (Zahlen entnommen aus: Seeger, R.: Prozeßkostenrechnung, S.103 ff.)

a) Kostenzuordnung der drei Kostenstellen auf die beiden Teilprozesse. Grundlage sind die absoluten Stunden der drei Kostenstellen K1 bis K3. Als Ergebnis erhält man zwei Teilprozesskostensätze:

| Kostenstellen | CD1 „Bestellungen" | CD2 „Lagervorgänge" |
|---|---|---|
| Kosten von K1 | 600 h * 1 €/h = 600 € | 0 h * 1 €/h = 0 € |
| Kosten von K2 | 900 h * 2 €/h = 1.800 € | 1.000 h * 2 €/h = 2.000 € |
| Kosten von K3 | 0 h * 3 €/h = 0 € | 4.000 h * 3 €/h = 12.000 € |
| Σ | 2.400 € | 14.000 € |
| Teilprozessmenge (s.o.) | 300 | 1.000 |
| Teilprozesskostensatz | 8 € | 14 € |

b) Produktkalkulation

|  | Produkt A | | Produkt B | |
|---|---|---|---|---|
|  | Menge | € | Menge | € |
| CD1 „Bestellungen" | 100 | 800 | 200 | 1.600 |
| CD2 „Lagervorgänge" | 600 | 8.400 | 400 | 5.600 |
|  |  | 9.200 |  | 7.200 |

|  | Produkt A | Produkt B |
|---|---|---|
| Teilprozesskosten | 9.200 € | 7.200 € |
| Beschaffungsmenge | 1.000 Stück | 4.000 Stück |
| Teilprozesskosten pro Stück | 9,20 € | 1,80 € |
| davon für CD1 „Bestellungen" | 0,80 € | 0,40 € |
| für CD2 „Lagervorgänge" | 8,40 € | 1,40 € |
|  | „Exote" | „Renner" |

Es ergeben sich somit Teilprozesskosten pro Stück in Höhe von 9,20 € für Produkt A und 1,80 € für B.

|  | Produkt A | Produkt B |
|---|---|---|
| Beschaffungsmenge | 1.000 Stück | 4.000 Stück |
| Einstandspreis pro Stück | 28,00 € | 75 € |
| Beschaffungskosten | 28.000 € | 300.000 € |
| Kostenanteile pro Stück bei 5 % | 1,40 € | 3,75 € |
| Kostenanteile insgesamt bei 5 % | 1.400 € | 15.000 € |

|  | Produkt A | Produkt B |
|---|---|---|
| Gemeinkosten nach traditoneller Kostenrechnung | 1,40 € | 3,75 € |
| Gemeinkosten nach Prozesskostenrechnung | 9,20 € | 1,80 € |
| Differenz | - 7,80 € | 1,95 € |

Die prozessorientierte Kalkulation führt zu völlig anderen Kostenstrukturen als die klassische Kostenrechnung auf Basis eines Zuschlagssatzes.

c)

|  | Produkt A | Produkt B |
|---|---|---|
| Istmengen | 800 Stück | 2.800 Stück |
| Planmengen | 1.000 Stück | 4.000 Stück |
| Unterbeschäftigung | 80 % | 70 % |

|  | K1 | K2 | K3 | Σ |
|---|---|---|---|---|
| Ist-Gemeinkosten | 600 € | 3.800 € | 12.820 € | 17.220 € |
| Plan-Gemeinkosten | 600 € | 3.800 € | 12.000 € | 16.400 € |
| GK-Abweichung | 0 € | 0 € | - 820 € | - 820 € |

| d) | Produkt A | Produkt B | Σ |
|---|---|---|---|
| Soll-Gemeinkosten | 9,20 € * 800 Stück = 7.360 € | 1,80 € * 2.800 Stück = 5.040 € | 12.400 € |
| Ist-Gemeinkosten (s.o.) | * | * | 17.220 € |
| * liegen je Erzeugnis nicht vor | | | - 4.820 € |

Eine weitere Zerlegung dieser Gesamtabweichung in aussagefähige Teilabweichungen ist prinzipiell möglich.

e) Mit Hilfe der beiden Teilprozesskostensätze in Höhe von 8 € für CD1 und 14 € für CD2 ergeben sich folgende Werte, sowohl nach Produkten als auch nach Prozessen:

|  | Produkt A | Produkt B | Σ |
|---|---|---|---|
| CD1 „Bestellungen" | 704 € | 1.344 € | 2.048 € |
| CD2 „Lagervorgänge" | 7.392 € | 4.704 € | 12.096 € |
|  | 8.096 € | 6.048 € | 14.144 € |

|  | CD1 | CD2 | Σ |
|---|---|---|---|
| Sollkosten | 2.048 € | 12.096 € | 14.144 € |
| Plankosten | 2.400 € | 14.000 € | 16.400 € |
| (Beschäftigungs-)Abw. | - 352 € | - 1.904 € | - 2.256 € |

| f) | Produkt A | Produkt B | Σ |
|---|---|---|---|
| Soll-Anzahl Bestellungen (CD1) | 80 | 140 | 220 |
| Soll-Anzahl Lagervorgänge (CD2) | 480 | 280 | 760 |

z.B. 100 Ist-CD1 * 80 % Auslastung = 80 Soll-CD1

Mit Hilfe der beiden Teilprozesskostensätze in Höhe von 8 € für CD1 und 14 € für CD2 ergeben sich folgende Werte, sowohl nach Produkten als auch nach Prozessen:

Antworten und Lösungen

|  | Produkt A | Produkt B | Σ |
|---|---|---|---|
| CD1 „Bestellungen" | 640 € | 1.120 € | 1.760 € |
| CD2 „Lagervorgänge" | 6.720 € | 3.920 € | 10.640 € |
|  | 7.360 € | 5.040 € | 12.400 € |

| g) | Produkt A | Produkt B | Σ |
|---|---|---|---|
| Differenz Anzahl Bestellungen | - 8 | - 28 | - 36 |
| Differenz Anzahl Lagervorgänge | - 48 | - 56 | - 104 |

Bestimmung des mengen- und wertmäßigen Mehr-/Minderverbrauchs an Cost Driver, sowohl je Erzeugnis als auch je Teilprozess:

|  | Produkt A | Produkt B | Σ |
|---|---|---|---|
| CD1 „Bestellungen" | - 64 € | - 224 € | - 288 € |
| CD2 „Lagervorgänge" | - 672 € | - 784 € | - 1.456 € |
| Σ | - 736 € | - 1.008 € | - 1.744 € |
| Abweichungsindex | 1,10 | 1,20 | 1,14 |

Bei der Abweichung von - 1.744 € handelt es sich um die Differenz zwischen Istprozessmengen und Sollprozessmengen der Cost Driver, jeweils für die Ist-Produktmengen. Anhand des Abweichungsindex lässt sich erkennen, dass Produkt A jeweils von CD1 und CD2 10 % und Produkt B jeweils 20 % mehr verbraucht hat.

h) Überblick über die errechneten Abweichungen:

| Gemeinkostenabweichung/Verbrauchsabweichung | - 820 € |
|---|---|
| Beschäftigungsabweichung | - 2.256 € |
| Mehr-/Minderverbrauch an Cost Driver | - 1.744 € |
| = Gesamtabweichung | - 4.820 € |

3/67. Vgl. Kap. 3.3.2 „Prozessorientierte Kostenkontrolle".

3/68. Vgl. Kap. 3.3.3.1 „Optimierung der Prozesse".

3/69. Vgl. Kap. 3.3.3.2 „Bildung interner Verrechnungspreise".

3/70. Vgl. Kap. 3.3.3.3 „Budgetierung mit Kaizen Costing.

3/71. Durch die Kosten- und Leistungstransparenz ermöglicht die Prozesskostenrechnung eine verursachungsgerechtere Verteilung der Kosten auf die angebotenen Produkte und Dienstleistungen und ermöglicht somit, gezielt auf die Preis- und Sortimentspolitik einzuwirken. Durch die prozessorientierte Vorgehensweise kann die Entscheidungsfindung im Unternehmen und insbesondere das Gemeinkostenmanagement erheblich verbessert werden. Die Kosteneinsparungspotenziale sind jedoch durch entsprechende Managemententscheidungen zu unterstützen, um mittel- bis langfristig die betrieblichen Gemeinkosten senken zu können.

3/72. Vgl. Kap. 3.3.3.5 „Identifizierung interner Erfolgspotenziale".

3/73. Vgl. Kap. 3.3.3.5 „Identifizierung interner Erfolgspotenziale".

3/74. Vgl. Kap. 3.4 „Beurteilung und kritische Betrachtung der PKR".

3/75. Vgl. Kap. 3.4 „Beurteilung und kritische Betrachtung der PKR".

3/76. Vgl. Kap. 3.4 „Beurteilung und kritische Betrachtung der PKR".

3/77. Der wesentliche Vorteil dieser Alternative ist in der Integration mit den anderen Anwendungen zu sehen. Bei einer unternehmensweiten Realisierung bzw. der Durchführung einer strategischen Kalkulation über alle Produkte ist diese Lösung aufgrund der notwendigen Datenzugriffe die beste Variante.

3/78. Die Prozesskostenrechnung ist primär ein Controllingwerkzeug, das zu Analysen und Simulationen schnell und flexibel eingesetzt werden soll. In vielen Fällen werden diese Anforderungen durch eine PC-Lösung besser erfüllt als durch eine Großrechnerinstallation. Das ohnehin komplexe Kostenrechnungssystem wird nicht zusätzlich belastet und der Controller ist unabhängig von den Restriktionen des Host. (Vgl. Kieninger, M./Sommerfeldt, H.: Prozeßkostenrechnung mit dem PC, S.39)

## Lösungen zu Kapitel 4

4/1. Andere Begriffe für Target Costing sind:
- Zielkostenrechnung,
- Zielkostenmanagement,
- strategisches Zielkostenmanagement oder
- marktorientiertes Zielkostenmanagement.

4/2. Vgl. Kap. 4.1 „Einführung".

4/3. Eine marktorientierte Produktpolitik stellt die tatsächlichen Kundenwünsche in den Mittelpunkt der Betrachtung. Erst, wenn es gelingt, bei der Produktplanung und -entwicklung mit höchster Sorgfalt auf die wirklichen Bedürfnisse der Kunden einzugehen, schafft man Kundennutzen (vgl. Fink, A.: Industriegütermarketing, S.16).

4/4. Das Leitmotiv der Zielkostenrechnung ist: Was darf ein Produkt höchstens kosten?

4/5. Target Costing unterstützt das Ziel, ein wettbewerbsfähiges Produkt zu gestalten, dessen Funktionalität und Qualität den Kundenanforderungen entspricht und dabei eine angemessene Rentabilität für das Unternehmen sichert. Die traditionelle „cost-plus"-Methode ist allenfalls dazu geeignet, so die Kritiker, Wunschpreise am realen Markt vorbei zu kalkulieren. Die dem Target Costing eigene, retrograde „Preis-minus"-Methode verpflichtet jedoch zur ständigen Hinterfragung, „wie viel ein Produkt eigentlich kosten darf".

Da sich der Unternehmenserfolg am Markt entscheidet, sind zunächst die Preise zu ermitteln, die der Markt bereit ist für ein Produkt zu zahlen, und daraus abgeleitet die akzeptierten Kosten. Aus den Kostenvorgaben sind die Produktfunktionen abzuleiten. Target Costing unterstützt damit in erster Linie Unternehmen, die auf wettbewerbsintensiven Märkten kurzen Produktlebenszyklen und einem hohen Preisdruck ausgeliefert sind.

Neu an diesem Ansatz sind die frühen Analysen von Kostensenkungspotenzialen schon vor der Fertigung und die marktorientierte Zielkostenfindung im Einklang mit den Kundenwünschen.

4/6. Die für das Target Costing charakteristischen Merkmale sind:

- konsequente Markt- und Kundenausrichtung des Kostenmanagements über alle Unternehmensbereiche entlang der Wertschöpfungskette;
- frühe Analyse von Kostensenkungspotentialen schon vor der eigentlichen Produktion des neuen Erzeugnisses;
- Planung, Kontrolle und Steuerung der Kosten über den gesamten Produktlebenszyklus hinweg (ex-ante-Analyse);
- Strategieorientierung durch Setzen eines langfristigen Gewinnzieles sowie durch verbindliche Zielvorgaben bei Kostenplanung, -erreichung und -senkung;
- ganzheitliche Steuerung aller Unternehmensbereiche und aller Prozesse der Wertschöpfungskette;
- interdisziplinäre Zusammenarbeit;
- Förderung von Motivation und Akzeptanz aller Beteiligten sowie kostenorientierte Verhaltensbeeinflussung der Mitarbeiter durch marktbegründete Zielkostenvorgaben;
- Streben nach permanenter Verbesserung der Kostensituation.

4/7. Target Costing unterstützt in erster Linie fertigungsorientierte Unternehmen, die auf wettbewerbsintensiven Märkten agieren und einen hohen Preisdruck ausgeliefert sind. In Branchen wie der Automobilindustrie und Elektroindustrie zeigen sich mit Hilfe des Target Costing-Ansatzes enorme Verbesserungen in der Entwicklung und späteren Fertigung von Produkten mit vielfältigen Variationsmöglichkeiten.

4/8. Bedingt durch den in der Praxis hohen Gemeinkostenanteil ist ein Zusammenwirken von Target Costing und Prozesskostenrechnung notwendig. Die Prozesskostenrechnung übt in den indirekten Leistungsbereichen des Unternehmens über Aussagen zu den Kostentreibern für die einzelnen Prozesse eine Wegweiserfunktion zur Zielkostenerreichung aus. Geht man davon aus, dass sich über die Kenntnis der Hauptprozesse 80 % des Gemeinkostenvolumens mengenmäßig planen, kontrollieren und steuern lassen, dann bietet die Prozesskostenrechnung ein geeignetes Analyseinstrument für ein marktorientiertes Zielkostenmanagement. Der Einsatz in den frühen Phasen der Produktentwicklung gewährleistet frühzeitige Kostengestaltung im Gegensatz zu verspäteter Kostenverwaltung. Erst beide Ansätze zusammen stellen eine konsequente Adaption des Kostenmanagements an die Markterfordernisse sicher.

Antworten und Lösungen

4/9. Vgl. Kap. 4.3 „Grundprinzipien und Vorgehensweise beim Target Costing".

4/10. Als Over Engineering bezeichnet man den Einbau von nicht erforderlichen Funktionen oder Komponenten allein aufgrund der technischen Machbarkeit oder aufgrund nicht ausgelasteter Produktionskapazitäten. Over Engineering ist unbedingt zu vermeiden.

4/11. Vgl. Kap. 4.3.2 „Ermittlung des Zielpreises und Festlegung der Zielkosten".

4/12. Vgl. Kap. 4.3.2 „Ermittlung des Zielpreises und Festlegung der Zielkosten".

4/13. 
- Market-into-Company-Methode;
- Out-of-Company-Methode;
- Into-and-out-of-Company-Methode;
- Out-of-Competitor-Methode;
- Out-of-Standard-Costs-Methode.

4/14.

| Methoden | Orientierung | Einsetzbarkeit für | |
|---|---|---|---|
| | | innovative Neuprodukte | Marktstandardprodukte |
| Market-into-Company | kunden- und marktorientiert | empfehlenswert | möglich |
| Out-of-Company | unternehmensorientiert | möglich | möglich |
| Into-and-out-of-Comp. | markt- und unternehmensorientiert | möglich | möglich |
| Out-of-Competitor | konkurrenzorientiert | nicht möglich | empfehlenswert |
| Out-of-Standard-Costs | unternehmensorientiert | möglich | möglich |

4/15. Bei der Anwendung der „Market-into-Company"-Methode werden die Strukturen der internen Unternehmensorgansation in dem Umfang angepasst, wie der Kunde bereit ist, sie zu bezahlen. Die Kunden beeinflussen damit unmittelbar die Wertschöpfungskette im Unternehmen.

4/16. Erlaubte Kosten sind die aufgrund von Kundenanforderungen und Wettbewerbsbedingungen höchstens zulässigen Kosten - ohne Berücksichtigung vorhandener Technologie- und Produktionsstandards und bezogen auf die Lebensdauer für ein Produkt mit vorgegebener Qualität.

4/17. Als Standardkosten bezeichnet man in der Zielkostenrechnung die bei Aufrechterhaltung vorhandener Technologie- und Produktionsstandards erreichbaren Plankosten - bezogen auf die Lebensdauer für ein Produkt mit vorgegebener Qualität.

4/18. Zielkosten sind die Kosten, die aus der Kalkulation mutmaßlich wettbewerbsfähiger Marktpreise hervorgehen und für Produkte oder Prozesse aus Sicht des Unternehmens langfristig zu erreichen sind, um angesichts der Marktbedingungen ein für die Existenzsicherung ausreichenden Gewinn zu erzielen.

4/19. Vgl. Kap. 4.3.2 „Ermittlung des Zielpreises und Festlegung der Zielkosten".

4/20. Vgl. Kap. 4.3.2 „Ermittlung des Zielpreises und Festlegung der Zielkosten".

4/21. Vgl. Kap. 4.3.2 „Ermittlung des Zielpreises und Festlegung der Zielkosten".

4/22. Vgl. Kap. 4.3.2 „Ermittlung des Zielpreises und Festlegung der Zielkosten".

4/23. Vgl. Kap. 4.3.3 „Zieldekomposition (Zielkostenspaltung)".

4/24. Vgl. Kap. 4.3.3 „Zieldekomposition (Zielkostenspaltung)".

4/25. Die Conjoint-Analyse ist ein Instrument der Marktforschung, mit dem sich eine Überprüfung der Merkmalsausprägungen bereits bestehender Produkte, eine (Vor-)Auswahl innovativer Merkmalsausprägungen für Neuprodukte sowie eine Messung der Nutzenbeiträge dieser Merkmale gestalten lässt.

4/26. Vgl. Kap. 4.3.3.2.2 „Vorgehensweise der Funktionsmethode".

4/27. Vgl. Kap. 4.3.3.2.2 „Vorgehensweise der Funktionsmethode" insbesondere (5) „Gewichtung der Produktkomponenten".

4/28. Vgl. Kap. 4.3.3.2.2 „Vorgehensweise der Funktionsmethode" insbesondere (6) „Bestimmung des Zielkostenindex der Produktkomponenten".

Antworten und Lösungen

4/29. Vgl. Kap. 4.3.3.3 „Beurteilung der Funktionsmethode".

4/30. Ein Zielkostenkontrolldiagramm ist ein hervorragendes Instrument, um die Ergebnisse aus der Zielkostenspaltung transparent und anschaulich zu machen. Hier werden die ermittelten Zielkostenindizes abgetragen und man erkennt unmittelbar, bei welchen Komponenten konstruktionsseitiger Handlungsbedarf besteht.

4/31. Die Zielkostenzone wird eingeführt, um einen bestimmten Toleranzbereich zu erhalten, in dem noch akzeptable Werte liegen, da eine völlige Übereinstimmung aller Komponenten mit dem Idealwert als realitätsfern zu bezeichnen ist.

4/32. Vgl. Kap. 4.3.4 „Suchen eines Optimums bezüglich Funktionalität und Kosten".

4/33. Werden die erlaubten Kosten bzw. die Zielkosten überschritten, besteht die Notwendigkeit produktbezogene Kostensenkungspotenziale (Ansatzpunkte sind zum Beispiel Entscheidungen über den Funktionsumfang eines Produktes, die Verwendung von Spezialteilen oder die Fertigungstiefe), kostenstellenbezogene Kostensenkungspotenziale (z.B. Veränderung der Kapazitäten) und/oder prozessbezogene Kostensenkungspotenziale (z.B. Übergang zu flexiblen Fertigungssystemen) aufzudecken.

4/34. Vgl. Kap. 4.4. „Beurteilung und kritische Betrachtung des Target Costing".

4/35. Vgl. Kap. 4.4. „Beurteilung und kritische Betrachtung des Target Costing".

## Lösungen zu Kapitel 5

5/1. Vgl. Kap. 5.1 „Einführung".

5/2. Vgl. Kap. 5.2.1 „Grundlagen, Grundbegriffe und Aufgaben der Umweltkostenrechnung".

5/3. Vgl. Kap. 5.2.1 „Grundlagen, Grundbegriffe und Aufgaben der Umweltkostenrechnung".

5/4. Vgl. Kap. 5.2.2.1 „Varianten der Umweltkostenrechnung".

5/5. Vgl. Kap. 5.2.2.2 „Umweltschutzbezogene Kostenrechnungssysteme".

5/6. Vgl. Kap. 5.3 „Umweltschutzorientierte Istkostenrechnung auf Vollkostenbasis".

5/7. Vgl. Kap. 5.3.2 „Kostenartenrechnung".

5/8. Vgl. Kap. 5.3.2 „Kostenartenrechnung".

5/9. Vgl. Kap. 5.3.3.1 „Grundlagen, Probleme und Methoden zur Abgrenzung".

5/10. Vgl. Kap. 5.3.3.1 „Grundlagen, Probleme und Methoden zur Abgrenzung".

5/11. Vgl. Kap. 5.3.3.1 „Grundlagen, Probleme und Methoden zur Abgrenzung".

5/12. Vgl. Kap. 5.3.3 „Kostenstellenrechnung".

5/13. Vgl. Kap. 5.3.4.1 „Zweck und Einteilung der Kostenträgerrechnung".

5/14. Vgl. Kap. 5.3.4.2.1 „Einführung in die Kostenträgerstückrechnung".

5/15. Vgl. Kap. 5.3.4.2.4 „Zuschlagskalkulation".

5/16. Vgl. Kap. 5.4 „Beurteilung der Umweltkostenrechnung".

# Literaturverzeichnis

BACKHAUS, Klaus/FUNKE, Stephan: Managementherausforderungen Fixkostenintensiver Unternehmen, in: Kostenrechnungspraxis (Zeitschrift) 1996, S.75-76

BACK-HOCK, Andrea: Implementierung und Nutzung der Prozeßkostenrechnung, in: Männel, Wolfgang (Hrsg.): Prozeßkostenrechnung – Bedeutung, Methoden, Branchenerfahrungen, Softwarelösungen, Wiesbaden 1995, S.37-39

BARTH, Klaus: Prozeßkostenrechnung, in: Controlling-Instrumente (Loseblattsammlung), Planegg 1998, Gruppe 8 „Lexikon", S.1-4

BERKAU, Carsten: Vernetztes Prozeßkostenmanagement: Konzeption und Realisierung mit einem Blackboardsystem, Wiesbaden 1995

BERKAU, Carsten/HAUCK, Thomas: Bewertung von Finanzdienstleistungen, in: Scheer, A.-W. (Hrsg.): Rechnungswesen und EDV, 17. Saarbrücker Arbeitstagung, Heidelberg 1996, S.223-244

BERKAU, Carsten/SCHEER, August-Wilhelm: Wissensbasierte Prozeßkostenrechnung – Baustein für das Lean Controlling, in: Kostenrechnungspraxis (Zeitschrift) 1993, S.111-119

BIRKER, Klaus: Kosten-und Leistungsrechnung, Berlin 1996

BÖHLER, Wilfried: Prozeßkostenrechnung als funktionale Komponente einer geschlossenen Kostenrechnungsstandardsoftware, in: Männel, Wolfgang (Hrsg.): Prozeßkostenrechnung – Bedeutung, Methoden, Branchenerfahrungen, Softwarelösungen, Wiesbaden 1995, S.329-342

BOTTA, Volkmar (Hrsg.): Rechnungswesen und Controlling – Bausteine des Rechnungswesens und ihre Verknüpfung, Herne/Berlin 1998

BRAUN, Stephan: Die Prozeßkostenrechnung: Ein fortschrittliches Kostenrechnungssystem?, 2. Auflage, Berlin 1996

BRÜHL, Rolf: Informationen der Prozeßkostenrechnung als Grundlage der Kostenkontrolle, in: Kostenrechnungspraxis (Zeitschrift) 1995, S.73-78

BUGGERT, Willi: Neuere Verfahren des Kostenmanagements in den Gemeinkostenbereichen, in: Controller Magazin (Zeitschrift) 1994, S.90 - 102

BUNDESUMWELTMINISTERIUM/UMWELTBUNDESAMT (Hrsg.): Handbuch Umweltkostenrechnung, München 1996

CERVELLINI, Udo: Prozeßkostenrechnung im Vertriebsbereich der Porsche AG, in IFUA Horváth & Partner (Hrsg.): Prozeßkostenmanagement, München 1991, S.225-248

CERVELLINI, Udo: Marktorientiertes Gemeinkostenmanagement mit Hilfe der Prozeßkostenrechnung – Ein Erfahrungsbericht, in: Controlling (Zeitschrift) 1994, S.64-72

COENENBERG, Adolf Gerhard: Kostenrechnung und Kostenanalyse, Landsberg am Lech 1992

COENENBERG, Adolfs G./FISCHER, Thomas M.: Anmerkungen zum Stand und zu den Entwicklungstendenzen der Prozeßkostenrechnung, in: Männel, Wolfgang (Hrsg.): Prozeßkostenrechnung – Bedeutung, Methoden, Branchenerfahrungen, Softwarelösungen, Wiesbaden 1995, S.23-25

COOPER, Robin: You Need a New Cost System When ..., in: Harvard Business Review, Vol.67, 1/1989, S.77-82

COOPER, Robin/KAPLAN, Robert S.: Measure Costs Right: Make the Right Decisions, in: Harvard Business Review (Zeitschrift) 1988, Vol. 66, S.96-103

CHRISTMANN, Albert: Alternativen zur traditionellen Gemeinkostenschlüsselung, in: Controller Magazin (Zeitschrift) 1994, S.154-161

DÄUMLER, Klaus-Dieter/GRABE, Jürgen: Kostenrechnungslexikon – ABC der Kostenrechnung, in: Buchführung-Bilanz-Kostenrechnung (Zeitschrift), Herne/Berlin 1990, Fach 24, S.87-304

DÄUMLER, Klaus-Dieter/GRABE, Jürgen: Kostenrechnung 3: Plankostenrechnung, 5. Auflage, Herne/Berlin 1995

EVERSHEIM, Walter/HUMBURGER, Rainer/POLLACK, Alexander: Wirtschaftlicher Verfahrensvergleich mit prozessorientierter Kalkulation, in: Management Zeitschrift 1994, Nr.5, S.41-46

EWERT, Ralf/WAGENHOFER, Alfred: Interne Unternehmensrechnung, 1993

FIEDLER, Rudolf: Einführung in das Controlling – Methoden, Instrumente und DV-Unterstützung, München/Wien 1998

FIEDLER, Rudolf: Überlebt der Controller?, in: Carl, Notger/Fiedler, Rudolf: Aufbruch ins 21. Jahrhundert: Was leistet das Controlling?, Band 1, Arbeitsunterlagen: 5. Würzburger Controlling-Forum, Würzburg 1999, Kap.I

FINK, Andreas: Industriegütermarketing – Erfahrungspotentiale ausschöpfen durch konsequente Kunden-/Marktorientierung, in: Potential (Zeitschrift) 1993, Nr.6, S.16-17

FISCHER, Heinrich: Prozeßkostenrechnung und Prozeßoptimierung für Dienstleistungen – Das Beispiel eines Versicherungsunternehmens, in: Controlling (Zeitschrift) 1996, S.90-100

FISCHER, Joachim u.a.: Dezentrale controllinggestützte (Auftrags)Steuerungskonzepte für mittelständische Unternehmen, Forschungsberichte VDI Reihe 16: Technik und Wirtschaft, Nr.92, Düsseldorf 1997

FISCHER, Joachim: Prozeßorientiertes Controlling – ein notwendiger Paradigmawechsel!?, in: Fischer, J. u.a.: Dezentrale controllinggestützte (Auftrags-)Steuerungskonzepte für mittelständische Unternehmen, Forschungsberichte VDI Reihe 16: Technik und Wirtschaft, Nr.92, Düsseldorf 1997, S.33-50

FISCHER, Joachim: Prozeßbegleitende Kostenrechnung – methodischer Ansatz und Prototyp, in: Fischer, J. u.a.: Dezentrale controllinggestützte (Auftrags-) Steuerungskonzepte für mittelständische Unternehmen, Forschungsberichte VDI Reihe 16: Technik und Wirtschaft, Nr.92, Düsseldorf 1997, S.84-98

FISCHER, Joachim: Kosten- und Leistungsrechnung – Band II: Plankostenrechnung, 8. Auflage, München 1998

FISCHER, Regina: Ökologisch orientiertes Controlling, in: Controlling (Zeitschrift) 1993, S.140-146

FREIDANK, Carl-Christian: Unterstützung des Target Costing durch die Prozeßkostenrechnung, in: Dellmann, Klaus/Franz, Klaus Peter (Hrsg.): Neuere Entwicklungen im Kostenmanagement, Wien 1994, S.203-254

FRESE, Erich/KLOOCK, Josef: Internes Rechnungswesen und Organisation aus der Sicht des Umweltschutzes, in: Betriebswirtschaftliche Forschung und Praxis (Zeitschrift) 1989, S.1-29

FRÖHLING, Oliver: Strategisches Management von Wettbewerbsvorteilen: Prozessorientierte Portfolioplanung, in: Controller Magazin (Zeitschrift) 1990, S.193-198

FÜSER, Karsten: Modernes Management – Lean Management, Business Reengineering, Benchmarking und viele andere Methoden, München 1997

GIEHL, Manfred/STOI, Roman: Prozeßkostenrechnung im Vertriebsmanagement – Vorgestellt am Beispiel des Erfrischungsgetränkeherstellers Rhodius Mineralquellen und Getränke GmbH & Co.KG, in: Controlling (Zeitschrift) 1995, S.140-147

GLASER, Horst: Prozeßkostenrechnung – Darstellung und Kritik, in: Zeitschrift für betriebswirtschaftliche Forschung, 1992, S.275-288

GÖTZE, Uwe: Einsatzmöglichkeiten und Grenzen der Prozeßkostenrechnung, in: Freidank, Carl-Christian (Hrsg.): Kostenmanagement – neuere Konzepte und Anwendungen, Heidelberg 1997, S.141-171

GÖTZE, Uwe/MEYERHOFF, Jens Christian: Die Prozeßkostenrechnung – Stand und Entwicklungstendenzen, in: Zeitschrift für Planung (Zeitschrift) 1993, S.65-93

GRAßHOFF, Jürgen: Betriebliches Rechnungswesen und Controlling – Arbeitsmaterialien für Grund-, Hauptstudium und Spezialisierung in einer betriebswirtschaftlichen Kerndisziplin –, Band I: Betriebliches Rechnungswesen, 3. Auflage, Hamburg 1998

GRAßHOFF, Jürgen: Betriebliches Rechnungswesen und Controlling – Arbeitsmaterialien für Grund-, Hauptstudium und Spezialisierung in einer betriebswirtschaftlichen Kerndisziplin –, Band II: Rechnungswesen und Controlling, 2. Auflage, Hamburg 1998

GROB, Heinz Lothar: Positionsbestimmung des Controlling, in: Scheer, A.-W. (Hrsg.): Rechnungswesen und EDV, 17. Saarbrücker Arbeitstagung, Heidelberg 1996, S.137-158

GÜNTHER, Edeltraud/WAGNER, Bernd: Ökologieorientierung des Controlling (Öko-Controlling) – Theoretische Ansätze und praktisches Vorgehen, in: Der Betriebswirt (Zeitschrift) 1993, S.143-165

HAGEN, Klaus/WEBER, Peter W. (Hrsg.): Der Controlling-Berater (Loseblattsammlung), Freiburg 1994

HARDT, Rosemarie: Entwicklung eines Informationssystems für das Logistik-Controlling auf der Basis der Prozeßkostenrechnung – Theoretische Konzeption und empirische Umsetzung am Beispiel der Mercedes-Benz AG, Werk Hamburg, Diss. Universität Hannover, Hannover 1995

HARDT, Rosemarie: Logistik-Controlling für industrielle Produktionsbereiche auf der Basis der Prozeßkostenrechnung am Beispiel des Werkes Hamburg der Mercedes-Benz AG, in: Kostenrechnungspraxis (Zeitschrift) 1995, S.199-206

HARDT, Rosemarie: Kostenmanagement, München/Wien 1998

HERZOG, Ernst: Voraussetzungen, Herausforderungen und Nutzen der Prozeßkostenrechnung (Activity Based Costing), in: Scheer, A.-W. (Hrsg.): Organisationsstrukturen und Informationssysteme auf dem Prüfstand, 18. Saarbrücker Arbeitstagung, Heidelberg 1997, S.313-325

HILLMER, Hans-Jürgen: Strategisches Kostenmanagement – Neue Konzepte für die Kostenrechnung im Überblick, in: Buchführung-Bilanz-Kostenrechnung (Zeitschrift), Herne/Berlin 1993, Fach 21, S.1529-1540

HORNGREN, Charles T.: Reflections on Activity Based Accounting in the United States, in: Zeitschrift für betriebswirtschaftliche Forschung, 1992, S.289-293

HORVÁTH, Péter: Target Costing – marktorientierte Zielkosten in der deutschen Praxis, Stuttgart 1993

HORVÁTH, Péter: Controlling, 7. Auflage, München 1998

HORVÁTH, Péter/MAYER, Reinhold: Prozeßkostenrechnung – Der neue Weg zu mehr Kostentransparenz und wirkungsvolleren Unternehmensstrategien, in: Kostenrechnungspraxis (Zeitschrift) Sonderheft 2/1993, S.15-28

HORVÁTH, Péter/MAYER, Reinhold: Prozeßkostenrechnung – Konzeption und Entwicklungen, in: Kostenrechnungspraxis (Zeitschrift) Sonderheft 2/1993, S.15-28

HORVÁTH, Péter/MAYER, Reinhold: Konzeption und Entwicklungen der Prozeßkostenrechnung, in: Männel, Wolfgang (Hrsg.): Prozeßkostenrechnung – Bedeutung, Methoden, Branchenerfahrungen, Softwarelösungen, Wiesbaden 1995, S.59-86

HORVÁTH, Péter/RENNER, Andreas: Prozeßkostenrechnung – Konzept, Realisierungsschritte und erste Erfahrungen, in: Fortschrittliche Betriebsführung und Industrial Engineering (Zeitschrift) 3/1990, S.100-107

HORVÁTH, Péter/SEIDENSCHWARZ, Werner: Zielkostenmanagement, in: Controlling (Zeitschrift) 1992, S.142-150

HORVÁTH, Péter/KIENINGER, Michael/MAYER, Reinhold/SCHIMANK, Christof: Prozeßkostenrechnung – oder wie die Praxis die Theorie überholt, in: Die Betriebswirtschaft (Zeitschrift) 1993, S.609-628

IFUA HORVÁTH & PARTNER GMBH (Hrsg.): Prozeßkostenmanagement, München 1991

JOHNSON, H. Thomas/KAPLAN, Robert S.: The importance of long-term product costs, in: The McKinsey Quarterly (Zeitschrift), 3/1987, S.36-48

JOHNSON, H. Thomas/KAPLAN, Robert S.: Relevance Lost, The Rise an Fall of Management Accounting, Bosten Mass. 1987, Kapitel 10 und 11

KAGERMANN, Henning: Prozeßkostenrechnungs-Methodik eines integrierten Standard Softwaresystems, in: Männel, Wolfgang (Hrsg.): Prozeßkostenrechnung – Bedeutung, Methoden, Branchenerfahrungen, Softwarelösungen, Wiesbaden 1995, S.315-327

KAUFMANN, Lutz: Controllingorientierte Segmentierung von Prozessen, in: Kostenrechnungspraxis (Zeitschrift), 1997, S.211-217

KIENINGER, Michael/SOMMERFELDT, Holger: Prozeßkostenmanagement mit dem PC – Aufbau, Ablauf und Auswertungen der Prozeßkostenrechnung unter Einsatz des PROZESSMANAGERS, in: Controlling (Zeitschrift) 1992, S.38-45

KILGER, Wolfgang: Flexible Plankostenrechnung und Deckungsbeitragsrechnung, 9. Auflage, Wiesbaden 1988

KLINGEBIEL, Norbert: Leistungsmessung/Performance Measurement als bedeutender Bestandteil des internen Rechnungswesens, in: Kostenrechnungspraxis (Zeitschrift) 1996, 77-84

KLOOCK, Josef: Kostenrechnung mit integrierter Umweltschutzpolitik als Umweltkostenrechnung, in: Männel, Wolfgang (Hrsg.): Handbuch Kostenrechnung, Wiesbaden 1992 S.929-940

KURTKOWIAK, Klaus: Die Prozeßkostenrechnung – Eine Einführung, in: Buchführung-Bilanz-Kostenrechnung (Zeitschrift), Herne/Berlin 1992, Fach 21, S.1521-1528

KÜTING, Karlheinz/LORSON, Peter: Stand, Entwicklungen und Grenzen der Prozeßkostenrechnung, in: Männel, Wolfgang (Hrsg.): Prozeßkostenrechnung – Bedeutung, Methoden, Branchenerfahrungen, Softwarelösungen, Wiesbaden 1995, S.87-101

LINGSCHEID, Andreas: Kostentransparenz und Konsequenz fertigungswirtschaftlicher Komplexität, in: Kostenrechnungspraxis (Zeitschrift) 1996, S.85-89

LOHMANN, Ulrich: Prozeßkostenrechnung bei der GARDENA Kress + Kastner GmbH, in: IFUA Horváth & Partner (Hrsg.): Prozeßkostenmanagement, München 1991, S.251-269

LUGER, Adolf E./GEISBÜSCH, Hans-Georg/NEUMANN, Jürgen M.: Allgemeine Betriebswirtschaftslehre, Band 2: Funktionsbereiche des betrieblichen Ablaufs, 3. Auflage, München/Wien 1991

MÄNNEL, Wolfgang: Kostenrechnung 2 – Moderne Verfahren und Systeme, 3. Auflage, Wiesbaden 1993

MÄNNEL, Wolfgang: Zur Bedeutung der Prozeßkostenrechnung, in: Männel, Wolfgang (Hrsg.): Prozeßkostenrechnung – Bedeutung, Methoden, Branchenerfahrungen, Softwarelösungen, Wiesbaden 1995, S.15-22

MÄNNEL, Wolfgang: Deckungsbeitragsrechnung in der Holz- und Möbelindustrie, Arbeitsunterlage, o.O. 1995

MÄNNEL, Wolfgang (Hrsg.): Prozeßkostenrechnung – Bedeutung, Methoden, Branchenerfahrungen, Softwarelösungen, 1995

MAYER, Reinhold: Prozeßkostenrechnung und Prozeßkostenmanagement: Konzept, Vorgehensweise und Einsatzmöglichkeiten, in: IFUA Horváth & Partner (Hrsg.): Prozeßkostenmanagement, München 1991, S.73-99

MAYER, Reinhold/ GLASER, Horst: Die Prozeßkostenrechnung als Controllinginstrument – Pro und Contra, in: Controlling (Zeitschrift) 1991, S.296-303

MEIER, Harald: Unternehmensführung – Aufgaben und Techniken des betrieblichen Managements – Umweltpolitik, Unternehmensplanung und Controlling, Unternehmensorganisation und Führung, Herne/Berlin 1998

MENSCH, Gerhard: Kosten-Controlling, München/Wien 1998

MILLER, J.G./VOLLMANN, T.E.: The hidden factory, in: Harvard Business Review (Zeitschrift) Vol. 63 1985, S.142-150

MÜLHAUPT, Eberhard: Rechnergestützte Prozeßkostenermittlung für eine genaue Kalkulation, in: Männel, Wolfgang (Hrsg.): Prozeßkostenrechnung – Bedeutung, Methoden, Branchenerfahrungen, Softwarelösungen, Wiesbaden 1995, S.355-368

MÜLLER, Armin: Gemeinkostenmanagement – Vorteile der Prozeßkostenrechnung, Wiesbaden 1992

MÜLLER, Heinrich: Moderne Kostenrechnungssysteme zur Unterstützung des Kosten- und Erfolgs-Controlling, in: Reichmann, Thomas (Hrsg.): Handbuch Kosten- und Erfolgs-Controlling, München 1995, S.185-205

MÜLLER, Jochem: Return On Value System (ROV) – wertsystemorientierte Unternehmensführung, in: Kostenrechnungspraxis (Zeitschrift) 1999, S.109-114

MÜLLER-WENK, Ruedi: Die ökologische Buchhaltung, Frankfurt (Main) 1978

NIEMAND, Stefan: Target Costing – für industrielle Dienstleistungen, in: Controller Magazin (Zeitschrift) 1994, S.66 - 73

OLSHAGEN, Christoph: Prozeßkostenrechnung – Aufbau und Einsatz, Wiesbaden, 1994

PLAUT CONSULTING GMBH (Hrsg.): Prozeßkosten-Management – Durch abteilungsübergreifende Kostentransparenz zu mehr Wirtschaftlichkeit, Ismaning 1998

PORTER, Michael E.: Wettbewerbsvorteile, Frankfurt am Main 1986

RECKENFELDERBÄUMER, Martin: Entwicklungsstand und Perspektiven der Prozeßkostenrechnung, Wiesbaden 1994

REICHMANN, Thomas: Controlling mit Kennzahlen und Managementberichten – Grundlagen einer systemgestützten Controlling-Konzeption, 3. Auflage, München 1993

ROGALSKI, Marlies: Prozeßkostenrechnung im Rahmen der Einzelkosten- und Deckungsbeitragsrechnung, in: Kostenrechnungspraxis (Zeitschrift) 1996, S.91-97

ROTH, Ursula: Umweltkostenrechnung – Grundlagen und Konzeption aus betriebswirtschaftlicher Sicht, Diss., Wiesbaden 1992


SCHAUENBERG, Uli: Die Prozeßkostenrechnung – Beurteilung und Durchführung an Hand des Standard-Kostenrechnungsprogramms CORAK-BAB, in: Controller Magazin (Zeitschrift) 1994, S.220-224

SCHELD, Guido A.: Das Interne Rechnungswesen im Industrieunternehmen, Band 2: Teilkostenrechnung, Büren 1998

SCHELD, Guido A.: Rechnungswesen II – Kosten- und Leistungsrechnung, Studienbrief 4: Plankostenrechnung/neue Ansätze der KLR, Fern-Fachhochschule Hamburg, Hamburg 1998

SCHELD, Guido A.: Kostenrechnungssysteme und Kostenmanagement, Studienbrief 1: Einführung, Kostenmanagement und Deckungsbeitragsrechnung, Fern-Fachhochschule Hamburg, Hamburg 1999

SCHELD, Guido A.: Kostenrechnungssysteme und Kostenmanagement, Studienbrief 2: Die Prozeßkostenrechnung, Fern-Fachhochschule Hamburg, Hamburg 1999

SCHELD, Guido A.: Kostenrechnungssysteme und Kostenmanagement, Studienbrief 3: Die Zielkostenrechnung (Target Costing), Fern-Fachhochschule Hamburg, Hamburg 1999

SCHELD, Guido A.: Controlling unter besonderer Berücksichtigung mittelständischer Unternehmen, Büren 2000

SCHELD, Guido A.: Das Interne Rechnungswesen im Industrieunternehmen, Band 1: Istkostenrechnung, 2. Auflage, Büren 2000

SCHREINER, Manfred: Auswirkungen einer umweltorientierten Unternehmensführung auf die Kosten- und Leistungsrechnung, in: Männel, Wolfgang (Hrsg.): Handbuch Kostenrechnung, Wiesbaden 1992, S.941-952

SCHREINER, Manfred: Umweltmanagement in 22 Lektionen - Ein ökonomischer Weg in eine ökologische Wirtschaft, 4. Auflage, Wiesbaden 1996

SCHULZ, Erika/SCHULZ, Werner: Umweltcontrolling in der Praxis – Ein Ratgeber für Betriebe, München 1993

SEEGER, Rainer: Prozeßkostenrechnung – Überlegungen zur Umsetzung in einer bestehenden Kosten-/Leistungsrechnung, in: Kostenrechnungspraxis (Zeitschrift) 1996, S.103-109

SEIDENSCHWARZ, Werner: Target Costing – Ein japanischer Ansatz für das Kostenmanagement, in: Controlling (Zeitschrift) 1991, Heft 4, S.198-203

SERFLING, Klaus/SCHULTZE, Ronald: Einführung und Pflege eines Prozeßkostenrechnungssystems, in: Buchführung-Bilanz-Kostenrechnung (Zeitschrift) 1995, S.1171-1174

SIEBERT, Hans: Ökonomische Theorie der Umwelt, Tübingen 1978

STOI, Roman: Prozeßkostenmanagement erfolgreich einsetzen – Anwendungsstand in Deutschland und Handlungsempfehlungen auf der Basis einer empirischen Untersuchung, in: Kostenrechnungspraxis (Zeitschrit) 1999, S.91-98

STOLTENBERG, Uwe/FUNKE, Michael: Die mehrstufige Deckungsbeitragsrechnung als Instrument des Ökocontrolling, in: Controlling (Zeitschrift) 1999, S.75-79


THALER, Klaus: Supply Chain Management – Prozessoptimierung in der logistischen Kette, 2. Auflage, Köln 2000

TROßMANN, Ernst/TROST, Stefan: Was wissen wir über steigende Gemeinkosten? – Empirische Belege zu einem vieldiskutierten betrieblichen Problem, in: Kostenrechnungspraxis (Zeitschrift) 1996, S.65-73

VERBAND DER CHEMISCHEN INDUSTRIE E.V. (Hrsg.): Einsatzmöglichkeiten der Prozeßkostenrechnung in der Chemischen Industrie, Heft 20, Schriftenreihe des Betriebswirtschaftlichen Ausschusses und des Finanzausschusses, Frankfurt 1995

VIKAS, Kurt: Dienstleistungskalkulation als zentrales Element der Prozeßkostenrechnung, in: Plaut-Sonderdruck 073 aus RWZ Nr.12/95, S.366-374

WAGNER, Gerd Rainer/JANZEN, Henrik: Ökologisches Controlling – Mehr als ein Schlagwort?, in: Controlling (Zeitschrift) 1991, S.120-129

WÄSCHER, Dieter: CIM als Basis für ein prozeßorientiertes Gemeinkostenmanagement, in: Controlling (Zeitschrift) 1991, S.68-75

WÄSCHER, Dieter: Komplexitäts- und Gemeinkostenmanagement mit Hilfe von Prozeßkosten-Rechnung und Prozeß-Controlling – Erfahrungen aus einem Maschinenbau-Unternehmen, in: Controller Magazin (Zeitschrift) 1993, S.307-310

WEBER, Jürgen: „Schlanke Controller?" – Anmerkungen zur Neuausrichtung des Controller-Bereichs in Großunternehmen, in: Der Betrieb (Zeitschrift) 1994, S.1785-1791

WEBER, Jürgen: Prozeßkostenrechnung und Veränderung von Organisationsstrukturen, in: Männel, Wolfgang (Hrsg.): Prozeßkostenrechnung – Bedeutung, Methoden, Branchenerfahrungen, Softwarelösungen, Wiesbaden 1995, S.27-30

WEBER, Jürgen: Reengineering der Kostenrechnung – vom komplexen Rechensystem zur internen Dienstleistung, in: Kostenrechnungspraxis (Zeitschrift) 1998, S.133-139

WERNER, Hartmut: Supply Chain Management – Grundlagen, Strategien, Instrumente und Controlling, Wiesbanden 2000

WILDEN, Klaus: Die Prozeßkostenrechnung – Alter Wein in neuen Schläuchen?, in: Das Wirtschaftsstudium (Zeitschrift) 1991, S.883-884

WITT, Frank-Jürgen: Portfolios für unternehmensinterne Leistungen, in: Controller Magazin (Zeitschrift) 1989, S.156-162

WITT, Frank-Jürgen: Prozeßgrundrechnung als Datenbasis für das Prozeßcontrolling, in: Männel, Wolfgang (Hrsg.): Prozeßkostenrechnung – Bedeutung, Methoden, Branchenerfahrungen, Softwarelösungen, Wiesbaden 1995, S.31-36

WITT, Frank-Jürgen: Lexikon des Controlling, München 1997

WITT, Frank-Jürgen/WITT, Kerin: Controlling für Mittel- und Kleinbetriebe – Bausteine und Handwerkszeug für Ihren Controllingleitstand, 2. Auflage, München 1996

ZIEGENBEIN, Klaus: Controlling, 4. Auflage, Ludwigshafen (Rhein) 1992

## Stichwortverzeichnis

### A

ABC-Analyse 35
Activity-Based Cost-Accounting 25 ff.
Aktivität 29
allowable Costs 174
Analytische Methode 75
Anbauverfahren 222
Anlagenkostenrechnung 13
Äquivalenzziffernkalkulation 232
ARIS 59
Auftragskostenrechnung 13
aufwandsorientierte nominale Kostenrechnung 14
Ausgleichsgesetz der Planung 73 f.

### B

Benchmark Costing 11 f.
Benchmarking 21, 113, 117, 172
Beschäftigungsabweichung 119
Bezugsgrößenkalkulation 11 f.
Bezugsgrößenmenge 73 f.
Bottom-Up-Methode 88
Break-Even-Punkt 2
Business Reengineering 21

### C

Conjoint-Analyse 181
Cost Driver 62 f.
Cost-Driver-Accounting 25 ff., 62

### D

Deckungsbeitragsrechnung 11 f., 21, 30, 208
Degressionseffekt 109 f., 131
Dienstleistungskostenrechnung 14
Direkt Costing 12
Divisionskalkulation 231 f.
Drifting Costs 174 f.

### E

Erfahrungskurvenkonzept 21
erlaubte Kosten 174
externalisierte Kosten 204

### F

finanzplanorientierte Kostenrechnung 14
Fixkostendeckungsrechnung 11 f., 21, 148, 208
fixkostenmanagementorientierte Plankostenrechnung 14
Frühwarnsystem 116
funktionsbedingte Kostenstellen 215
Funktionsmethode 180 ff.

### G

Gemeinkostenmanagement 33, 77, 111 ff.
Gemeinkostenwertanalyse 21, 57, 112
gemischte Kostenstellen 215
Gesamtabweichung 121 f.
Gesamtkostenverfahren 240
Gesamtprozesskostensatz 80
Globalisierung 1
Grenzplankostenrechnung 11 f., 21, 148, 208

### H

Hauptprozess 29, 83 ff.
Hauptprozesskostenkalkulation 108 f.
Hauptprozesskostensatz 93 f., 101
homogene Prozesse 39

### I

indirekte Leistungsbereiche 31, 36 f.
innerbetriebliche Leistungsverrechnung 221 f.

internalisierte Kosten 203
Internationalisierung 1
Into-and-out-of-Company-Methode 176 f.
Investitionsrechnung 14 f.
Istkostenrechnung 10, 208

**K**

Kaizen 21, 129
Kaizen Costing 129
Kalkulationssätze 224 ff.
Käufermarkt 4
Kennzahlen 113 ff.
Komplexitätseffekt 110, 131
Komplexitätskosten 4, 64
Komponentenmethode 179
Kontinuierlicher Verbesserungsprozess 129
Konzernkostenrechnung 14
Korrelationsanalyse 65
Kostenartenrechnung 210 ff.
Kostenkontrolle 116 ff.
Kostenlücke 175
Kostenmanagement 8 f., 17 ff., 169 f.
Kostenniveau 20
Kostenstellenrechnung 215 ff.
Kostenstruktur 19 f.
Kostenträger 230
Kostenträgerrechnung 230 ff.
Kostenträgerstückrechnung 231 ff.
Kostenträgerzeitrechnung 240 f.
Kostentransparenz 19, 25, 37 f.
Kostentreiber 62 f.
Kostenvergleichsanalyse 82
Kostenverhalten 19
Kostenverrechnung 38
Kostenvolumen 37

**L**

Leerkosten 120, 123
Leistungsmanagement 18
leistungsmengeninduzierte Kosten 60
leistungsmengeninduzierte Prozesse 38 f., 60
leistungsmengenneutrale Kosten 61

leistungsmengenneutrale Prozesse 60 f,

**M**

Make-or-Buy-Entscheidung 82, 128
Market-into-Company-Methode 174 ff.
Marktforschung 171 f.
Maschinenstundensatzrechnung 11 f.
Mengenabweichung 119 ff.
Multimomentmethode 57

**N**

Nebenkostenrechnung 15, 146 f.
nonvalue activities 112
Normalkostenrechnung 10, 12, 21, 208
Nutzschwellen-Analyse 12

**O**

Objektvergleich 117
Ökobilanzen 242
Ökocontrolling 202
Ökologieorientierte Kostenrechnung 206
Out-of-Company-Methode 176
Out-of-Competitor-Methode 177
Out-of-Standard-Costs-Methode 177
Outsourcing 21, 82
Over Engineering 171
Overhead Value Analysis 21

**P**

Performance Management 8
Plankostenrechnung 10 ff., 21, 30, 208
Planprozesskostensatz 78 f.
Planprozessmenge 73
Planungszeitraum 74
Portfolio-Analyse 132 ff.
Preispolitik 130
Process Owner 123
Produktivität 115 f.
Produktkalkulation 32 ff., 77, 101 ff., 231 ff.
Produktlebenszyklus 2, 13

Produktlebenszyklus-Kostenrechnung 21
Projektkostenrechnung 13
Projektteam 54
Prozess 28
Prozessanalyse 53 ff.
Prozessbilanzen 242
Prozessdauer 125 f.
Prozesskette 56
Prozesshierarchie 82, 86
Prozesskoeffizient 102 f.
Prozesskostenrechnung 11 f., 17, 21, 25 ff.
Prozesskostensatz 77 ff., 101, 115
Prozesskostensatzabweichung 121
Prozessliste 58
Prozessmengenplanung 73 ff.
prozessorientierte Kalkulation 101 ff.
prozessorientierte Kennzahlen 113 ff.
prozessorientierte Kostenkontrolle 116 ff., 139
Prozessqualität 127
Prozessumlagesatz 79 f.

Q

Quervergleich 117

R

Relative Einzelkostenrechnung 11 f.
repetitive Prozesse 38
repetitive Tätigkeiten 38

S

Simultaneous Engineering 21, 169
Simultanverfahren 222
Soll-Ist-Vergleich 117 ff.
Sortimentspolitik 130 f.
Standardkosten 174 f.
Strategische Differenzrechnung 14

T

Target Costing 11 f., 17, 21, 163 ff.
Target Costs 172 ff.

Target Gap 175
Target Price 172
Target Profit 174
Tätigkeitsanalyse 53 ff.
Teilkostenrechnung 11, 208
Teilprozess 29, 55 f.
Top Down-Ansatz 178
Treppenstufenverfahren 222

U

Umsatzkostenverfahren 240 f.
Umwelt-Budget-Rechnungen 242
Umweltkostenrechnung 13, 21, 201 ff.
umweltschutzbedingte Kostenstellen 215 f.
Umweltschutzorientierte Kosten-Nutzen-Rechnung 206 f.
Umweltschutzorientierte Kostenrechnung 205 f., 209 ff.

V

value activities 111
Variante 131
variantenabhängige Prozesskosten 106
Variantenvielfalt 5, 64, 106 ff.
Verbrauchsabweichung 122 f.
Verkäufermarkt 4
vernetztes Denken 93
Vollkostenrechnung 10, 30, 142, 147, 208
volumenabhängige Prozesskosten 106
Vorgangskalkulation 11 f.
Vorgangskostenrechnung 32

W

Wertanalyse 21
Wertkettenanalyse 27
Wirtschaftlichkeit 37, 58
Workflow-Management-Systeme 124

Z

Zeitvergleich 116 f.
Zero-Base-Budgeting 21, 57, 112

Zieldekomposition 178 ff.
Zielgewinn 174
Zielkosten 172 ff.
Zielkostenindex 190 f.
Zielkostenkontrolldiagramm 193 ff.
Zielkostenmatrix 186 ff.
Zielkostenrechnung 11 f., 17, 21, 163 ff.
Zielkostenspaltung 178 ff.
Zielkostenzone 194
Zielpreis 172
Zuschlagskalkulation 11, 101, 105 f.,
    131 f., 147, 233 ff.

Versandbuchhandlung                Fachbibliothek

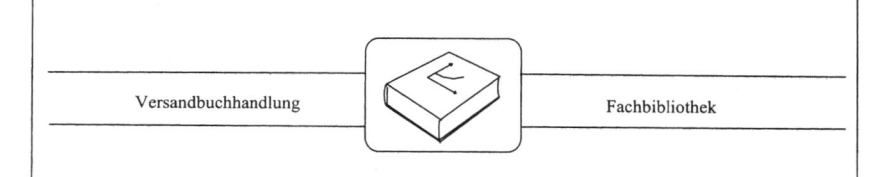

# Bücher-Bestellservice

Haben Sie einen Bücherwunsch? Dann sind Sie bei uns genau richtig!

Wir sind eine moderne Versandbuchhandlung und liefern Bücher aller Art und von allen Verlagen. Unsere betriebs- und volkswirtschaftliche Bücherdatenbank WWW.FACHBIBLIOTHEK.DE gehört zu den größten Europas. Ein besonderer Service ist die direkte **Buchbestellung** per **Internet** (www.fachbibliothek.de), per **E-Mail** (buchhandlung@fachbibliothek.de) oder per **Fax** (02951/93047). Aber auch die traditionellen Wege per **Post** (D-33142 Büren, Silbeker Weg 33) oder per **Telefon** (02951/93048) sind selbstverständlich möglich. Die **Lieferung erfolgt versandkostenfrei**!

## Versandbuchhandlung fachbibliothek.de

www.fachbibliothek.de, Tel.: 02951/93048, Fax: 02951/93047

# hlb

Hochschullehrerbund e.V.
Band 41 • Heft 3-4 • Juni 2000

Z 12916 F
Postvertriebsstück
Entgelt bezahlt
GID mbH Steinstraße 27
53604 Bad Honnef
ISSN 0340-448 x

# Die neue Hochschule

für anwendungsbezogene Wissenschaft und Kunst

- **Hans-Gerhard Husung**
  Die Fachhochschule Hamburg
- **Krista Sager**
  Moderne Hochschule mit Profil
- **Hans Sträter**
  Informationsmanagement
- **Arne Rössel**
  Wirtschaft trifft Wissenschaft
- **Reinhard Völler**
  Studienreform auf Chinesisch
- **Peter Andree**
  Hydrographie
- **Klaus Waschk**
  Evaluieren, Modularisieren, Kleinkarieren
- **Jens Froese**
  Vessel Traffic Service
- **Barbara Rose**
  Die evangelische Fachhochschule für Sozialpädagogik in Hamburg
- **Dirk Harms**
  Die private Fachhochschule Wedel
- **Gunter Göpfarth**
  Berufsbegleitend studieren
- **Hans-Wolfgang Waldeyer**
  Änderung des Hochschulgesetzes von Sachsen-Anhalt
- **Bastian Kaiser**
  Erfahrungsbericht: Planspiel Factory™

NACHRICHTEN • MEINUNGEN • BERICHTE

Weitere Informationen erhalten Sie unter:
Hochschullehrerbund - Bundesvereinigung e.V., Rüngsdorfer Straße 4c
53173 Bonn, Telefon (0228) 35 22 71, Telefax (0228) 35 45 12
E-Mail hlbbonn@aol.com, Internet http://www.hlb.de

# wisu

## Die Zeitschrift für den Wirtschaftsstudenten

Die Ausbildungszeitschrift, die Sie während Ihres ganzen Studiums begleitet · Speziell für Sie als Wirtschaftsstudent geschrieben · Studienbeiträge aus der BWL, Wirtschaftsinformatik und VWL · Original-Examensklausuren und Fallstudien · WISU-Repetitorium · WISU-Studienblatt · WISU-Lexikon · WISU-Kompakt · WISU-Magazin mit Beiträgen zu aktuellen wirtschaftlichen Themen, zu Berufs- und Ausbildungsfragen · WISU-Firmenguide für Bewerber · Stellenanzeigen

Als WISU-Abonnent haben Sie Zugang zum WISU-Archiv im Internet.

Erscheint monatlich · Bezugspreis für Studenten halbjährlich DM 64,80 zzgl. Versandkosten (Stand 2000) · Ein Probeheft erhalten Sie in jeder Buchhandlung oder beim Lange Verlag, Poststr. 12, 40213 Düsseldorf.

**Lange Verlag · Düsseldorf**

Wirtschaftswissenschaftliche                     Fachbibliothek

# Fachbibliothek Verlag

Wir drucken und veröffentlichen für Sie

- betriebswirtschaftliche, volkswirtschaftliche, juristische und sozialwissenschaftliche Lehr- und Fachbücher;
- Dissertationen und Habilitationen mit und ohne Druckkostenzuschuss;
- Manuskripte für Universitäten, Fachhochschulen und Akademien.

Die PR-Maßnahmen und die Werbeintensität können individuell mit dem Verlag abgestimmt und auf die Wünsche des Autors ausgerichtet werden.

Lassen Sie sich von uns ein unverbindliches Angebot machen!

## Fachbibliothek Verlag

Silbeker Weg 33, D-33142 Büren, Tel.: 02951/93048, Fax: 02951/93047, E-Mail: verlag@fachbibliothek.de